RÉCITS D'UN SOLDAT

LES

PRUSSIENS EN FRANCE

1792

RÉCITS D'UN SOLDAT

LES

PRUSSIENS EN FRANCE

LONGWY. — VERDUN. — THIONVILLE. — VALMY

1792

PAR

Le Commandant GRANDIN

DELHOMME ET BRIGUET, ÉDITEURS

PARIS
13, Rue de l'Abbaye, 13

LYON
3, Avenue de l'Archevêché, 3

1892

LES PRUSSIENS EN FRANCE

EN 1792

PRÉFACE

Que l'on voie dans la campagne prussienne de
1792 une de ces invasions par lesquelles les peuples
du Nord essayent de s'établir dans des pays plus
favorisés ; qu'au contraire, on la considère comme
une réponse à la hautaine déclaration de guerre de
la Révolution à toutes les monarcnies, qui se défendaient par l'offensive, un fait reste incontestable :
cette campagne a eu une influence capitale sur la
marche des évènements, et la canonnade de Valmy,
si peu importante en elle-même quand on la compare
à tant d'autres batailles des guerres de la Révolution et de l'Empire, prend des proportions énormes
quand on en étudie les conséquences. Il y a donc
un intérêt majeur à retracer l'histoire de l'invasion
prussienne de 1792.

Nous n'avons pas le dessein de faire une histoire
méthodique de cette année 1792 au point de vue

politique et militaire ; notre but est plus modeste. Vieux soldat, nous nous sommes simplement proposé, dans des récits militaires, de montrer comment la France a été sauvée à cette époque de l'invasion prussienne. Il nous semble qu'il y a dans ces récits à la fois des leçons et des espérances.

CHAPITRE PREMIER

La Révolution jugée par la France patriotique. — Voltaire et
Mirabeau. — *Le héros des deux mondes.* — Etat de l'Europe de 1789 à 1792. — Déclaration de Pilnitz. — Arme-
ment de notre frontière du nord et de l'est. — Narbonne-
Lara. — Le chevalier de Grave. —Dispositions défectueuses
des troupes françaises le long de la frontière. — Frédéric-Guillaume II ; son adolescence. —Léopold II. — François II ; son caractère. — L'agitation en France. — Déclaration de guerre. —Rouget de l'Isle. — *Le chant des soldats de l'armée du Rhin.* — Origine de la *Marseillaise.* —
Plan de campagne. — Indiscipline de nos soldats. — L'armée autrichienne surveille nos frontières au nord et à
l'est. — L'armée de la monarchie admirable de dévouement et de patriotisme pendant la Révolution. — Dumouriez ; son portrait ; son caractère. — Premiers revers sur
notre frontière du nord. — Théobald Dillon ; Biron. — Le
sergent Rousselot en avant de Condé.

S'il est une fête, *dite nationale*, qui ait le don de
raviver les plus douloureux souvenirs de notre histoire contemporaine, c'est à coup sûr celle que le
gouvernement fait célébrer le 14 juillet de chaque
année, en l'honneur de ce que nos rhéteurs modernes appellent pompeusement la prise de la Bastille.
Un quart de la population s'en réjouit peut-être ;
mais les trois autres restent absolument indifférents

à la célébration d'un anniversaire, qui ne rappelle en somme que des massacres et la tuerie de quelques soldats inoffensifs (82 invalides et 32 suisses du régiment Salis-Chamade), restés fidèles au devoir et à la consigne.

Tous les ans, l'Allemagne célèbre l'anniversaire de Sedan ; ne pouvait-on lui opposer quelque anniversaire à la fois glorieux et patriotique ?

Quand les révolutions entrent dans les desseins de Dieu, il en dispose d'avance les instruments, comme des jalons sur la route du genre humain ; puis il les brise, après s'en être servi ; car qu'il le veuille ou non, « l'homme s'agite et Dieu le mène ». Mirabeau et Lafayette ont été deux de ces instruments ; ils appartenaient tous les deux à la noblesse, et tous les deux ils ont contribué à allumer les passions du peuple, dont déjà Voltaire et Rousseau avaient perverti l'esprit ; tous les deux ont travaillé à la Révolution, jusqu'au jour où l'un est mort prématurément et où l'autre a été obligé de fuir pour éviter la guillotine.

Mirabeau a été le tribun de la Révolution à ses débuts, l'orateur, à la parole puissante, sapant la monarchie chancelante, jusque dans ses fondements. Nul ne pouvait mieux que lui continuer l'œuvre commencée par Voltaire et Rousseau. Il possédait, avec les vices de certains fils de famille, les passions ardentes de la multitude. Aigri par les persécutions de sa famille, démoralisé par les désordres de son existence, en révolte perpétuelle contré la société dont il se prétendait la victime, il pouvait espérer trouver dans les bouleversements qui s'annonçaient, le développement naturel de ses facultés et un rôle à hauteur de son orgueil. Sa voix avait le rugissement du lion, sa chevelure quelque chose d'une crinière ; son sourcil remuait comme celui de Jupiter, *cuncta supercilio moventis* ; ses mains semblaient pétrir le marbre de la tribune, tantôt croisant ses bras, crispant ses poings, accentuant sa parole avec son geste ; sa tête avait une laideur grandiose et fulgurante dont l'effet était électrique et terrible. Après avoir rompu les digues qui pouvaient arrêter la Révolution, Mirabeau aurait voulu la retenir, l'aurait-il pu ? C'est peu probable. Du reste, la mort ne lui laissa même pas le temps de l'essayer.

Lafayette aimait à caresser la foule ; il avait la passion de la popularité ; *le héros des deux mondes* n'a été toute sa vie qu'un drapeau pour les hommes de désordre. En dépit de ses qualités privées, cet esprit chimérique n'a fait que du mal et l'histoire a le devoir de lui être sévère.

Les monarchies européennes, menacées dès le début par la Révolution, avaient un intérêt évident à l'arrêter alors que cela était peut-être possible ; mais il leur fallait le comprendre ; il leur fallait surtout agir d'une manière désintéressée, en soutenant résolument Louis XVI dont tous les rois étaient solidaires.

Du côté du nord, la Russie, engagée depuis 1788

dans une guerre contre la Turquie, ne désirait pas intervenir. Si elle poussait à une coalition contre la Révolution à laquelle elle se réservait de ne guère prendre part, c'était surtout pour avoir toute liberté d'action contre la Pologne.

Le roi de Suède était mieux disposé que l'impératrice Catherine ; Gustave III n'oubliait pas le concours que lui avait prêté le roi de France contre des sujets qui tenaient son autorité en tutelle. Il était donc, autant par principes que par reconnaissance, un des plus zélés soutiens de Louis XVI. D'un caractère chevaleresque, il était tout prêt à prendre la direction des armées de la coalition et il l'aurait fait avec un désintéressement absolu si le pistolet d'Ankarstroëm n'eût débarrassé la Révolution d'un adversaire dangereux.

Au midi de l'Europe, l'Espagne, la Sardaigne, le royaume de Naples, gouvernés par des Bourbons, étaient d'avance acquis à la coalition.

L'Angleterre n'avait pas oublié que la destruction de sa puissance en Amérique, par le traité de 1783, était en grande partie l'œuvre de Louis XVI. Elle vit donc la Révolution avec une certaine faveur ; c'était pour elle une vengeance. Plus tard, menacée comme les autres puissances, ce fût pour elle une occasion de détruire notre marine et notre commerce et de mettre la main sur nos colonies. Ses armées ne parurent guère sur le continent, mais ses subsides ne manquèrent pas à la coalition.

Les deux puissances les plus directement visées

par la Révolution et les mieux placées pour intervenir étaient l'Autriche et la Prusse, mais pourraient-
elles s'entendre? Le danger commun les rapprocha.

L'empereur d'Allemagne Léopold II (1) et le roi
de Prusse Frédéric-Guillaume II se réunirent à Berlin, le 25 juillet 1791, pour signer une alliance
défensive destinée à assurer la sécurité de leurs frontières. Plus tard, le besoin de s'entendre pour poser
les bases de leur concours réciproque contre la
politique française, engagea les deux princes à se
réunir de nouveau, le 27 août suivant, au château
de Pilnitz en Saxe, pour y signer une « déclaration
de principes »; ils disaient notamment que la situation de la France compromettait gravement les
intérêts des souverains de l'Europe, et qu'en conséquence « l'Empereur et le roi de Prusse étaient
résolus à agir promptement et d'un commun accord,
pour mettre le gouvernement français en demeure
de rétablir la monarchie française sur des bases
durables et solides ».

La déclaration de Pilnitz, qui n'était appuyée d'aucune mesure sérieuse, précipita la ruine du trône
de Louis XVI, au lieu de le consolider. L'assemblée
législative, qui a succédé à la constituante et qui
était plus radicale, voulait qu'on déclarât la guerre;
le roi résistait.

En attendant une déclaration de guerre désormais

1. Léopold II, succéde à Joseph II, son frère puîné le 20
février 1790.

inévitable, le ministre de la guerre, Narbonne-Lara, prescrivit la formation de trois armées au nord et à l'est ; trois lieutenants-généraux en prirent le commandement : Rochambeau au nord, entre Dunkerque et Givet ; Lafayette, au centre, entre Givet et la Lauter ; Lückner, sur le Rhin, de la Lauter au point où ce fleuve quittait le territoire suisse pour devenir la limite de la France. Rochambeau et Lückner furent nommés maréchaux de France à la fin de décembre. Narbonne, ministre de la guerre, vint lui-même à Metz leur remettre le bâton de maréchal en présence de toutes les troupes assemblées ; la cérémonie se fit dans un grand appareil militaire.

Les trois généraux se rendirent à leur poste. Ils avaient beaucoup à faire pour rétablir dans leurs armées l'ordre et la discipline sérieusement compromis par les doctrines et les menées révolutionnaires, rappeler les officiers et les soldats à la soumission à la loi. Il fallait mettre toutes les forteresses en état, en réparer les remparts, les pourvoir de l'artillerie nécessaire. Ce n'est pas chose facile que de mettre en état de défense toute une immense frontière de 140 lieues d'étendue, lorsque le désordre est poussé à l'excès, que la confusion est partout, et que des idées de révolte germent dans toutes les têtes.

Pendant toute cette période de préparation à la guerre, les factions s'agitaient de plus en plus, et se pressaient comme les flots d'une mer en courroux ; il semblait qu'une partie de la société eût juré l'ex-

termination de l'autre. Parmi les hommes que menaçait la vengeance révolutionnaire, beaucoup cher-
chèrent la garantie que leur offrait l'état moral des
troupes, et se précipitèrent dans les camps, comme
dans des lieux de refuge. S'ils devaient succomber,
ils voulaient que ce fût avec gloire et en défendant
une patrie qui, quoique ingrate, n'avait pas cessé de
leur être chère. C'est ainsi, comme le dit Châteaubriand, « que la guerre civile et la guerre exté-
« rieure contribuèrent puissamment à mettre les
« talents en lumière ».

Narbonne (1) visita les frontières et montra le zèle
le plus actif, le plus louable pour vaincre les difficultés, se faire écout er de l'assemblée et obtenir les
crédits nécessaires à l'organisation des troupes.

Le ministre de la guerre était un homme de trente-
six ans, instruit, aimable, spirituel, doué des meilleures intention s, mais il était impuissant pour une
tâche au-dessus même des forces d'un homme de
génie, et il n'avait aucune autorité.

« La propriété, les lois civiles, l'amour du pays et
la religion sont les bases de tout bon gouvernement, »
dit Napoléon dans ses Commentaires. Malheureusement, toutes nos institutions étaient battues en brè-
che ; la mise en état de défense de nos frontières,
la réorganisation de notre armée et la préparation à

1. Le comte de Narbonne-Lara, entré de bonne heure dans
les armées du roi, était devenu à 25 ans colonel du régiment Angoumois-infanterie, puis du régiment de Piémont.
Il avait été nommé maréchal de camp en 1791.

la guerre se faisaient dans des conditions désastreuses.

Narbonne était du parti constitutionnel. S'il plaisait aux uns, il déplaisait aux autres ; les royalistes avaient peu de confiance en lui ; les révolutionnaires lui reprochaient sa modération. Il ne tarda pas à céder le ministère de la guerre au maréchal de camp de Grave. Le nouveau ministre de la guerre n'était un homme de la Révolution que dans une certaine mesure. Entré au service dans les mousquetaires, il était colonel en 1782, et maréchal de camp en 1791, à l'âge de trente-quatre ans. Jeune, n'ayant aucune expérience des affaires, timide et d'une mauvaise santé, de Grave était peu propre à des fonctions qu'il n'avait prises qu'à contre-cœur. « *Il n'était absolument rien dans l'État,* » dit Mme Rolland dans ses *Mémoires.* Il resta au ministère de la guerre du 9 mars au 8 mai 1792. Décrété d'accusation, il passa en Angleterre d'où il ne revint qu'en 1804 (1).

Les troupes françaises furent disposées le long de la frontière, tantôt en un *simple cordon,* tantôt en

1. Décrété d'accusation après le 10 août 1792, Narbonne se réfugia à Londres et ne rentra en France qu'après le 18 brumaire.

Napoléon Ier le prit parmi ses aides de camp et l'appela à remplir différentes missions à Vienne, en Bavière et au congrès de Prague. Il est mort à Torgan en 1813.

Le marquis de Grave fut nommé en 1800, par Napoléon Ier, commandant militaire de l'île d'Oléron qu'il gouverna jusqu'en 1814. Nommé lieutenant-général et créé pair de France par Louis XVIII, il est mort en 1823.

groupes isolés séparés par des intervalles plus ou moins grands.

C'était la plus mauvaise de toutes les formations, car « une ligne longue et mince est faible partout, « et hors d'état d'obtenir un succès important sur « aucun point ; elle est en outre extrêmement dan- « gereuse, parce que l'ennemi peut concentrer ses « forces, percer l'armée, la battre en détail et la « détruire même avec des forces inférieures (1). »

C'était la négation de tous les principes de guerre. On occupait tous les passages pour tout défendre et tout attaquer ; c'était s'exposer à une série de combats partiels livrés sans direction ni vue d'ensemble.

« Les généraux peu expérimentés, dit le grand « Frédéric, veulent tout conserver et ont par suite « une tendance à mettre des troupes partout. C'est « le pire de tous les ordres défensifs. Ceux qui sont « sages n'envisagent que le point capital. Qui trop « embrasse mal étreint (2). »

Ce système avait été pratiqué souvent, et toujours sans succès, notamment par les généraux de Louis XV, pendant la guerre de la succession d'Autriche et la guerre de Sept ans. Les généraux de la république tombèrent dans les mêmes erreurs que leurs pré- décesseurs.

Ainsi, en 1743, l'armée franco-bavaroise, pour sortir de la situation critique dans laquelle elle se

1. *Principes de stratégie.* Général Berthaud, p. 70.
2. *Principes de stratégie.* Général Berthaud, p. 176.

trouvait en se disséminant sur une ligne de 75 lieues, de la frontière nord de la Bohêmë au Tyrol, fut obligé « d'abandonner, sans avoir livré une seule « bataille, tout un vaste terrain de plus de 70 lieues « de profondeur. »

En 1757, le duc de Richelieu, ayant disséminé ses troupes, dans la Westphalie, le Hanovre et la Saxe sur une étendue de plus de 80 lieues, « son armée, « la plus belle de celles mises sur pieds, perdit en « quelques mois d'immenses provinces, et fut à « moitié détruite. Les exemples de Broglie sur le « Danube en 1743 et de Maillebois, dans le Pié- « mont, en 1746, auraient cependant bien dû faire « éviter le renouvellement des mêmes fautes (1). »

En 1761, l'armée du Mein commandée par le maré- chal de Broglie était répartie sur une ligne de plus de 30 lieues. « Attaquée à l'improviste par le duc Fer- dinand de Brunswick, sur le centre, et les deux ailes, cette armée fut obligée de battre en retraite en détruisant ses magasins et les immenses approvi- sionnements qui y avaient été amassés pendant la durée de la campagne (2). » Il y en avait pour plu- sieurs millions.

S'il s'agit de la défensive ; la frontière est facile- ment accessible sur n'importe quel point. « En effet, si l'ennemi concentre ses troupes et se porte contre cette longue ligne, il ne trouve devant lui, quel que

1. Général Berthaud, p. 176.

2. *Traité des grandes opérations militaires.* Jomini, t. 2, p. 37.

soit le point attaqué, que des forces très inférieures
aux siennes ; il peut, en conséquence, percer la
ligne, la couper en deux tronçons et l'accabler successivement. Une armée qui adopte ce système met
toutes les chances contre elle et est presque toujours
battue. »

Le dispositif en cordon, adopté par les généraux
de notre première république, était donc une erreur
de premier ordre.

Le roi de Prusse, Frédéric II, mourut dans la
nuit du 16 au 17 août 1786. Le trésor public était
rempli ; l'administration et l'armée, dans le plus
parfait état. Tout fût gaspillé après lui.

Frédéric-Guillaume II, son neveu, lui succéda (1).
Au moment où commence la guerre avec la Révolu_
tion, le roi de Prusse a 48 ans ; c'est encore ce
qu'on appelle un bel homme ; il dépasse de la tête
toutes les personnes de son entourage. Mais la peti-
tesse de sa tête semble indiquer que l'intelligence
n'est pas à la hauteur du développement physi-
que.

Le second signataire de la déclaration de Pilnitz
est Léopold II, empereur d'Allemagne, frère de l'in-
fortunée reine Marie-Antoinette. Il n'a aucune
haine contre la France, et il n'appose sa signature au bas de cette convention que dans le but de
servir la cause des Bourbons. La Providence ne lui

---

1. Frédéric-Guillaume II, né le 25 septembre 1744, est le
fils du frère de Frédéric II, et de Louise-Amélie de Brunswick.

laissa pas le temps d'accomplir ses projets. Il mourut à quarante-cinq ans, le 2 mars 1792, laissant la couronne à son frère François II. Certains historiens, rapprochant sa mort de celle de Gustave III de Suède, se sont demandés si elle était naturelle.

Les règnes de Joseph II et de Léopold II avaient été agités. Joseph II surtout s'était livré à de dangereux essais, qui avaient soulevé la Hongrie et les Pays-Bas.

« Sire, lui dit une fois le vieux Kaunitz (1), je suis bien vieux ; mais si votre majesté continue, je la reverrai un jour simple archiduc d'Autriche. » Ces paroles du ministre furent entendues par le jeune François et restèrent gravées dans sa mémoire. De là, sa répugnance pour les innovations et son respect pour les traditions.

Ce prince n'aimait pas la guerre ; il la détestait même, et cependant son règne ne fut qu'une suite de troubles et d'agitations qui le forcèrent à passer toute sa vie au milieu des camps.

François II suivit la politique de son frère Léopold et adhéra à la convention de Pilnitz.

L'un de ses premiers actes fut de charger le prince de Hohenlohe (2) de s'entendre avec la Prusse sur les moyens à employer pour mener à bien la

1. Winceslaw-Antoine Kaunitz, diplomate autrichien (1711-1794), ministre de Marie-Thérèse et de Joseph II.
2. *Hohenlohe-Waldenburg* (1765-1820), ancienne famille titulaire de la principauté de Hohenlohe (Bavière et Vurtemberg), dont le nom signifie *haute flamme*.

guerre que l'on allait entreprendre. Son ministre
Cobentzel (1), assisté de Kaunitz, rédigea par son
ordre une note par laquelle la France était invitée
à respecter les droits des petits princes allemands
possessionnés en Alsace. A cette note, l'assemblée
législative répondit par la déclaration de guerre du
20 avril 1792. On répète souvent que la note impé-
riale était une provocation. On oublie que l'empereur était le protecteur naturel des princes allemands
qui avaient été spoliés par les décrets de la constituante et de la législative des droits qu'ils tenaient des traités, et notamment du traité de Wes-
phalie ?

La France seule allait donc avoir contre elle et
les Autrichiens et les Prussiens ; mais elle était
unie, tandis que ses adversaires étaient divisés.
Comment espérer l'unité d'action, si nécessaire pour
agir de concert. Les généraux appartenaient à deux
puissances constamment en lutte et se jalousant
réciproquement.

La guerre est déclarée. Royalistes et républicains
la désiraient ; les uns parce qu'ils y voyaient un terme
aux maux dont ils avaient à se plaindre ; les autres,
une occasion d'assurer le triomphe de leurs idées.
On avait, pour la soutenir, et l'armée royale, qui
était excellente, mais qu'on avait désorganisée,
et les corps de nouvelle formation, les volontaires,

---

1. *Cobentzel* (1753-1809), le même qui provoqua, en 1795,
une coalition de l'Autriche, de l'Angleterre et de la Russie,
contre la Révolution française.

qui devaient leur principale force à la présence dans
leurs rangs des officiers et des sous-officiers de l'armée de la monarchie.

Le 22 avril 1792, par une journée que le soleil
éclairait de ses chauds rayons, la petite ville de
Pontarlier était en fête. Rien de pittoresque, comme
ce nid d'aigles, coquettement perché, au milieu des
bois, sur l'un des plateaux les plus élevés du Jura,
dans une contrée où l'on rencontre des vallées aussi
fraîches, des eaux aussi limpides, des cascades aussi
bruyantes que dans les cantons les plus fréquentés
de la Suisse. Non loin de là se trouve le fort de
Joux, qui comme une sentinelle avancée de la
France, du côté des Alpes, garde le défilé de la
Cluse.

Assise au sommet d'un roc escarpé, sillonné seulement par des chemins de pâtre, cette forteresse
qui avait servi de lieu de détention à Mirabeau en
1775, dominait un cercle de montagnes couvertes de
sapins, portant fièrement le poids des frimas sur
leurs têtes gigantesques, tandis que partout ailleurs,
le printemps jetait déjà sur la terre son riant tapis
de fleurs. Au pied de la forteresse s'élève un groupe
de maisons aux toits noirs, entassées dans un pli
de terrain, borné d'un côté par quelques maigres
buissons frissonnant au moindre vent, de l'autre par
la route de Pontarlier que semble avoir ouverte
l'épée d'un nouveau Rolland. C'est le *franc-bourg*.

La garnison du fort de Joux était dans un de ses
jours d'allégresse. Le personnage le plus important

de cette réunion militaire était sans contredit le comte de·Saint-Mauris, gouverneur de la région. En toute autre circonstance, son brillant uniforme, autant que sa naissance illustre, eussent attiré tous. les regards. Ce jour-là, il ne devait pas obtenir les honneurs de l'attention publique.

Celui qui s'en était emparé était le capitaine du génie Rouget de l'Isle (1), que toute une escorte d'officiers et de soldats accompagnaient au coche qui devait le conduire à Strasbourg, où il arrivait le 24.

La capitale de l'Alsace était en émoi. La déclaration de guerre publiée à son de trompe dans les rues, et annoncée aux troupes par la voie de l'ordre, avait mis la population en joyeuse humeur.

Le maire de Strasbourg, Dietrisch, en profita pour réunir le soir à sa table quelques volontaires sur le point de partir pour rejoindre leur corps. Rouget de l'Isle, un ami de la maison, fut parmi les convives. A la fin du repas, la conversation roula sur la nécessité d'avoir pour l'armée un chant de guerre susceptible d'exciter l'enthousiasme des jeunes soldats et de remplacer les refrains surannés qui avaient alors cours dans les casernes, et qui n'étaient rien moins que patriotiques.

— « Voyons, Rouget, dit Dietrisch, en s'adressant

1. Rouget de l'Isle, fils d'un avocat, est né à Lons-le-Saulnier le 10 mai 1760. Entré à l'école spéciale du génie de Mézière en 1782, il était aspirant en deuxième en 1784, lieutenant en second (1789), capitaine (1791).

au jeune officier placé en face de lui, vous êtes tout à la fois poète et musicien. Pourquoi ne nous composeriez-vous pas quelque chose qui pût être chanté ? »

Rouget balbutia d'abord quelques phrases d'excuses, prétextant son inexpérience musicale et les difficultés pour lui d'orchestrer un morceau assez énergique pour entraîner le soldat en marche et au combat. Encouragé cependant par ses camarades, empoigné comme eux par cet excès d'exaltation et d'enthousiasme qui régnait à ce moment-là dans tous les esprits, il accepta enfin, et à minuit il se retirait.

Le lendemain il apportait son œuvre à Dietrisch qu'il trouva dans son jardin, en train de cueillir des laitues. La femme du maire était encore couchée, on la réveilla. On fit venir quelques amis. Rouget chanta en se faisant accompagner sur le piano, par une nièce de Dietrisch. L'hymne de la patrie était trouvé. On l'intitula : *Chant de guerre de l'armée du Rhin*. On fut surtout frappé de l'expression, vive et entraînante de la musique.

Le jour même, ce chant de guerre fut adressé au maréchal Lückner, avec une dédicace, puis imprimé, publié, orchestré en harmonie militaire, et exécuté le dimanche suivant, 29 avril, sur la place d'armes de Strasbourg où une parade avait lieu.

Le succès de cet hymne dépassa le but. Le *Chant de guerre de l'armée du Rhin* se transforma bientôt en hymne de la Révolution.

Cette transformation est due aux volontaires marseillais traversant la France pour se rendre à Paris, en juin 1792 et vociférant l'hymne de Rouget de l'Isle. C'est ainsi que le *Chant de guerre de l'armée du Rhin*, devint l'hymne des Marseillais auquel l'auteur n'avait pas songé et a fait place à la *Marseillaise*, chant révolutionnaire au premier chef. Le maire Dietrisch ne devait pas tarder à l'apprendre à ses dépens. Il montait l'année suivante sur l'échafaud, au son même des notes sorties de son foyer.

La vieille mère de Rouget de l'Isle, épouvantée du retentissement donné à la musique de son fils, lui écrivait un jour : « Quel est donc cette hymne révolutionnaire que l'on chante dans tout Paris, et auquel on associe notre nom ? » Rouget lui-même l'entendit retentir à ses oreilles comme une menace de mort, en fuyant dans les sentiers du Jura, pendant la période de la terreur.

« — Comment se nomme cet hymne, — demanda-t-il à son guide.

« — La Marseillaise, — lui répondit le paysan.

C'est ainsi qu'il apprit le nom de son propre ouvrage.

Il n'échappa à la mort qu'avec les plus grandes peines.

Le *Chant de guerre de l'armée du Rhin* se retournait contre son auteur.

Depuis, la *Marseillaise* hurlée par les foules, vociférée par des gens avinés, est tombée dans le domaine des braillards de la rue, et rappelle les plus mauvais jours de notre histoire.

Et pourtant, « ce diable d'air a des moustaches », comme le disait un loustic de la garnison de Strasbourg.

Le mot est historique. Il dépeint mieux que nous ne pourrions le dire, ce qu'il y a de fierté, d'enthousiasme et de colère superbe dans la musique qui, du reste, n'est pas de Rouget de l'Isle (1).

Abandonné un instant, nos gouvernants actuels ont ressuscité cet hymne, pour en faire un pas redoublé, derrière lequel marchent nos soldats. Ils n'ont oublié qu'une chose : c'est que le *chant de guerre de l'armée du Rhin*, fait dans un moment de surexcitation fiévreuse, a cessé d'être un hymne de guerre, en devenant *la Marseillaise*. Il faut autre chose pour marcher fièrement à la mort, et faire bravement son devoir sur un champ de bataille.

Le 20 avril 1792 l'assemblée législative déclarait la guerre aux puissances européennes. « Cette déclaration de guerre est une folie », disait Rochambeau aux officiers de son état major. « Rien n'est prêt », écrivait Lafayette au ministre de la guerre.

1. On sait maintenant que ce « diable d'air » n'est pas de Rouget de l'Isle qui a seulement adapté à ses vers plus que médiocres, la musique de Grisons, maître de chapelle de Saint-Omer, dans son *oratorio d'Esther*. Le fait a été mis hors de conteste par M. Arthur Loth, dans un remarquable travail intitulé : *Le véritable auteur de la Marseillaise, Paris, Palmé*.

« Nos troupes sont d'une indiscipline notoire »,
ajoutait le vieux Lückner.

Qu'importe? Le parti qui était au pouvoir voulait
la guerre. On la fit. Aucun plan de campagne n'était
arrêté. Le gouvernement poussa les généraux à
prendre l'offensive. Ceux-ci au contraire étaient pour
une défensive nécessaire. On ne les écouta pas. Le
général Dumouriez était ministre des affaires étrangères; ce fut lui qui traça le plan de campagne.

Le plan auquel s'arrêta le gouvernement fut le
suivant : Envahir rapidement les provinces belges de
façon à les détacher de l'Autriche. On espérait que
les habitants, en pleine révolte peu de temps auparavant, se soulèveraient à notre approche et viendraient
grossir le nombre de nos soldats ; mais pour attaquer, il fallait être fort et nous ne l'étions sur aucun
point. Il était contre toutes les règles de l'art militaire de s'aventurer en pays ennemi avec des forces
insuffisantes ; on s'exposait à être enveloppé, écrasé
par un adversaire plus fort.

La défensive proposée par les généraux était plus
sage. Le maréchal de Rochambeau fit valoir que
les troupes autrichiennes qui occupaient le Brabant
n'avaient pas d'équipages de siège, qu'il leur était
matériellement impossible d'attaquer notre frontière cette année ; qu'il était donc préférable, avec
une armée indocile et mal encadrée, de garder la
défensive. En même temps il émettait l'avis que, si
l'on tenait absolument à une offensive partielle, on
pouvait ordonner à Lückner, puisqu'il n'y avait

aucune armée ennemie sérieuse de l'autre côté du Rhin, de faire une course dans les Etats des petits princes allemands et surtout dans la région que Frédéric II appelait *la rue des Prêtres* (les électorats ecclésiastiques de Trèves, Mayence, Coblentz) ; mais dans ce cas, il fallait calculer les avantages à recueillir d'une pareille irruption dévastatrice, avec les pertes qui pourraient en résulter pour nos armées qui étaient sans instruction, sans discipline, sans cohésion, sans officiers, en face de troupes aguerries tacticiennes et obéissantes (1). Ce plan n'était pas nouveau ; il avait été celui de Villars en 1701.

« En prenant position entre la Moselle et le Rhin, Lückner procurait à ses troupes un nouveau front de frontière étroit et facile à défendre, tout en conservant l'avantage de la navigation du Rhin. Cette manœuvre retardait d'autant la jonction des alliés (2). »

Dans un second rapport adressé au ministre de la guerre, Rochambeau démontrait la nécessité de former des camps d'instruction sur nos frontières, de façon à rétablir la discipline, à façonner les troupes, à les aguerrir, et de là à les jeter sur les communications de l'ennemi, si nous étions attaqués, en profitant de toutes les occasions pour faire des incursions chez lui.

Lückner et Lafayette furent consultés. Le premier

1. *Mémoires* de Rochambeau.
2. *Souvenirs*, Mathieu Dumas.

se prononça pour l'offensive ; quand on lui demandait les moyens qu'il emploierait, il répondait qu'il n'entrait pas dans son système de guerre de se blottir sur la défensive, qu'il n'aimait pas tant de terres remuées et tant d'inondations entre lui et l'ennemi qu'il voulait combattre. Lafayette ne se prononça pas, prétextant qu'il ne connaissait pas assez son armée, pour prendre une décision à ce sujet.

Néanmoins, l'opinion du maréchal de Rochambeau prévalut momentanément, et différents camps d'instruction furent établis tout le long de notre frontière au nord et à l'est. Les généraux s'appliquèrent à donner aux troupes les leçons de manœuvre et de service en campagne dont elles avaient le plus grand besoin. « Cette disposition de camps perma-
« nents, disait Rochambeau, permettra, le cas
« échéant, de tenter un coup de main sur le Bra-
« bant, pendant que Lafayette menacera Namur et
« Liège par un mouvement offensif et que Lückner
« fera sa pointe le long du Rhin. Mais il faut former
« nos soldats avant toutes choses, et vouloir aller de
« l'avant sans cela, c'est courir à un échec certain,
« étant donné que notre frontière est bordée d'un
« cordon de troupes qui s'assassineront récipro-
« quement dans le mélange du territoire, lorsqu'on
« en viendra aux mains » (1). »

Nos forces étaient divisées en trois armées. Aucun général en chef n'avait le commandement supé-

1. *Mémoires* de Rochambeau.

rieur. Chaque général pouvait donc agir d'une façon indépendante, sans aucune liaison avec les corps voisins. Nous avions, sur la frontière du nord, environ 50,000 hommes répartis dans toutes les petites places des départements limitrophes de la Belgique et du Luxembourg, et sur le Rhin 32.000 hommes ainsi disposés :

Corps des Vosges et garnison de Landau (lieutenant-général Kellermann).

15 bataillons.	13,000	
4 batteries	2,500	20,000 h.
31 escadrons.	4,500	

Camp de Belfort pour le service des places (lieutenant-général Custine).

19 bataillons.	10,000	
13 escadrons.	2,000	12,000 h.
Total.	32,000 h.	

La France commençait donc la guerre avec une armée de 82,000 hommes.

La Prusse n'était pas prête. Mais les troupes autrichiennes surveillaient notre frontière au nord et à l'est. Le duc Albert de Saxe-Teschen commandait dans les Pays-Bas méridionaux une armée de 32,000 hommes, munie d'une nombreuse artillerie de campagne, mais sans pièces de siège ; à droite, le comte de Latour couvrait Tournay et le pays jusqu'à la mer ; à gauche, le lieutenant général Clairfayt couvrait Mons ; au centre, le lieutenant général Beaulieu était à Leuze avec le corps de bataille.

L'armée autrichienne du Rhin se composait de 25,000 hommes savoir : 7,000 dans le Brisgau avec le prince Esterhasy et 12,000 à Rastadt avec le lieutenant-général Hohenlohe-Kirchberg.

Ajoutons que les fortifications de toutes les forteresses de la Belgique avaient été rasées par Joseph II comme trop onéreuses en temps de paix et trop difficiles à garder en temps de guerre. La place de Luxembourg, le château de Namur, les citadelles de Mons, de Tournay et d'Anvers avaient seules échappé à cette destruction générale.

Il y a donc d'un côté 82,000 Français appuyés à de nombreuses forteresses, médiocres, il est vrai, mais supérieures encore aux forteresses démantelées du Brabant méridional ; de l'autre 57,000 Autrichiens, n'ayant qu'une mauvaise ligne de retraite, courant jusqu'au Rhin parallèlement à notre frontière et qu'il était facile d'intercepter ; mais soutenues en arrière par 50,000 Prussiens qui allaient entrer en ligne. La situation n'aurait donc pas été mauvaise pour les troupes françaises, si nos révolutionnaires n'avaient pas, depuis 1789, travaillé à la désorganisation de l'armée.

Mais avec une armée désorganisée, le maréchal de Rochambeau avait raison. La frontière de Flandre avec son réseau de places fortes, dont la plus grande partie avait été construite par Vauban, pouvait protéger une armée inférieure en qualité, sinon en nombre, contre une armée supérieure ; elle lui donnait un champ d'opération favorable pour se maintenir et empêcher l'ennemi d'avancer ; elle lui offrait des occasions de l'attaquer avec avantage, le cas échéant, et le moyen de gagner du temps pour permettre à ses réserves d'arriver.

Ce système de forteresses avait arrêté l'ennemi lors de la guerre de la succession d'Espagne. Après les défaites de Hochstedt, de Ramillies, de Turin, d'Oudenarde, Louis XIV avait demandé la paix. La France semblait bien malade à cette époque ; le prince Eugène perdit une année à faire le siège de Lille, et cependant Villars, par la victoire de Denain, changea la face des affaires. La paix d'Utrecht maintint sur le trône d'Espagne le petit-fils de Louis XIV.

Disons-le en passant ; seuls des rhéteurs peuvent prétendre que la défense des États peut être assurée par des troupes improvisées. L'histoire s'élève contre de semblables théories ; le succès ne vient pas toujours des gros bataillons ; il s'attache aux armées dans lesquelles la discipline et l'étude sont en honneur. L'expérience de tous les âges le démontre.

Les Grecs, si souvent vainqueurs des Perses, furent battus à leur tour par les armées perfectionnées de Philippe de Macédoine. Les Romains, si supérieurs par leurs institutions et leur recrutement, durent plier devant les mercenaires d'Annibal, mieux commandés, mieux dirigés. Les Gaulois,

malgré leur bravoure, furent asservis par les légions
de César. Les armées espagnoles, les légions des
Provinces-Unies sous Maurice de Nassau au xvi^e
siècle, les troupes de Gustave-Adolphe au xviie,
les armées de Frédéric II au xviiie, purent tenir en
échec et battre des armées plus nombreuses, mais
moins disciplinées et moins bien conduites.

Les belles campagnes de la guerre de Hollande
et de la ligue d'Augsbourg, sous Louis XIV, furent
menées avec les troupes perfectionnées par la vigi-
lante sollicitude de Louvois. Sous Louis XV, le maréchal de Saxe ramena la victoire, après avoir dis-
cipliné ses soldats dans les camps de Spire et de
Courtrai. Ce furent ces troupes instruites et rom-
pues aux manœuvres qui gagnèrent ses batailles
de Fontenoy, de Raucoux, de Lawfeld, prirent
Berg-op-zoom et Maëstricht. Le succès appartient
donc à la science, à l'instruction.

On commit la faute en 1792 d'introduire la politique dans l'armée en décrétant l'élection des officiers
par le suffrage des soldats, et en autorisant les clubs,
même dans l'intérieur des casernes. Ce dissolvant
était la négation de tous les principes qui font la
force d'une armée obéissante et soigneusement
encadrée. Il contribua à agiter les régiments. Toutefois, chose remarquable et digne de fixer l'attention : trois corps seulement méconnurent leurs
devoirs, et ces trois corps furent précisément des
troupes privilégiées ; les gardes françaises à Paris,
le régiment du roi à Nancy et le régiment suisse

de Châteauroux à Metz. A cette époque lamentab'e
de notre histoire où les mensonges les plus audacieux trouvaient du crédit auprès de la multitude,
notre vieille armée a été certainement admirable de
dévouement et de patriotisme. Mais les vertus de
l'armée faisaient ombre au tableau ; il fallait un
prétexte pour l'anéantir. On l'accusa de royalisme.
Les Athéniens de 1792 la traitèrent comme autrefois Aristide. Ils décimèrent, démembrèrent les régiments, en envoyant le premier bataillon dans une
armée, le deuxième dans une autre, et les grenadiers dans une troisième. Cette mesure n'eut pas
d'autre but que de masquer l'indiscipline, le défaut
d'instruction, le désordre et les dilapidations des
corps de nouvelle formation, les fameux volontaires
pour qui étaient toutes les faveurs.

Comment les projets d'offensive de Dumouriez
auraient-ils pu réussir dans de semblables conditions. Il est facile de dire : vous prendrez Mons,
vous occuperez Bruxelles, vous entrerez dans Os-
tende, vous vous installerez à Namur et à Liège.
Mais c'était moins facile à exécuter avec des armées
désorganisées. Les comités formés dans chaque régiment, les manifestations des troupes en faveur de
tel ou tel parti, leurs adresses à l'assemblée législative, leur contact incessant avec les gardes nationales, leur fédération avec les milices bourgeoises,
l'intervention de l'autorité civile à tout instant et
sans autre mobile que de pousser les soldats à la
politique, les excitations des sociétés populaires et

des journalistes, qui comme Marat, recommandaient aux soldats *l'assassinat de leurs officiers :* tout, en un mot, poussait à l'indiscipline et à l'insubordination.

Arrêtons-nous ici un moment pour esquisser la curieuse physionomie de l'homme qui voulait qu'on prenne l'offensive et qui fut bientôt appelé à jouer un si grand rôle.

Dumouriez, né à Cambrai le 25 janvier 1739, d'une famille parlementaire, originaire de la Provence, représentait assez bien, suivant le témoignage de Louis-Philippe, l'ancien régime par ses manières aristocratiques et le nouveau par ses idées. Il tenait tout à la fois des gens du nord par son sang-froid, et des gens du midi par la vivacité de son caractère, la chaleur et la sensibilité de sa nature.

« C'était un homme de petite taille, d'une physionomie agréable, leste, dispos et nerveux (1). » Il était laid, mais d'une laideur agréable ; au demeurant, « un roué très spirituel, à l'esprit délié, mais au regard faux ; un chevalier qui se moquait de tout, hormis de ses intérêts et de sa gloire ; intelligent et brave, bon soldat à l'occasion, habile courtisan, écrivant bien, s'énonçant facilement et clairement ; capable de grandes entreprises, plaisant avec ses amis, mais pouvant les tromper tous (2) ».

L'habitude de vivre en plein air avait bronzé

1. Michelet, *Histoire de la Révolution.*
2. *Mémoires* de Madame Roland.

son teint ; il était musicien, chantait, rimait et écrivait facilement ; il connaissait l'anglais, l'allemand, l'italien et l'espagnol. C'était un homme doué d'une instruction assez étendue.

Débile et rachitique jusqu'à l'âge de six ans, on crut qu'il mourrait ; mais soigné avec intelligence par le chantre de la cathédrale de Cambrai, il devînt plus tard un jeune homme fort et robuste.

Dumouriez avait fait ses études au collège Louis-le-Grand. Son père, commissaire de guerre dans les armées de Louis XV (1) et lettré, le façonna à la fois pour la guerre et les lettres. Un de ses oncles, employé au ministère des affaires étrangères, lui enseigna la diplomatie. Esprit puissant et souple, il se prêtait à tout et maniait aussi bien l'épée que la plume.

Sa famille le destinait aux bureaux de la guerre ; mais la vie sédentaire répugnait au jeune Dumouriez, qui sollicita et obtint en 1758, à l'âge de 19 ans, un emploi de cornette (2) dans le régiment de cavalerie du duc d'Escars qui guerroyait dans le Hanovre, et peu après, une place d'aide de camp près du général d'Armentière.

Il servit pendant les années 1759 et 1760, sous les ordres de Fischer, le plus célèbre chef de partisans qu'ait eu la France au xviiie siècle. A Warbourg, il couvrit la retraite de son régiment, en ral-

1. Cela correspondait à nos porte étendarts d'aujourd'hui.

2. Sous-lieutenant.

liant 200 cavaliers autour de son drapeau. A Clostercamp, seul et abandonné de son escorte, il avait été assailli par 30 hussards prussiens contre lesquels il se battit comme un lion ; il reçut 22 blessures et fut laissé inanimé et tout sanglant sur le champ de bataille, le visage brûlé par des grains de poudre, le front lacéré de coups de sabre et le bras fracassé. Il eut le bonheur de survivre à ses horribles blessures, bien que l'on ait été obligé de lui extraire en partie le radius du bras gauche, brisé en plusieurs endroits. Cet acte de courage, lui valut le grade de capitaine et la croix de Saint-Louis. Réformé à la paix, le 1er janvier 1763, il fut réduit à 24 ans à une modique pension de 600 livres.

Gentilhomme sans appui, sans protection, sans état et sans ressource que faire ? Le jeune officier n'avait pas été élevé pour végéter dans des positions inférieures et vivre de privations ; il chercha donc sa voie en dehors de celles ordinairement suivies. Il parcourut l'Europe, mettant partout à profit son activité et les ressources de son esprit. Philosophe et sceptique, désireux surtout d'exercer une action susceptible de le mettre en relief, de remplir un rôle quelconque sur la scène du monde, il n'était retenu par aucun principe, par aucun scrupule de conscience. Cette vie errante et agitée a fait de Dumouriez un aventurier tirant parti de chaque occasion et de chaque rencontre. Tantôt soldat, tantôt diplomate, toujours actif et résolu, il a fait un peu de tout.

Dumouriez était en Portugal lorsqu'il fut rappelé
en 1768 pour la guerre de Corse. Le duc de Choiseul lui fit donner le titre d'aide-maréchal-des-lo-
gis de l'expédition. Il s'y conduisit en brave, enleva
des redoutes, essaya avec une poignée d'hommes
de s'emparer de l'île Rousse et fit capituler le château de Corté. A son retour à Paris, le 11 mai 1769,
Louis XV le nomma mestre de camp.

En 1770, le duc de Choiseul l'envoya en Pologne
pour y organiser l'infanterie des confédérés de Bar.
Il recruta partout des hommes ; mais Choiseul
tomba, la France abandonna la Pologne et le ministre de la guerre d'Aiguillon le rappela.

Plus tard, il entra dans cette diplomatie confiden-
tielle et secrète de Louis XV dont le duc de Broglie a raconté l'histoire dans le *Secret du roi*. Semblable mission était bien dans les cordes de Dumouriez ; mais le roi ne pouvait avouer ses agents qui
souvent agissaient contre ses propres ministres.
Dumouriez fut arrêté à Hambourg, sur l'ordre
de d'Aiguillon, et enfermé à la Bastille, où il y resta
jusqu'à l'avènement de Louis XVI.

C'est alors qu'il fut envoyé à Lille pour y exercer
les troupes aux manœuvres prussiennes. Nommé
colonel en 1775 ; aide maréchal-des-logis de l'armée
de Bretagne (12 juin 1779) ; brigadier d'infanterie
(5 décembre 1781) ; maréchal-de-camp le 9 mars
1788, il était à Cherbourg depuis 1786, pour y diriger les premiers travaux du grand établissement
maritime que l'Etat y faisait construire, lorsque la

Révolution éclata. Il se distingua dans la création du port militaire de Cherbourg, sut sauver ce que l'arsenal dans une révolte ; ce qui lui valut le commandement en chef de la garde nationale de la capitale de la province de Normandie.

Dumouriez accueillit favorablement la Révolution ; mais esprit léger, changeant, était-il bien un partisan convaincu des idées nouvelles. Son rôle dans tous les mouvements qui se déroulèrent semblerait indiquer qu'il ne s'attacha à aucun des partis révolutionnaires. Pour lui, la Révolution était sans doute une voie inattendue dont il chercha à tirer parti au profit de son ambition. Lamartine le juge d'un seul trait quand il dit : « Dumouriez n'était pas le héros d'un principe, mais bien le héros de l'occasion. » Et nous ajouterons, comme le dit Toulongeon, qu'il n'était que le commencement d'un « grand homme. En six mois, il fut tour à tour, « ministre, royaliste, constitutionnel, girondin, jaco- « bin, républicain, général vainqueur, fugitif, pros- « crit, sans se soucier du rôle de la veille, ni beau- « coup s'occuper du lendemain. »

Hardi, impatient, fougueux, plein de lui-même, il eut, sans doute, des éclairs de génie ; mais il ne fut pas un homme de génie.

Abordons maintenant le récit des faits militaires qui ont précédé et suivi notre entrée en campagne.

En exécution des ordres qu'il avait reçus, Rochambeau quitta Paris le 21 avril, pour aller prendre à Valenciennes le commandement de ses troupes. Il n'avait sous ses ordres qu'un seul général de division, d'Aumont qui était à Lille et quatre généraux de brigade, Biron à Valenciennes, Théobald Dillon à Lille, Rochambeau fils à Maubeuge et d'Allebeck à Dunkerque. Le 24 avril, un courrier de Paris apportait différents plis au commandant de l'armée du nord ; il y en avait un pour chacun des généraux ci-dessus désignés, et un spécial pour le commandant en chef, donnant les instructions nécessaires à la mise en mouvement de l'armée. C'est celui-ci qu'il importe surtout de bien connaître. Ces instructions ordonnaient au maréchal de concentrer à Valenciennes, pour le 27 avril, un corps de 10,000 hommes composés de toutes les troupes qui formaient les garnisons de première ligne ; de rassembler le même jour 12 escadrons à Lille sous les ordres de Théobald Dillon, et de réunir également à la même date 12.000 hommes à Dunkerque.

Les trois corps réunis à Valenciennes, Lille et Dunkerque devaient se mettre en mouvement de façon à être le 29 devant Mons, Tournay et Furnes, pour favoriser une insurrection générale dans le Brabant sur laquelle on comptait. Biron devait occuper Quiévrain avec son avant-garde ; puis une fois là marcher sur Mons, où le maréchal de Rochambeau irait le rejoindre avec le gros de ses forces.

Quant à Lafayette, il devait être le 30 devant Namur, pour couvrir le flanc droit de la grande opération projetée.

Ce même ordre de mouvement prescrivait au ma-

réchal de Rochambeau de rester à Valenciennes, pour
y rassembler toutes les troupes disponibles dans les
places de deuxième et de troisième ligne, et former une réserve avec laquelle il marcherait pour
appuyer ses avant-gardes ; puis il devait se réunir
à elles entre Liège et Rüremonde, menacer Anvers,
aviser à la défense de la Belgique suivant les
marches et les dispositions des impériaux en Hollande, enfin pénétrer en Allemagne où il livrerait
le combat décisif aux armées combinées de la Prusse
et de l'Autriche.

Si l'affaire réussissait, et d'après ses correspon-
dances, Dumouriez était persuadé qu'elle devait
aboutir, Biron se dirigerait de Mons sur Bruxelles
pour y arriver du 2 au 4 mai ; le maréchal devait l'y
suivre au pas de course et y arriver du 10 au 13 mai.

Pour l'exécution de ce plan aventureux, deux choses étaient nécessaires ; un mouvement en faveur
des Français dans le Brabant et des troupes capables de marches et de manœuvres rapides.

Or, l'esprit général des Brabançons, s'il n'était
pas favorable au gouvernement autrichien, était
encore plus hostile à la Révolution française. Le mouvement contre les réformes de Joseph II avait été appuyé, sinon provoqué, par le clergé et la noblesse
violemment attaqués par les révolutionnaires français. Dès lors, une révolution dans le Brabant était
une chimère. De plus Maëstricht, la forteresse la
plus importante de la Hollande, était entre Liège et
Rüremonde, et interceptait toutes les communica-

tions de ces deux villes. Enfin, c'était une erreur stratégique de prendre Mons comme objectif principal des armées d'opérations, car ce n'était pas le point de concentration du gros des forces impériales.

Pour avoir quelques chances de réussite, ce projet d'invasion aurait dû rester secret ; seuls les généraux chargés de l'exécuter auraient dû en avoir connaissance ; or, il fût divulgué partout, bien avant la mise en mouvement des troupes, par les feuilles publiques. Ainsi, le maréchal de Rochambeau en avait eu la communication par son journal, deux heures avant l'arrivée du courrier dépêché à son quartier général de Valenciennes, exprès pour lui apporter ses instructions. Enfin on sait si les troupes françaises étaient prêtes pour des mouvements semblables.

Le commandant de l'armée du nord fit cependant tout ce qui était en son pouvoir pour se conformer aux ordres reçus. Il fit demander à Paris tous les objets nécessaires aux mouvements de l'armée qui manquait de tout. Il ajouta au détachement de cavalerie de Théobald Dillon, qui devait partir de Lille, 3 bataillons d'infanterie et 14 pièces de canon ; il donna au général de Biron toutes les troupes de Maubeuge avec le maréchal de camp de Rochambeau, son fils. Les troupes furent concentrées au point initial de départ le 28, et le mouvement commença le 29, ainsi que l'ordre en avait été donné.

Le général Théobald Dillon quitta Lille dans la nuit du 28 au 29 avril, afin de se trouver avant le jour devant Tournay. Sa mission était de faire une diversion sur les flancs de la colonne qui devait opérer du côté de Mons. Mais en route, il apprenait que la garnison de Tournay, prévenue par les journaux d'une invasion possible, avait été renforcée et qu'elle sortirait dès l'aube pour venir au devant de lui.

Les commissaires du gouvernement venus à Lille pour conférer avec le brave Dillon, l'avaient pénétré de cette idée qu'il n'avait qu'à se présenter pour entraîner la Belgique, et qu'il ne devait pas s'engager à fond, mais bien se contenter d'une simple démonstration, la véritable attaque devant être faite sur Mons par Biron. Le commandant de la colonne de gauche crut donc devoir se renfermer strictement dans le rôle qui lui était assigné, sans rien changer aux ordres reçus.

En route, il rencontra le général autrichien d'Apponcourt campé avec ses troupes sur les hauteurs de Marquain ; il prit le contact avec l'ennemi, et il constata qu'il avait devant lui des forces doubles des siennes.

Le gros de son infanterie avec son artillerie était resté au pont de Baizien, non loin de la frontière. Ce fut sur ce point que se retirèrent ses détachements d'avant-garde, après avoir reconnu l'ennemi. Dès le début, sa cavalerie avait très mal manœuvré ; elle formait deux colonnes, mais au lieu de marcher parallèlement en se prêtant un mutuel appui, ces colonnes s'égarèrent, se rejoignirent sur la grande route, et arrivèrent ensemble sur l'infanterie et l'artillerie qu'elles culbutèrent au lieu de leur laisser le chemin libre pour la retraite. L'ennemi, arrivant sur ces entrefaites, tira sur l'arrière-garde quelques boulets hors de portée qui n'atteignirent personne, pas même les derniers rangs de la troupe. Le bruit du canon seul fit peur à cette masse indisciplinée qui avait déjà donné des marques nombreuses de mécontentement pendant la route. Une panique indescriptible s'en suivit. A partir de ce moment-là, la confusion se mit dans les rangs, et la retraite fit place à une déroute, dont l'histoire de nos guerres offre peu d'exemples.

Dillon se multiplia, il tenta d'arrêter les fuyards et de leur faire faire face à l'ennemi. Impossible ; des cris tumultueux, des vociférations grossières répondirent au général qui reçut dans la bagarre un coup de feu tiré par un forcené ; grièvement blessé à la tête, il tomba inanimé et tout sanglant sur le terrain. Autour de lui, les uns criaient : « à mort le traître » ; les autres : « à la lanterne ». Le malheureux Dillon fut hissé dans une charrette, jeté sur une botte de paille et ramené à Lille.

La plume se refuse à décrire les scènes de carnage de cette journée. Quelques troupes, de complicité avec des énergumènes de bas étage, comme il s'en trouve toujours dans une grande ville, la terminèrent en assassinant, avec des raffinements de cruauté, deux officiers du plus haut mérite, et qui n'avaient d'autre tort aux yeux de la multitude que d'être nobles.

Les passions populaires, lorsqu'elles sont sur-
chauffées à l'excès, aboutissent toujours et fatalement au meurtre. La passion est aveugle, faute de
lumière, elle se laisse guider par des visions. Quand
elle arrive à son paroxysme, aventuriers, malfai-
teurs, gens tarés ou déclassés, hommes criblés de
dettes et perdus d'honneur, vagabonds, tous les
ennemis du travail, de la subordination et de la
loi, se liguent pour tuer sans rime ni raison.

En l'état d'anarchie les passions sont surexcitées
et il suffit d'un incident quelconque pour former
une bande. Elles s'excitent encore par la contagion,
les clameurs, le désordre ; elles finissent par pro-
duire une ivresse de laquelle rien ne peut sortir
que le vertige et la fureur ; pour les troupes de
Dillon, l'ivresse avait commencé pendant la route.

Un rassemblement considérable s'était formé autour des portes de Lille. Le colonel du génie de
Berthois, arrêté par ses propres soldats, est pendu
haut et court à l'un des créneaux de la citadelle.
La corde casse deux fois, et deux fois il tombe sur
le pavé ; il est attaché à une corde neuve, puis dé-
croché ; un cuisinier sans place, sachant, comme il
le disait lui-même, « travailler les viandes », lui
tranche la tête de son coutelas ; puis il promène
cette tête au bout d'une fourche à trois branches,
suivi d'une foule en délire.

Peu après arrive la charrette dans laquelle est
étendu Dillon ; ces mêmes soldats se précipitent sur
leur général, le massacrent à coups de bayonnettes,

arrachent son cadavre de la voiture, le traînent dans les rues de Lille, et le jettent ensuite dans un brasier ardent allumé sur la grande place avec les enseignes d'une auberge voisine.

On croit rêver en racontant de telles atrocités ; le mieux est de tirer le voile sur toutes ces horreurs.

Le général de Biron, de son côté, avait quitté le camp de Famars, le 29 avril de très grand matin et s'avançait sur Quiévrain, poste militaire qu'il savait occupé par un faible détachement de l'armée de Beaulieu. Mais l'ennemi, avec le gros de ses forces, n'était pas loin. Cette nouvelle l'engagea à marcher avec beaucoup de circonspection. Néanmoins, il s'empara de Quiévrain presque sans résistance, et fit replier tous les postes de son adversaire jusque sur les hauteurs de Flameries et de Bethaimont où le général de Beaulieu s'était établi pour couvrir Mons. Le 29 au matin, l'ennemi n'avait que 6,000 hommes, mais il fut renforcé de 4,000 hommes dans la soirée, de sorte qu'il put s'étendre sur la position qu'il avait choisie. Le combat allait donc se livrer de part et d'autre avec des forces égales.

Le lendemain 30, Biron marcha sur Mons. Le régiment de Vintimille (actuellement le 49e régiment d'infanterie) était d'avant-garde. Les Autrichiens barraient la route et attendaient l'attaque des Français, lorsque Biron apprit, vers cinq heures du soir, la déroute de la colonne de Dillon et la catastrophe qui s'en était suivie. Son aile gauche découverte,

il ne voulut pas se risquer dans un combat de nuit
avec des troupes sans expérience, mal dressées, et
dont il n'était pas sûr. Il prit donc le sage parti de
rétrograder à quelques kilomètres de Mons, dans
une petite localité nommée le Boussu, où il établit
son camp pour y passer la nuit. D'ailleurs ses troupes étaient fatiguées, avaient besoin de repos, et la
raison, aussi bien que le bon sens, engageaient Biron
à ne pas s'aventurer seul, sans espoir d'être soutenu, dans un pays gardé par des forces supérieures
aux siennes. Le 1er mai, dès l'aube, il continuait sa
retraite sur Valenciennes.

Le Général de Rochambeau fils (1), fut chargé de
l'arrière-garde ; il la conduisit jusqu'à Quiévrain, en
contenant avec beaucoup de fermeté et par une vive
canonade les troupes ennemies qui le poursuivaient
ou essayaient de le tourner. En arrivant à Quiévrain, il plaça aux abords de la ville, comme grands-
gardes, deux régiments d'infanterie et quatre pièces
de canon.

A peine les tentes étaient-elles dressées que,
vers 10 heures du soir, un corps de uhlans pénétrait dans la ville par une rue latérale, tombait sous
le feu d'un poste d'infanterie qui y était placé et
semait l'épouvante dans l'intérieur de la cité. Les
deux régiments d'infanterie prirent les armes dans

1. Né à Paris, le 17 avril 1755. Lieutenant d'artillerie
(1769) ; aide-major au régiment d'Auvergne (1772) ; capitaine (1773) ; colonel du régiment Bourbonnais (1779) ; maréchal de camp en 1791.

le plus grand désordre, firent feu l'un sur l'autre dans l'obscurité, et prirent la fuite en abandonnant les canons dont ils avaient la garde. La cavalerie monta à cheval, et prit au grand galop la route de Valenciennes. En un instant, ce fut un sauve qui peut général, et toute la ligne suivit bientôt dans une déroute complète.

Biron et tous les officiers de son entourage firent tout ce qu'ils purent pour rallier les fuyards. Le général duc de Chartres (1) et son frère, le duc de Montpensier, combattirent ce jour-là, avec la plus grande bravoure, à la tête des régiments de Vintimille et de Beauce (49e régiment d'infanterie actuel); ce furent deux pièces d'artillerie commandées par le colonel Casabianca (2), qui couvrirent la retraite, et arrêtèrent les charges des uhlans autrichiens. Les impériaux reprirent Quiévrain, et les troupes de Biron rentrèrent dans Valenciennes, après avoir abandonné aux mains de 500 ou 600 uhlans autrichiens les équipages et la caisse de l'armée.

En apprenant l'arrivée des fuyards, le maréchal de Rochambeau sortit de la ville avec trois régiments de cavalerie, le régiment d'Armagnac infanterie (5e de ligne actuel) qui venaient d'y arriver et huit pièces de canon; toutes ces troupes se joignirent au 3e hussards, le seul du corps de Biron qui avait con-

1. Depuis Louis-Philippe, roi des Français (1830-1848).
2. Ancien capitaine au régiment corse de *Butto-fuaco* (1770), lieutenant-colonel (1779) ; colonel (1791), devenu maréchal de camp, le 30 mai 1792.

servé, sous les ordres du duc de Chartres, un peu d'ordre et d'ensemble dans cette déroute. Il se posta en avant de Valenciennes, arrêta l'ennemi et protégea la rentrée des troupes.

Le lendemain de cet échec, 2 mai, on apprenait que le détachement de Dunkerque, commandé par le général Carles (1200 hommes), était entré à Furnes sans opposition, mais qu'il s'était replié sur la frontière, à la nouvelle de la malheureuse affaire de Tournay.

La guerre ne pouvait pas commencer sous de plus tristes auspices.

On avait voulu l'indiscipline dans l'armée en prêchant partout la désobéissance aux chefs; on en recueillait maintenant les fruits. Comment pouvait-il en être autrement? Les imaginations étaient surexcitées par les discours incendiaires des meneurs du parti révolutionnaire. Le soldat allait au club avec l'autorisation du ministre ; on lui disait que tous ses officiers étaient des traîtres parce qu'ils étaient des aristocrates, et il le croyait. Clameurs, dénonciations, insultes, coups de fusil ; c'étaient là des procédés naturels que l'insurrection lui enseignait et il les pratiquait. Artisans, paysans, petits bourgeois, jeunes gens enthousiastes et enflammés par la doctrine régnante s'enivrèrent au souffle de la Révolution, et se persuadèrent que l'honneur de combattre les ennemis de la république les autorisait à tout exiger et à tout oser.

Ce n'étaient pas les officiers qui pouvaient les

arrêter. Par un effet naturel de l'élection, les grades avaient été conférés trop souvent aux braillards et aux démagogues. Les intrigants, les grands parleurs et surtout les grands buveurs l'emportaient sur les gens capables. Pour garder sa popularité, le nouvel officier allait au cabaret avec ses hommes, et il était tenu de se montrer aussi révolutionnaire qu'eux ; d'où il suit qu'il tolérait leurs excès, s'il ne les provoquait pas.

Cette armée recrutée par des engagements volontaires dans un peuple turbulent, se composait en partie, de ce qu'il y avait de plus mauvais dans la nation. Si l'on y ajoute que la solde était faible, la nourriture mauvaise, la discipline dure, l'avancement nul et la désertion à l'état endémique, on aura les véritables raisons des débandages auxquels nous venons d'assister.

Mais à côté de ce faisceau dangereux, il y avait le faisceau national qui voyait la patrie au-dessus des désordres du moment et des violences des partis. Aussi, quand la patrie fut en danger, tous les hommes de cœur suivirent le drapeau de la nation sans s'inquiéter de celui qui le tenait. Lorsque dans une nation, le cœur est haut placé, elle se sauve elle-même, malgré ses gouvernants, malgré même des extravagances et des crimes.

On a quelquefois tenté d'excuser, sinon de justifier, des assassinats contre des officiers nobles et partant suspects. « On oublie, dit à ce sujet Taine, que « ces officiers nobles contre lesquels s'exerçait, en

« quelque sorte, une jacquerie civile et militaire
« avaient l'âme sérieuse, sous des dehors polis, bril-
« lants et parfois frivoles ; on oublie que chez eux
« l'honneur était du patriotisme. Comme des chiens
« de garde au milieu d'un troupeau effarouché qui les
« foule sous ses sabots, ou les perce de ses cornes,
« ils se laissèrent percer et fouler sans mordre. Dou-
« blement suspects, comme membres d'une classe
« privilégiée et comme chefs de la force armée, c'est
« contre eux que la soldatesque et la méfiance
« publique exerçaient leur action haineuse et ven-
« geresse des maux dont souffrait la patrie » (1).

Le comte Théobald Dillon, d'origine irlandaise,
assassiné par ses propres soldats, dans les conditions
que nous avons relatées plus haut, fut victime de
son devoir et de sa fidélité à son pays d'adoption.
Né à Dublin en 1746, il était entré en 1761, comme
cadet gentilhomme dans le régiment irlandais au
service de la France qui portait le nom de sa famille. Pendant toute la durée de sa carrière, il
avait été le modèle de l'officier, esclave du devoir
et de la discipline. Doué d'autant de modestie que
de savoir, il n'avait jamais voulu profiter du crédit
dont jouissait sa famille à la cour, pour solliciter
quoi que ce soit pour lui, disant à qui voulait l'entendre qu'un « officier ne devait obtenir de l'avancement que par son seul mérite. » N'ayant jamais
rien demandé pour lui, Dillon n'était arrivé capi-

1. *La Révolution.*

taine qu'en 1778 après 17 ans de service. Il avait alors 32 ans. On arrive plus tôt de nos jours, pourvu que l'on ait de la conduite et une instruction suffisante.

Ce fut en qualité de capitaine que Dillon fit la campagne d'Amérique où il se conduisit bravement. Le combat naval de Grenade et le siège de Savanah lui valurent le grade de colonel en 1780. Maréchal de camp le 13 juin 1791, on peut dire que Dillon fut tout à la fois un brave soldat et un bon citoyen. Il pouvait émigrer à Coblentz, son dévouement à la patrie française le retint seul. Dillon fut le dernier colonel du régiment qui portait son nom, devenu, le 87e régiment d'infanterie actuel service de la France depuis 1690 (1).

Il nous reste à indiquer ce qui se passait à l'armée du centre et à celle du Rhin.

Lafayette quitta Sedan le 30 avril; il avait eu une peine inouïe à rassembler sa grosse cavalerie à Givet; lui-même s'était établi le 1er mai au camp de Ranseme, avec le gros de ses forces. Il se proposait le lendemain de pénétrer dans le comté de Namur, lorsqu'il apprit les deux débâcles de Tournay et de Mons. Il rétrograda alors sur Sedan et ne bougea plus.

Ainsi finit cette première campagne qui pouvait aboutir à un succès et qui finalement se réduisit à deux déroutes et à un recul sur toute la ligne.

1. Ce régiment avait été formé à l'origine de soldats irlandais venus en France à la suite de Jacques II.

Sur le Rhin, la prise de Porentruy vint, fort à propos, faire une légère diversion et adoucir un peu l'amertume de nos premiers revers.

La principauté de Bâle, fief de l'Empire germanique, était un débouché très important, soit pour la France, soit pour l'Allemagne. Le traité de 1710 avait neutralisé le pays, et déclaré qu'il ne pouvait être occupé militairement, ni par l'une ni par l'autre nation. Or, depuis 1791, ce territoire que l'on nommait le Porentruy était gardé par deux bataillons et un escadron autrichien. La France n'avait-elle pas le droit d'en chasser les impériaux, puisqu'en vertu de la convention de neutralité il y avait engagement réciproque de s'opposer au passage et à l'établissement de troupes étrangères dans cette contrée ?

Le général Ferrières qui commandait à Strasbourg fut chargé de ce soin ; né à Belfort, il avait une connaissance approfondie du terrain sur lequel il devait opérer.

Les troupes quittèrent leur cantonnement, pendant la nuit du 27 au 28 avril, elles prirent des chemins détournés et arrivèrent sur la ville de Porentruy, le 28 au matin, sans donner l'éveil à l'ennemi qui, surpris pour ainsi dire au milieu de ses occupations quotidiennes, se dispersa à l'approche de nos troupes, sans opposer la plus petite résistance.

Pendant ce temps-là les attaques partielles se multipliaient sur notre frontière du Nord. Le 2 mai,

400 uhlans autrichiens attaquaient le poste de Bré-
tigny, à une lieue de Maubeuge, occupé par 30 hommes d'infanterie qui prirent la fuite. Le 10 mai, une
patrouille ennemie en reconnaissance sur la frontière se heurta à Marcou, en avant de Condé, à une
grande garde du régiment de Navarre-infanterie.
La contenance de ce petit détachement qui ne se
composait que de huit hommes de recrue, fut héroïque. Le sergent Rousselot, en apercevant les uhlans
autrichiens, à travers le crépuscule du matin, saute
sur son fusil et se prépare à la résistance, après avoir
fait à ses hommes cette courte harangue aussi
simple qu'énergique, et qui rappelle à la fois d'Assas
et Larochejaquelein.

« — Mes amis, voilà l'ennemi ! si je recule, tuez-
moi ; si vous reculez, je vous tue. »

La vaillante petite troupe, en se retirant sur
Condé, fit beaucoup de mal aux cavaliers autrichiens. Rousselot brûla 40 cartouches à lui tout seul
et reçut 20 balles de pistolet dans son chapeau et
ses habits.

Un de ses hommes se sentant blessé lui dit:

« — Sergent, je crois que j'ai la jambe cassée.

« — Marches-tu encore ?

« — Oui !

« — Dans ce cas, recharge ton fusil et tire toujours. »

Les huit hommes rentrèrent dans Condé, à la vue
des uhlans, n'ayant que trois blessés. Deux jours
après Rousselot fut promu officier par Rochambeau.

Ce vaillant n'était pas un lettré; c'était un soldat.

Ce ne sont pas les longs discours au moment du feu, qui donnent de la bravoure aux troupes; les vieux soldats les écoutent à peine, et dans nos armées modernes, il n'y en a plus; les jeunes les oublient au premier coup de canon. Pas une seule des harangues racontées par Tite-Live n'a été tenue par un général d'armée, car pas une n'a l'attrait de l'impromptu. La discipline lie les troupes à leurs drapeaux; le geste d'un chef aimé, estimé, vaut mieux que les plus beaux discours. Quelques paroles à effet entraînent le soldat; le geste, le mouvement, l'action de son chef excitent son enthousiasme.

Rappelons-nous cette courte harangue de Henri IV donnant l'exemple à la bataille d'Arques: « Si vous perdez vos enseignes, ralliez-vous à mon panache blanc. »

Ne voulant pas s'associer à des mesures qu'il désapprouvait, le maréchal de Rochambeau donna sa démission le 15 mai, et se retira sur ses terres, bien résolu à ne plus se mêler des affaires publiques. Le commandement de l'armée du nord fut proposé à Biron qui eut la sagesse de le refuser. Dumouriez y pourvut en faisant nommer Lückner, vieillard de 70 ans, qui malgré son grand âge avait conservé son activité et toute sa vigueur corporelle. Le général de la Morlière, âgé de 85 ans, le remplaça provisoirement à la tête de l'armée du Rhin, en attendant qu'on ait trouvé un titulaire actif et entreprenant. En même temps, le général de Graves, très affecté de la tournure qu'avaient prise les opérations, donnait sa démission, le 8 mai. Servan lui succéda au ministère de la guerre. C'était l'avènement des purs révolutionnaires.

CHAPITRE II

Le maréchal de Rochambeau : sa vie ; ses campagnes ; son
caractère. — Une lettre du maréchal de Ségur. — Bavay ;
Hemptines, Givet et Condé. — La Glisuelle. — Mort du
général Gouvion Saint-Cyr. — Courtrai. — Retraite de
Lückner. — Un hécatombe de ministres de la guerre. —
Servan. — Le chassé-croisé de Lafayette et de Lückner.
— Combat d'Orchies. — Deuxième affaire de Bavay. —
Lajard. — Caractère de Lückner. — Engouement de la
France pour les Prussiens. — Journée du 20 juin 1792 à
Paris. — Etienne Marcel et Pétion. — Effectif des armées
en présence. — Couronnement de François II à Franc-
fort. — Fêtes à Mayence. — Manifeste du 25 juillet 1792. —
Le duc de Brunswick-Lünebourg. — Le baron de Stein.
— Ordre de bataille de l'armée prussienne. — Le prince
de Reuss. — Le prince de Nassau-Siegen. — Le landgrave de Hesse. — La *traite des blancs*. — Marche en
avant de l'armée prussienne. — Trèves, Coblentz, Consarbrück, Montfort. — La première nuit passée par les
soldats allemands sur le sol de la France.

Après avoir enregistré dans les pages précéden-
tes les faiblesses, les humiliations et la honte qui ont
fait verser à la France tant de larmes et de sang
au début de notre Révolution, nous croyons qu'il est
bon de mettre sous les yeux du lecteur un des beaux
caractères militaires du XVIII° siècle, une de ces mâ-

es et nobles figures qui rappellent l'ancienne chevalerie.

Une nation ne saurait être grande, forte et res-
pectée, qu'en revenant aux idées d'ordre, aux sentiments de devoir, d'honnêteté et de patriotisme qui
sont comme le tempérament des peuples. Pour raviver en elle tous les bons instincts, tous les élans
généreux qu'elle possède, il ne faut rien négliger.
Or, n'est-ce pas en rendant hommage à la mémoire
des hommes qui ont honoré leur pays par des actes
héroïques ou de grandes vertus que l'on réveille
l'amour de la gloire?

A ce point de vue, l'exemple donné par le maréchal de Rochambeau ne saurait être perdu. Personne n'eut dans l'armée, dans la seconde moitié du
xviiie siècle, une plus belle réputation de bravoure,
de modestie, de savoir, de probité et de désintéressement, que ce vaillant soldat. Il était bien un de
ceux dont Brantôme aurait dit :

« Voylà pourquoi j'estime ces bons chevaliers qui
« sont sans peur et sans reproche, très heureux et
« dignes de grandes gloires, s'ils peuvent fran-
« chir la carrière sans y broncher; mais ils sont
« rares (1). »

Lorsque Rochambeau prit le commandement de
l'armée du Nord, il avait 66 ans. Ses états de service étaient des plus brillants; il jouissait de la
confiance des troupes et d'une réputation de bra-

1. Brantôme, *Vie des hommes illustres*. T. 1; p. 87.

voure et d'habileté dans les manœuvres que personne ne lui contestait. Il était donc en quelque sorte le chef militaire tout indiqué pour diriger la plus nombreuse, sinon la meilleure de nos armées.

Né le 1er juillet 1725 à Vendôme, où son père exerçait les fonctions de gouverneur en qualité de lieutenant des maréchaux de France, Jean-Baptiste-Donatien de Vimeur, comte de Rochambeau, avait été élevé chez les pères de l'oratoire. Etant le cadet de sa famille, il se destinait à l'état ecclésiastique et se préparait à la tonsure, lorsque Mgr de Crussol, évêque de Blois, son parent, lui annonça en ces termes la mort de son frère aîné : « A pré-« sent, mon cher fils, c'est à vous de partir, allez « dans les camps servir le roi et la patrie, et mon-« trez-y le même zèle que celui que vous auriez mis « à servir Dieu et son église. »

Pro rege et patria : telle était alors la devise de notre vieille noblesse française.

Rochambeau, qui n'avait que 16 ans, suivit avec distinction les traces de son frère aîné, et se fit admettre dans l'armée, en 1741, comme cornette de cavalerie (1) dans le régiment de Saint-Simon désigné pour la guerre d'Allemagne.

Il suivit le comte Maurice de Saxe en Bavière, où il se distingua, sous le maréchal de Belle-Isle, dans

1. Porte-étendard des régiments de cavalerie, sous Louis XV. Souvent on ne prenait pour cet emploi que des jeunes gens de 14 à 16 ans ; c'était à eux que revenait le périlleux honneur de tenir le drapeau en face de l'ennemi.

la fameuse retraite de Prague. En 1742, il commandait une compagnie de cavalerie, et en 1746 était
attaché au duc d'Orléans en qualité d'aide de camp.

A cette époque, le comte de Clermont, qui portait
un grand intérêt au capitaine de Rochambeau,
demanda pour lui un régiment de cavalerie. Mais
le jeune officier préféra un régiment d'infanterie
pour « combattre plus activement » comme il le
disait lui-même, et en 1747 le duc d'Orléans lui fit
donner le régiment de la Marche devenu vacant
par le passage du titulaire à un autre emploi.

Rochambeau avait alors 22 ans. Son nom se
trouve mêlé à toutes les glorieuses actions de cette
mémorable époque : Fontenoy (1745) ; Raucoux
(1746) ; Lawfeld (1747). Grièvement blessé à la tête
de la colonne d'attaque, en essuyant le premier feu
de l'ennemi, il était l'année suivante au siège de
Maestricht (1748).

Le régiment de la Marche avait la réputation
d'être l'un des meilleurs de l'armée. Son jeune
colonel, tout préoccupé de ses devoirs profession-
nels, fit faire à son régiment des progrès remarquables en discipline et en tactique. C'est à ce point
que le maréchal de Richelieu l'ayant remarqué le
demanda au roi pour l'expédition de l'île Minorque
qui allait s'ouvrir. Il s'agissait de s'emparer de
Mahon sur les Anglais. Le colonel de Rochambeau
se distingua comme toujours à la tête de son brave
régiment ; cette campagne lui valut la croix de
chevalier de saint Louis le 13 juillet 1755.

La guerre de sept ans entre la Prusse et l'Angleterre d'un côté, la France, l'Autriche et la Russie de l'autre, commençait. Lorsqu'il y avait un poste périlleux à prendre ou à conserver, une manœuvre difficile à faire, c'était le plus souven t Rochambeau qui en était chargé. Pendant toute la durée de la guerre il se mesura plusieurs fois avec avantage avec le prince Ferdinand de Brunswick, dont il fut certainement un adversaire redoutable. C'est lui qui se chargea de s'emparer d'Aeberstadt, de Magdebourg sur le chemin de Berlin. Dans la journée de Crefeld (1757), il eut l'occasion d'expérimenter le premier une troupe légère formée par ses soins, et qui devint par la suite le noyau des compagnies de chasseurs de l'infanterie française (1).

Nommé colonel du régiment d'Auvergne *sans tache* (2), le 7 mars 1759, il combattit encore à Bergen et Corbach (1759) ; à Grunberg et Clostercamp (1760), où il fut blessé pour la seconde fois, et créé maréchal de camp après vingt années d'activité continuelle sur tous les champs de bataille.

Rochambeau avait les sentiments trop délicats et trop honnêtes pour ne pas avoir horreur des brigues et des intrigues. Pour lui-même il ne demanda jamais rien qu'à sa bravoure et à son zèle ; tous

1. Les Hanovriens ont été les premiers à inaugurer l'arme des chasseurs. Le maréchal de Broglie essaya cette organisation, en en créant une compagnie par régiment (*Encyclopédie méthodique*).

2. Ainsi nommé parce qu'il n'avait pas encore perdu un seul drapeau à l'ennemi depuis sa création.

ses grades il les obtint pour des faits de guerre ou
des actions d'éclat. Son patriotisme et le sentiment
du devoir accompli étaient pour lui un encouragement suffisant.

S'il était aussi désintéressé pour lui-même, il savait prendre les intérêts de ses subordonnés. Animé
de l'amour le plus pur pour la justice, tenant par
dessus tout à cette autorité morale sans laquelle
le commandement dans une armée est frappé d'im-
puissance, il employait tous ses soins à rechercher
les belles actions accomplies sous ses ordres, et en-
gageait ensuite de véritables luttes en faveur de
ceux qu'il croyait devoir être récompensés. Jamais
les braves n'eurent après le combat un juge plus
équitable, un défenseur plus dévoué.

Son activité constante, ses labeurs incessants, le
désignèrent au choix de Louis XVI, qui le nomma
lieutenant-général en 1780, précisément pour prendre le commandement du corps d'armée de 6.000
hommes, que le gouvernement français, à la suite
de la mission de Franklin, mettait à la disposition
de Washington, pour soutenir la guerre de l'indépendance des Etats-Unis contre l'Angleterre. C'était
un témoignage de haute estime donné à Rochambeau; il justifia pleinement la confiance mise en
lui. Tout d'abord, il choisit lui-même les régiments
qu'il devait emmener avec lui dans le Nouveau-
Monde, et il ne prit pour les renforcer à l'effectif
de guerre que les meilleurs soldats de l'armée française.

En Amérique, Lafayette montrait beaucoup d'ardeur, voulait toujours aller de l'avant, sans se soucier si on pouvait se risquer avec une certaine chance de succès et si les services de l'armée étaient assurés. Rochambeau, qui avait l'expérience, arrivait alors fort à propos pour calmer cette ardeur juvénile et lui rappeler les vrais principes de la guerre. On ne lira donc pas sans intérêt la lettre ci-dessous qui dépeint en entier le caractère de l'homme et du soldat.

Newport, le 27 août 1780.

« Mon cher marquis,

« C'est très bien à vous de croire que les Fran-
« çais sont tous invincibles. Mais je vais vous con-
« fier ce qu'une expérience de 40 années m'a ap-
« pris. Il n'y a pas d'hommes plus facilement
« abattus que nos soldats quand ils ont perdu con-
« fiance dans leurs chefs, et ils la perdent tout
« de suite s'ils ont été compromis et sacrifiés à
« l'ambition personnelle et particulière. Si j'ai été
« assez heureux pour conserver jusqu'ici celle de
« mes soldats, c'est qu'après le plus scrupuleux
« examen de conscience, je puis dire que, sur les
« 15,000 hommes tués en combattant sous mes or-
« dres, je n'ai pas à me reprocher la mort d'un seul.
« Suivez mes conseils ; c'est le vieux père de Ro-

« chambeau qui parle à son cher fils de La-
« fayette (1). »

Un seul fait à l'appui de cette lettre.

A l'assaut de Yorck-Town, le régiment d'infanterie de Gâtinais qui était le dédoublement de celui
d'Auvergne, depuis 1776 (2), devait prendre la tête
de la colonne d'assaut.

La veille, Rochambeau visita les tranchées :

— « Soldats, — dit-il, au régiment de Gâtinais, —
« n'oubliez pas que nous avons servi ensemble au
« régiment d'Auvergne, *sans tache;* si j'ai besoin de
« vous cette nuit, sachez soutenir la vieille réputa-
« tion de notre drapeau et vaincre ou mourir. »

Tous les soldats répondirent qu'ils se feraient tuer
jusqu'au dernier, si le général promettait de s'employer pour leur faire rendre leur ancien nom. Promesse faite, promesse tenue.

Gâtinais tint parole ; il fit des prodiges de valeur.
Le lendemain Rochambeau écrivait au roi pour lui
demander de changer le titre du régiment en celui
de *Royal-Auvergne*, et le roi de répondre en marge
sur la demande : *Bon pour Royal-Auvergne.*

Ce simple exemple suffit pour faire voir à nos
sceptiques modernes, combien est grande, dans
l'armée, l'influence de la tradition et de l'esprit du
corps.

La paix de Versailles mit fin à la guerre ; l'in-

1. *Mémoires de Rochambeau.*
2. *Histoire de l'infanterie française,* par le général Su-
zanne.

dépendance des États-Unis d'Amérique était reconnue. La petite armée de Rochambeau rentra en
France.

Ceux qui, éloignés pendant longtemps du centre
de leurs affections, ont vu souvent la mort en face,
comprendront avec quel plaisir le général retrouva
son foyer domestique et souriant cottage de Vendôme. Là, il trouvait tout ce qui pouvait satisfaire
ses goûts ; un grand espace devant lui, un air libre
sur la tête, de vastes jardins que bordaient seulement des collines voisines.

Certains individus ressemblent aux grands fleuves,
qui, très étroits à leur source, s'élargissent au fur et
à mesure qu'ils approchent de leur embouchure ;
ils grandissent en marchant. Rochambeau était de
ceux-là. Plus il s'élevait dans l'échelle sociale, plus
on voyait en lui augmenter la modestie qui est une
force, et la simplicité qui devient chez l'homme
supérieur un charme véritable.

Comme ces gentilshommes antiques qui eussent
été des rois dans la langue de la Bible et d'Homère,
son plus grand bonheur était au village de s'entou-
rer d'amis, de se mêler aux paysans, de partager
leurs loisirs, de leur être utile. Pour lui, rien de
plus inviolable que les droits sacrés de l'amitié, et
il n'éprouvait jamais de plus vive satisfaction que
celle de faire plaisir aux autres. Toute sa vie ne fut
donc qu'une suite d'actions utiles, un long dévouement à son pays, à la société, à ceux qui avaient su
mériter son affection.

La lettre suivante écrite par le maréchal de Ségur au nom du Roi est du reste le plus bel éloge que nous puissions faire du général de Rochambeau.

« Paris, le 5 décembre 1783.

« Général,

« Le Roi me charge de vous témoigner toute
« sa satisfaction pour la manière dont vous avez su
« commander et diriger les troupes de son armée
« en Amérique. La réputation militaire dont vous
« jouissez depuis longtemps et votre dévouement
« ont été les premiers motifs de la confiance de
« S. M. Les vrais talents dont vous venez de don-
« ner de nouvelles preuves, le grand ordre que
« vous avez su faire observer dans vos troupes, les
« justes combinaisons que vous avez prises, vos dis-
« positions de combat, vos marches en face de l'en-
« nemi, l'esprit de conciliation que vous avez apporté
« dans toutes les opérations concertées avec le géné-
« ral Wasington, et enfin le succès qui les a cou-
« ronnées, ne laissent absolument rien à désirer. »

Soldat héroïque, esprit lucide et décidé, caractère résolu, cœur ferme, souverainement honnête, Rochambeau était un chrétien fidèle aux principes de l'Eglise ; il a toujours été un modèle des vertus civiques, religieuses et militaires. « Donner l'exemple aux troupes est le meilleur moyen d'inspirer aux soldats l'amour de la discipline. » Le mot est de

Louis XIV, lorsqu'à Charleroi il refusa d'accepter la tente du grand Condé, en ajoutant que simple volontaire dans les armées du roi, il ne souffrirait pas que son chef n'ait pas d'abri, tandis que lui était à couvert.

Jeunes hommes qui vous destinez à la carrière des armes, prenez exemple sur nos grands capitaines; soyez vertueux et surtout soyez religieux; c'est le seul moyen de marcher le front haut. On ne craint pas la mort lorsqu'on a fait son devoir sur cette terre et envers Dieu. Faites-vous gloire de vivre et de mourir, comme Bayard, Turenne, Rochambeau, Drouot et Lamoricière.

Quand les fureurs du combat déchirent l'horizon, quand le canon gronde, que la fusillade éclate, que les projectiles passent en trouant les lignes, que les ondées de la mitraille se dessinent en blessant et en tuant, que l'atmosphère est pleine de mille bruits effrayants, que le terrain se couvre de morts et de blessés qui expirent dans d'atroces souffrances, ou se traînent pour chercher un abri, quand toutes ces horreurs passent devant les yeux, ce n'est pas l'appât des récompenses qui peut soutenir les cœurs soumis à de telles épreuves, ce sont les consolations que la religion apporte avec elle.

Mais revenons à Rochambeau. Nommé député aux Etats Généraux pour représenter la noblesse de l'Orléanais en 1789, il était rentré depuis six mois dans ses foyers, lorsqu'on vint l'y chercher pour commander l'armée du nord. Le ministère était chancelant, le trône de Louis XVI s'effondrait ; le maréchal accepta néanmoins ; il défendit le mieux qu'il put le territoire qui lui était confié et qui s'étendait de Dunkerque à Givet. Nos lecteurs connaissent les catastrophes qui furent les conséquences d'une entrée en campagne mal préparée. Rochambeau donna sa démission le 15 mai (1). Lückner lui succéda dans son commandement.

Lückner signala son apparition en Flandres par des opérations malheureuses. Les Autrichiens ayant été attaqués deux fois par nos avant-postes voulurent prendre leur revanche. La frontière du nord devint ainsi le théâtre de petites escarmouches sans portée au point de vue du résultat obtenu, mais qui usaient nos forces en nous obligeant à être constamment en éveil, toujours et partout ; les rencontres étaient d'autant plus pernicieuses que nous eûmes presque toujours le dessous.

---

1. Arrêté comme suspect le 15 mai 1793, Rochambeau resta enfermé à la Conciergerie, pendant neuf mois, et ne fut rendu à la liberté que le 9 brumaire 1794.

En 1803, Napoléon 1er, parvenu au faîte de la puissance, voulut voir ce glorieux vétéran de l'armée de la monarchie. Il le fit appeler aux Tuileries. Le ministre de la guerre le lui présenta.

L'Empereur lui remit les insignes de commandeur de la légion d'honneur ; puis fit défiler devant lui les généraux de son entourage, parmi lesquels se trouvait Alexandre Berthier, son ancien aide de camp.

« — Voilà vos élèves, lui dit Napoléon.

« — Sire, répondit le maréchal, les élèves depuis ont bien surpassé le maître. »

Le 17 mai, le duc de Saxe-Teschen qui commandait à Mons essaie un coup de main sur la petite
ville de Bavay située entre Maubeuge et Valenciennes, où commandait un capitaine avec 80 hommes
d'infanterie et 20 hussards. La petite troupe française se défendit vaillamment mais débordée par les
Autrichiens qui étaient en nombre, elle fut enfer-
mée dans Bavay, faite prisonnière, moins les 20
hussards qui, grâce à la vitesse de leurs chevaux,
purent regagner Maubeuge. Le détachement autrichien rentra à Mons, avec ses captifs, les armes et
tous les objets militaires dont il avait pu s'emparer.

Le 23 mai, un détachement français, commandé
par le général Gouvion Saint-Cyr était allé fourra-
ger dans les environs de Maubeuge, lorsqu'il fut
attaqué à Hemptine, sur la route de Charleroi, par
une troupe ennemie d'une force un peu supérieure.
Gouvion fut obligé de rebrousser chemin, sans
emporter ses fourrages, malgré une retraite qui
fait certainement le plus grand honneur aux régiments de Condé et de Foix (actuellement les 55ᵉ et
83ᵉ d'infanterie) qui couvraient la retraite, et aux
bonnes dispositions prises par les chefs. Résultat : 24
tués, dont 3 officiers ; 67 blessés, dont 10 officiers.

Le 24 mai, 9,000 Autrichiens essayèrent de surprendre Givet occupé par 2,500 hommes. L'ennemi arriva pendant la nuit sous les murs de la forteresse, et le combat s'y engagea de minuit à neuf
heures du matin, mais sans résultat appréciable de
part et d'autre.

Le 29 mai, attaque de Condé par trois colonnes autrichiennes. Résultat obtenu : une grande panique dans la ville ; trois tués, quatre blessés et deux prisonniers.

Nous étions battus partout ; ces échecs successifs prouvaient que, si nous étions disséminés un peu sur tous les points, nous n'étions en force nulle part. Aussi Lafayette écrivait-il à Servan : « Nous reconnaissons que la déclaration de guerre a été trop précipitée, puisqu'elle arrive précisément dans un moment, où l'expérience prouve qu'aucune des armées mises sur pied n'est en état de la faire. »

En lisant cette dépêche, on croit que l'invasion de la Belgique sera abandonnée et qu'on s'occupera seulement d'organiser la défense, mais, il fallait compter avec les passions politiques ; Servan décida que l'on tenterait en juin une nouvelle attaque sur la Belgique. Lückner est chargé de pénétrer dans la Flandre maritime, pendant que Lafayette occupera Maubeuge et gardera la frontière, en poussant ses avant-postes jusque sur la Glisuelle (1).

Gouvion Saint-Cyr commandait cette avant-garde. Le général autrichien Clairfayt, sorti de Mons le 13 juin, l'attaqua dans ses positions. Gouvion jugeant sa situation intenable, eu égard aux forces nombreuses qu'il avait devant lui, crut qu'il était prudent de battre en retraite. A cet effet, il fit filer ses baga-

1. Petite rivière qui coule en avant de Maubeuge, parallèlement à la frontière.

ges sur Maubeuge et mit son artillerie à cheval sur la route pour en barrer le passage et couvrir la retraite de son infanterie, en attendant les secours qu'il était en droit d'espérer de Lafayette dès qu'il aurait entendu son canon. Malheureusement un violent orage et des vents contraires empêchèrent le bruit du canon et de la fusillade de parvenir jusqu'au camp français. Lafayette n'apprit le combat engagé par Gouvion que par l'arrivée des bagages à Maubeuge. Il était déjà un peu tard pour envoyer des renforts sur le lieu de l'action. Néanmoins Lafayette dirigea sur les flancs de l'ennemi, une colonne de quelques bataillons commandée par le général de Narbonne. Cette diversion rétablit le combat; les Autrichiens se retirèrent et Gouvion reprit ses premières positions.

Mais ce petit engagement nous avait coûté des pertes sérieuses. Le brave Gouvion fut tué au milieu de ses soldats, en voulant les rallier. Le lieutenant-colonel Cazotte, vieillard de 75 ans, commandant le bataillon de la Meuse, fut emporté par un boulet de canon. Tous les deux laissèrent dans l'armée d'unanimes regrets. Gouvion, parent du futur maréchal Gouvion Saint-Cyr très connu dans l'armée par ses écrits et par sa haute valeur militaire, sortait de l'armée du génie. Il avait servi en Amérique sous les ordres de Rochambeau. Nommé major de la garde nationale de Paris par Lafayette, il était général de division depuis fort peu de temps. Quant à Cazotte, il sortait de l'artillerie,

arme dans laquelle il avait servi 50 ans, avant de
passer au commandement d'un bataillon de volontaires.

Le conseil des ministres, présidé par le roi, se
réunissait, lorsque Dumouriez apprit la nouvelle de
la mort de Gouvion.

« — Voilà un homme bien heureux, dit-il en se
« tournant vers le roi, il est mort en combattant
« pour son pays, sans être témoin de nos affreuses
« discordes. J'envie son sort. »

Dumouriez avait raison. Cette mort glorieuse a
préservé Gouvion de l'échafaud; car vainqueur ou
vaincu, le brevet de général fut souvent à cette
époque un brevet de guillotine.

C'est dans le mouvement de retraite sur Maubeuge que se fit connaître le jeune colonel Victor
de la Tour-Maubourg, si célèbre depuis comme
officier général de cavalerie. Attaqué à l'improviste
par un détachement ennemi, il le chargea avec
son régiment de chasseurs et quelques cavaliers et
lui fit 100 prisonniers. La valeur qu'il déploya dans
cette affaire d'arrière-garde lui valut le grade de
maréchal de camp.

En résumé, Lafayette s'était maintenu sur la
Glisuelle, mais au prix de très grands sacrifices.

Lückner, de son côté, était à Ypres le 16 juin,
conformément au programme qui lui avait été tracé.
Le 18, il était devant Courtray, où commandait le
colonel autrichien Mylus avec 800 hommes. La
lutte était par trop inégale ; les Autrichiens évacuè-

rent Courtray et Lückner fit occuper la ville par ses troupes.

C'était un succès; mais le vieux sabreur ne sut pas en profiter. Le 30 juin, l'ennemi s'étant présenté en grand nombre devant la place, il évacua la ville pour couvrir notre frontière menacée, et tout le résultat de cette campagne fut l'incendie des faubourgs de Courtrai par les dernières troupes françaises au fur et à mesure qu'elles se retiraient.

Sur ces entrefaites Servan donnait sa démission avec les autres ministres girondins, et Dumouriez prenait le portefeuille de la guerre.

Pendant toute cette période nous assistons à une hécatombe de ministres de la guerre. Le comte de Narbonne-Lara en avait rempli les fonctions deux mois et huit jours ; le marquis de Grave, deux mois seulement ; Servan, un mois et quatorze jours ; Dumouriez ne fit qu'y passer trois jours, juste le temps de signaler les *lenteurs* et les *malversations* administratives. En cinq mois, nous avions eu quatre ministres de la guerre, dont un constitutionnel, Narbonne-Lara, un royaliste, le marquis de Grave, un révolutionnaire, Servan (1), et Dumouriez qui alors affectait un grand zèle pour la Révolution.

1. Joseph Servan de Gerbay avait 43 ans. Ancien soldat du régiment de Guyenne avec lequel il fit la campagne de Corse (1769), il était devenu successivement capitaine (1772); major aux grenadiers de l'île de France (1779) ; sous-gouverneur des pages de Louis XVI (1790) ; lieutenant-colonel du régiment Vermandois (actuellement 61e d'infanterie) le 6 novembre 1791 ; colonel aux gardes soldées de Paris (ex-

Ce dernier donna sa démission le 26 juin et fit nommer à sa place le général de Lajard, ex-adjudant général des gardes nationales de Paris, sous Lafayette, ne demandant pour lui-même que l'honneur d'aller combattre les ennemis de la patrie, sous les ordres de Lückner. Celui-ci le relégua au camp de Maulde (1), avec 8 bataillons et 2 escadrons.

C'est alors qu'eut lieu ce mouvement singulier et dangereux que Dumouriez appelle le chassé-croisé entre l'armée du nord et celle du centre. Lafayette et Lückner eurent l'idée bizarre d'échanger leurs deux armées. Ils décidèrent, entre eux, sans ordre du ministre, que Lafayette ferait passer son armée au nord et défendrait la frontière entre Dunkerque et Montmédy, tandis que Lückner le remplacerait entre Montmédy et Metz. A cet effet, le premier se transporta dans les Flandres avec une partie de ses troupes et le second dans la vallée de la Moselle.

gardes françaises), le 7 mars 1792 ; maréchal de camp le 8 mai 1792, juste le jour où il prenait le portefeuille de la guerre.

Servan, tout entier aux idées nouvelles propagées par la Révolution, avait publié en 1780, un petit opuscule intitulé : *le soldat citoyen, ou vue patriotique sur la manière la plus avantageuse de pourvoir à la défense du royaume.*

Servan avait une mauvaise santé ; ses souffrances physiques le rendaient parfois morose, sombre et défiant. La moindre difficulté le rebutait et le désespérait. Il n'avait alors ni la volonté, ni l'énergie nécessaires pour résister à l'orage, au dedans comme au dehors : créature de Roland, il trahissait le roi au profit de la Révolution.

1. Près de Lille.

Ainsi non seulement les généraux changeaient, mais une grande partie de leurs troupes les suivaient, de sorte que, pendant huit jours, la frontière fut complètement dégarnie en certains endroits, et cela en pleine guerre, en face de l'ennemi.

C'était le comble du désordre, car en supposant que les généraux voulussent permuter entre eux, ils eussent pu le faire, avec l'agrément du ministre, mais sans emmener leurs troupes. Il devait peu leur importer de commander telle ou telle armée, pourvu qu'elle fût française. Dans ce chassé-croisé Dumouriez quitta le camp de Maulde pour aller s'enfermer dans celui de Famars (1).

Le 14 juillet, il était attaqué à Orchies par un détachement autrichien, qui parti de Mons à 2 heures du matin, tombait sur les avants-postes français avant que le général Desmaret, qui commandait en cet endroit, n'ait eu le temps de prendre ses dispositions de défense. Assailli à l'improviste dans une localité où il venait d'arriver, le commandant d'Orchies combattit toute la journée et résista jusqu'à la venue de l'obscurité. Au début de l'action, la nuit était tellement noire que deux bataillons autrichiens se tirèrent l'un sur l'autre ; mais au jour, l'ennemi rectifia son tir, enveloppa les lignes françaises. Il fallut céder, et le soir les Autrichiens entraient dans la place. Le lendemain, le général Morassé, envoyé

1. Dumouriez revint en juillet au camp de Maulde, et le général Arthur Dillon le remplaça à Famars.

de Famars, avec des renforts suffisants, reprenait Orchies.

Dumouriez était dans une situation bien étrange. Les deux généraux en chef en route, l'un pour la Flandre, l'autre pour la Moselle, laissaient la frontière dégarnie de troupes ; leurs armées se croisaient à vingt lieues de l'ennemi ; nulle-part on ne trouvait une force suffisante pour faire une défense sérieuse.

Les choses en étaient là, lorsque la petite ville de Bavay, déjà attaquée une première fois le 27 mai dernier, tomba au pouvoir des Autrichiens le 19 juillet.

L'isolement de Dumouriez ne pouvait durer long-temps. Le général s'en plaignit amèrement au ministre de la guerre Lajard, qui lui répondit de se *débrouiller*. Depuis, le mot a fait fortune, et l'on sait combien il nous a fait de mal, notamment en 1870.

Lajard, qui manquait d'initiative, avait en outre à lutter contre les partis et les passions révolutionnaires ; il ne sut ou ne put rien faire dans l'intérêt de la défense nationale. Né à Montpellier en 1757, d'une famille ennoblie par Louis XIV, il avait fait ses premières armes, comme sous-lieutenant dans le régiment Médoc-infanterie (aujourd'hui le 70e régiment d'infanterie) et servi dans la légion Maillebois en qualité de capitaine ; il était aide de camp du général marquis de Lambert, lorsque la Révolution éclata. A propos des généraux improvisés par la Révolution, disons un mot du maréchal de Saxe.

« Si vous n'êtes pas né avec les talents de la
« guerre, dit-il dans ses *Rêveries*, vous ne ferez
« jamais qu'un général médiocre. Il en est ainsi de
« tous les talents : il faut être né avec celui de la
« peinture pour faire un excellent peintre ; avec
« celui de la musique pour être un bon composi-
« teur ; avec celui de la poésie, pour faire de beaux
« vers. Toutes les choses qui visent au sublime
« sont de même. L'application peut rectifier les
« idées, mais elle ne donne jamais l'âme ; c'est là
« un don de la nature. »

Un colonel de l'armée autrichienne avait été
promu au grade de général, par Joseph II ; tout
heureux de cet avancement inespéré, il en avait
fait part au prince de Ligne, en lui disant : l'empereur m'a *fait* général. « Je lui en défie, répliqua
« le confident intime du monarque autrichien, il
« vous a *nommé* général ; mais c'est tout. Son
« pouvoir ne saurait aller au delà. »

Cette réponse s'applique à bien des généraux de la
révolution, notamment à Lamorlière et à Lückner qui
n'étaient pas destinés à de grands commandements.

Le vieux général de Lamorlière, d'origine écos-
saire, ancien major aux gardes royaux, avait remplacé Lückner à l'armée du Rhin. Il flattait ses
soldats en les appelant ses enfants et en se glori-
fiant d'être le plus ancien des soldats de l'armée
française (1). Le commandement, dans des circons-

1. Le comte de Lamorlière, né à Crépy en 1746, était en
1780 lieutenant-colonel au régiment de Forez infanterie

tances difficiles, était trop lourd pour lui, et la discipline, déjà relâchée sous Lückner, alla en s'affaiblissant de plus en plus. De nombreux actes d'insubordination s'en suivirent, dont le vieux général n'était pas seul responsable. Il fut bientôt remplacé par Biron, qui reçut quelques semaines après le commandement de l'armée du Rhin. Biron arriva à Strasbourg le 14 juillet 1792.

Il y a dans l'armée deux écueils à éviter pour un chef : la popularité et la familiarité. Vouloir plaire aux masses, c'est souvent déchoir de son rang et faire le sacrifice de sa propre dignité. Etre populaire, c'est le vœu de bien des gens. Nul ne l'ignore cependant : les foules ressemblent à un coursier vigoureux jetant son cavalier par terre, s'il n'a de bons éperons pour dompter son impétuosité.

Lückner nous en fournit un triste exemple. Ce militaire d'origine allemande servait la France depuis vingt-neuf ans comme lieutenant général. Né le 7 janvier 1722, à Campen (Bavière) où son père était brasseur, il avait servi tour à tour la Prusse (1741), la Hollande (1745) et le Hanovre (1747). Après la paix de 1763, Lückner entra au service du gouvernement français qui, dans son exagération à admirer les manœuvres et la discipline prussiennes, l'accueillit avec faveur. Louis XVI le créa baron en 1778 et comte en 1784.

(14e de ligne actuel). Sa nomination au grade de maréchal de camp datait de 1791.

« L'engouement en ce qui touche les usages et les
« traditions des Prussiens était tel au xviiie siècle
« qu'il suffisait de porter un nom allemand pour obte-
« nir des grades et des distinctions dans l'armée fran-
« çaise, et l'histoire a conservé le nom d'un certain
« capitaine Pirsch, qui passa pour un émule du grand
« Frédéric, sur la simple présentation d'un mémoire
« dans lequel il donnait ses idées pour aligner
« des bataillons sur les drapeaux (1). » Le ministre
de la guerre, le comte de Saint-Germain, un officier
de mérite cependant, mais trop infatué des idées
prussiennes, nomma ce Pirsch colonel, et le roi le
créa baron.

Les méthodes et les institutions allemandes s'ac-
cordaient mal avec le génie particulier et le caractère de la nation française. Des innovations malheureuses contribuèrent à la désaffection de l'armée et privèrent l'infortuné Louis XVI du seul moyen
peut-être de prévenir et d'arrêter la Révolution à
sa naissance.

Nos soldats sont frondeurs et indisciplinés ; mais
des coups de plat de sabre et de bâton ne sont
pas faits pour les rendre plus souples et plus
soumis. Bien au contraire. « On peut perfectionner
la nature, mais non la détruire. » Le soldat français est vif, remuant, étourdi ; il lui en coûte beaucoup de garder le silence et l'immobilité sous les
armes, mais il est sensible aux reproches. Un

1. Colonel de Carion-Nisas.

chef qui sait allier la justice à la fermeté n'a presque pas besoin de punir. Pour qu'un soldat ne s'écarte pas de la ligne du devoir. il suffit de lui montrer·de l'intérêt, de lui inspirer de la confiance, et de ne rien exiger de lui par caprice. C'est dans la dispensation des châtiments et des récompenses qu'est la véritable législation militaire. Il y a loin de ces principes à la discipline allemande.

La France avait eu à se louer des services de Maurice de Saxe qui fut, sous Louis XV, un véritable homme de guerre. Ce n'était pas une raison pour s'engouer des Allemands, et Lückner ne fut, pendant toute sa carrière militaire, qu'un hussard, très brave sans doute mais d'une capacité militaire contestable.

Les ministres de la Révolution l'appelaient *le brave Lückner, le patriote Lückner;* ses soldats *le père Lückner.* Ce qui se passait au xviiie siècle se passe encore de nos jours. Nous nous enthousiasmons facilement en France pour une idée ou un personnage, le lendemain nous abandonnons l'idée et l'idole sans trop savoir pourquoi.

Lückner, malgré son grand âge, 70 ans, était brave, actif et vigoureux ; mais faible de caractère, d'un esprit très étroit, d'une obstination peu commune, plein de jactance dans ses discours, irrésolu et ne sachant s'arrêter à aucun parti, il était plutôt fait pour la guerre de partisans que pour la grande guerre. C'était un hussard, et « il traita la campagne des Pays-Bas en hussard ; il en fit une *houzardaille* (1). » Toujours à cheval, s'agitant beaucoup plus qu'il n'agissait, courant dès l'aube aux avant-postes, rôdant dans les camps, se faisant voir aux soldats, gourmandant les uns, jurant avec les autres, tutoyant tout le monde, frappant sur l'épaule du soldat, se familiarisant avec lui, il s'était fait parmi les troupes une popularité malsaine qui devait fatalement lui nuire.

De retour à son quartier général, il dînait mal, bourrait tout le monde, signait quelques lettres qu'il ne lisait jamais, recommençait le soir sa tournée dans les camps, et se couchait invariablement à 9 heures.

Il n'avait que des idées très confuses en politique. Le dernier qui parlait avait toujours raison. Le matin il se levait tout dévoué à la nation, le soir il se couchait très attaché au roi. Il confondait tous les objets, tous les partis.

Lorsque Dumouriez lui expliqua ses projets d'invasion dans le Brabant, il lui répondit, dans son jargon tudesque, après l'avoir écouté, sans faire même une seule observation : « Oui, oui *combrend moi, dourne* à *troile,* puis à gauche et marche vite (2). » On sait le reste, toute sa campagne se borna à incendier un des faubourgs de Courtray, et à sabrer quelques avant-postes autrichiens.

On sait que Lückner, comme tant d'autres géné-

1. *Mémoires* de Dumouriez.
2. *Mémoires.* Lafayette.

raux, finit par la guillotine ; la convention à laquelle il réclamait sa solde, l'envoya au tribunal révolutionnaire, qui le condamna à mort. Quelle que fût son insuffisance comme général en chef, quelles qu'aient été ses fautes, la condamnation était injuste comme tant d'autres.

Nos premières défaites amenèrent la journée du 20 juin.

Des rassemblements tumultueux et de plus en plus houleux se forment dans Paris ; gardes nationaux à mines suspectes et rébarbatives ; piquiers déguenillés et armés jusqu'aux dents ; canonniers traînant leurs canons ; gens de toutes classes, de toutes conditions, armés de bâtons, de sabres ; rôdeurs de barrières ; femmes et enfants excitant au tumulte, et fraternisant avec les va-nu-pieds des terrains vagues qui se sont faufilés dans la foule ; badauds toujours prêts au tumulte quel qu'il soit : voilà le troupeau. Tout ce monde grouille, se dispute, vocifère, en attendant l'ordre de marcher en avant pour le grand coup qui se prépare : l'assaut des Tuileries et la déchéance de Louis XVI.

Les chefs qui conduisent le mouvement du 20 juin, sont : Santerre, brasseur de son état, solide gaillard, aux larges épaules, à la face rougeaude, dominant la foule par sa haute stature ; Legendre, boucher cholérique, ayant les manches retroussées et portant dans toutes ses actions les gestes d'un assommeur de profession ; cuirette-Verrière, avocat sans cause, bossu, mais parleur infatigable ; Rossignol, ancien soldat, puis compagnon-orfèvre et général improvisé (1) ; Mégissier, avocat ruiné, puis carabinier, et maintenant commis à la barrière du faubourg Saint-Antoine ; Saint-Huruge surnommé le *père Adam*, un ci-devant marquis tombé dans la boue qui buvait avec les crocheteurs, s'habillait en portefaix (2) et maniait un énorme gourdin avec lequel il menaçait quiconque ne voulait pas le suivre ; derrière eux venaient trois étrangers, espèce d'aventuriers propres à toutes les besognes meurtrières : l'Italien Rotondo professeur d'anglais à l'occasion, émeutier de profession, maniant le sabre et le pistolet aussi bien que la férule ; le polonais Lazowsky, Jeunefat, jadis pourvu d'une sinécure par le roi, et jeté brusquement sans ressource sur le pavé de Paris ; l'américain « Fournier, ancien planteur de Saint-Domingue, qui, avec sa face livide, sa triple ceinture de pistolets, son langage grossier, ses jurons, ressemblait à un pirate (3). »

Voilà les meneurs, suivons maintenant la foule.

A trois heures de l'après-midi, la populace s'engouffre, comme une avalanche, sous la voûte des Tuileries, et l'élan est tel qu'un canon levé à bras d'hommes, à travers le grand escalier, est hissé jusqu'au premier étage.

1. Rossignol, lieutenant-colonel de gendarmerie, promena plus tard en Vendée son incapacité et son brigandage ; il devint en 1793 général commandant l'armée des côtes de la Rochelle.

2. Taine.

3. *Mémoires* de Madame Rolland et Taine.

Louis XVI est dans l'embrasure d'une fenêtre, assis sur une banquette. Il reste impassible à toutes les menaces qu'on lui adresse.

Un grenadier veut le rassurer sur le danger qu'il court, le roi prend sa main, l'appuie sur sa poitrine et lui dit : « Voyez si mon cœur bat plus fort qu'à l'ordinaire, et si c'est là le mouvement d'un homme qui a peur. »

Pendant quatre heures, l'infortuné monarque reste bloqué sur sa banquette, sans donner un seul signe de colère ou de faiblesse.

Enfin, vers sept heures du soir arrive le maire Péthion (1), avocat médiocre du barreau de Chartres, et aujourd'hui despote au petit pied gouvernant Paris ; il s'excuse d'arriver si en retard : « C'est bien étonnant, répond simplement Louis XVI..., voilà plus de quatre heures que ce vacarme dure. »

C'est alors que Péthion, montant sur une chaise, harangue le peuple, en le flattant suivant ses habitudes ordinaires. Il l'invite à la retraite, et vers huit heures du soir la multitude s'écoule lentement, abandonnant les Tuileries.

En 1358, le prévôt des marchands, Etienne Marcel, pose sur la tête de Charles VI son chaperon

---

1. Péthion, fils d'un procureur au présidial de Chartres, était déjà l'homme des Girondins. Décrété d'accusation le 31 mai 1793, il quitta Paris, pour se réfugier à Bordeaux, et fuir l'échafaud qui l'attendait. On trouva plus tard, son cadavre dans un champ de blé, près Saint-Emilion. Les loups l'avaient dévoré.

rouge et bleu (1). A 436 ans de distance, le 20 juin 1792, le maire de Paris, Péthion, comme un nouveau prévôt des marchands, souille le front du descendant de Charles VI, en posant le bonnet rouge sur la tête de Louis XVI. Saisissant rapprochement entre deux drames de nos révolutions populaires; les mêmes causes conduisent toujours fatalement aux mêmes effets.

Depuis la déclaration de guerre, aucun combat sérieux n'avait eu lieu. De part et d'autre, on se tâtait. Nulle part ne s'était produit un effort suffisant pour amener un résultat décisif; nos adversaires achevaient leurs préparatifs.

Le 12 mai, il avait été convenu aux conférences du château de Sans-Souci, que l'armée d'invasion comprendrait un effectif de 110,000 hommes; 42,000 Prussiens devaient se joindre dans le Luxembourg à 15,000 Autrichiens, venant des Pays-Bas, pendant que 23,000 impériaux, sous les ordres de Hohenlohe-Kirchberg opéreraient sur le Rhin et la Moselle, et que 45,000 hommes commandés par le duc Albert de Saxe-Teschen menaceraient la Flandre française.

Au mois de juin, les troupes composant le contingent prussien quittaient leurs garnisons et se mettaient en marche sur Coblentz, où elles devaient arriver le 19 juillet, date de la concentration. Cette

1. Le bleu et le rouge sont encore les couleurs de Paris (de gueules au navire fretté et armé d'argent du chef de France bleu fleur de lisé).

armée n'était pas très nombreuse, mais elle ne formait que le quart des troupes que Frédéric-Guillaume II pouvait mettre sur pied. Elle comprenait 47 bataillons, 70 escadrons, représentant un effectif de 30,000 fantassins, 11,600 cavaliers, 400 artilleurs avec 200 canons.

Du côté des Autrichiens, le prince de Hohenlohe-Kirchberg fut dirigé sur le Rhin ; le comte d'Erlach sur Philipsbourg, et le prince Esterhazy sur le Brisgau. Tout compte fait, l'armée, alliée à la fin du mois de juillet, présentait un effectif de 112,000 combattants se décomposant comme il suit :

Contingent prussien : 42,000 hommes.

	Le duc de Saxe-Teschen, opérant dans les Pays-Bas	32.000 h.
Autrichiens	Le prince de Hohenlohe-Kirchberg. .	14.000 h.
	Le prince Esterhazy (légionnaires). .	10.000 h.
	Le comte d'Erlach.	6.000 h.
	Total.	104.000 h.

Plus tard cette armée s'augmenta du corps hessois fourni par le landgrave de Hesse-Cassel, Guillaume (6,000 hommes) et des contingents de l'électeur de Mayence (2,000 hommes) ; savoir :

	Fantassins. 4.000	
Corps hessois	Cavaliers. 2.000	6.000 h.
	Canons : 20 (4 pièces de campagne, 16 pièces de 3).	

Contingent de Mayence : Infanterie. . . . . 2.000 h.

Effectif total de l'armée alliée. . . . . 112.000 h.

Toute la région du Rhin, c'est-à-dire la rue des prêtres (Pfafenstrasse), fut bientôt pleine de troupes.

François II, le nouvel empereur, s'était rendu à Francfort et s'y était fait couronner le 14 juillet. Cinq jours après, la ville de Mayence célébrait l'entrée triomphale dans ses murs de l'Empereur d'Allemagne et du roi de Prusse. Les rues sont enguirlandées ; les édifices publics étalent avec orgueil leurs banderolles aux couleurs nationales ; les cloches jettent dans les airs leurs plus gais carillons ; les fanfares répondent au bruit des boîtes d'artifice et les populations, parées de leurs habits des beaux jours, montrent dans leurs divertissements une joie expansive. Rien ne manque à la solennité de ce jour de fête, ni le banquet offert aux notables du lieu, ni le bal populaire sous les ormes séculaires, ni les arcs de triomphe ; pendant huit jours, la cour de l'électeur de Mayence devint le lieu de rendez-vous des personnages les plus considérables de l'Empire germanique.

Ce fut à Mayence que se décida le choix du général qui devait commander l'armée d'invasion. On avait d'abord pensé à Gustave III, roi de Suède, le chevaleresque défenseur de Louis XVI et de Marie-Antoinette ; le choix aurait été excellent, mais il avait été assassiné dans la nuit du 16 au 17 mars ; tous les yeux se portèrent alors sur le prince Ferdinand, duc de Brunswick, qui avait été formé à l'école de Frédéric II, et qui, à tort ou à raison, passait pour un des meilleurs généraux de cette époque.

En attendant, les troupes manquaient de pain à Coblentz. Les fours de campagnes n'arrivèrent que bien plus tard. « C'eût été offenser l'étiquette, si la boulangerie de l'armée était venue s'installer avant le roi, dans la cité en fête (1). » Le camp prussien fut dressé comme un camp de plaisir. « Les tentes étaient séparées par des espaces très irréguliers, les numéros des bataillons intervertis ; les vivres y étaient très chers ; chacun vendait sa marchandise au mieux de ses intérêts et les chefs des régiments ne s'en inquiétaient pas (2). » Ajoutons à cela le mauvais temps, des pluies continuelles et un froid intense en plein mois de juillet, et nous aurons une idée de la situation de cette armée si gaie au départ.

Ce fut dans ces conditions que le duc de Brunswick lança, le 25 juillet, son fameux manifeste, qui devait, croyait-on, empêcher la déchéance de Louis XVI, et qui, au contraire, la précipita.

A cette date, l'armée française était répartie comme il suit le long de notre frontière du Nord et du Rhin.

1. Massembach.
2. *Campagne du duc de Brunswick*, témoin oculaire.

1° Au camp de Maulde : lieutenant-général Dumouriez.

2° Au camp de Famars et de Pont-sur-Sambre : lieutenant-général Arthur Dillon.

24.000 h.

3° Les troupes de Sedan, ou armée des Ardennes, qui devint plus tard celle de l'Argonne.

19.000 h.

Armée du Nord entre Dunkerque et Montmédy. Lieutenant-général Lafayette :

43.000 h.

4° L'armée du centre ou de Metz (lieutenant-général Lückner).

17.000 h.

5° L'armée du Rhin entre Landau et Porentruy, lieutenant-général Biron ; parmi lesquels 25.000 hommes appartenant au camp de Belfort pour le service des garnisons (Depuis le 20 avril, cette petite armée s'était accrue de 14.457 hommes).

47.000 h.

Total des forces disponibles pour la défense de nos frontières . . . . 107.000 h.

Mais, en réalité, déduction faite des garnisons, les forces défensives de la France ne se montaient guère qu'à 82,000 soldats combattants.

Dans toutes les négociations qui précédèrent l'entrée en campagne, François II, en sa qualité d'empereur, avait le premier rang ; mais il s'effaça au commencement de la campagne devant Frédéric-Guillaume II, qui assuma la responsabilité de la guerre, en signant le manifeste, lancé par le duc de

Brunswick. Ce manifeste, publié à Coblentz, le 25 juillet, disait en substance que « les alliés ne voulaient ni s'enrichir par des conquêtes, ni s'immiscer dans le gouvernement intérieur de la France. »

Mais « il sommait la nation de se soumettre à son souverain légitime, et l'armée de veiller à la sécurité des personnes et des biens, jusqu'à l'arrivée des troupes austro-prussiennes. » Il ajoutait que « les habitants qui oseraient se défendre, seraient traités comme rebelles, leurs maisons incendiées, leurs biens confisqués. » Les souverains alliés « rendaient responsables tous les membres de l'assemblée des évènements fâcheux qui pourraient survenir ; ils en répondaient sur leurs têtes. » Enfin si « les Tuileries étaient forcées, ils en tireraient vengeance en livrant Paris à une exécution exemplaire. »

On est susceptible en France, et la publication de ce manifeste, d'une forme si maladroite, devait soulever l'indignation et surexciter les passions, d'autant qu'il n'était pas appuyé par des actes. Même avec une marche rapide en avant des armées alliées, le manifeste, dans cette forme, eût été une faute grave ; combien devenait-il plus impolitique alors que les actes ne suivaient pas les menaces.

Le manifeste connu à Paris dès le 28 juillet ne fut publié au *Moniteur* que le 3 août. La patrie fut déclarée en danger, les esprits s'exaltèrent, l'enthousiasme s'échauffa ; l'approche de l'envahisseur, l'imminence du peril national, jetèrent dans les camps des milliers de volontaires.

Le duc Charles-Ferdinand de Brunswick-Lune-
bourg, qui commandait les troupes austro-prussiennes, était âgé de 58 ans ;   né le 9 octobre 1735,
il avait servi dans les armées de Frédéric II,
dont il était le neveu, et avec lequel il avait fait la
guerre de sept ans. On le disait brave et doué de
toutes les qualités qui font les bons généraux. La
suite ne justifia pas cette réputation (1).

Le commandant en chef de l'armée austro-prussienne se risquait volontiers de sa personne et à
l'occasion faisait le coup de feu comme un simple
soldat. La guerre d'embuscade en pays couvert et
aux avant-postes était surtout celle qui convenait à
son tempérament et à son caractère hésitant. Son
indécision passait pour de la timidité, et il poussait
si loin son peu de confiance en lui-même que l'on
ne savait jamais s'il approuvait ou désapprouvait
ses subordonnés. Aussi, Hardenberg (2) qui le connaissait bien lui demandait toujours de vouloir bien
répondre par un *oui*, ou par un *non* très ferme, s'il
avait bien rempli les instructions qu'il lui donnait.

1. Le duc de Brunswick s'était signalé au combat d'Hastemberg (1757) en reprenant aux Français l'épée à la main
une batterie enlevée aux Hanovriens ; au passage du Rhin,
la veille de Crefeld (1758) ; à la bataille de Minden contre
le duc de Brissac (1759) ; enfin à l'affaire de Wurtsbourg
(1760). Mais l'armée qu'il commandait n'en fut pas moins
battue trois fois en 1757 : à Hastemberg (26 juillet) ; à Jagen-
dorf (31 août) et à Breslau (24 novembre).

2. Grand prévôt et conseiller intime du duc de Brunswick.

Le duc de Brunswick ne savait pas brusquer la fortune et prendre une décision à temps. Pendant toute la campagne de France, ses lenteurs et sa circonspection mirent tous les avantages du côté de son adversaire; il pesait le pour et le contre de toute entreprise, se préoccupait des moindres détails, écrivait de sa propre main la liste des cantonnements à donner à ses troupes, voyait tout par lui-même, en y mettant, comme il le disait lui-même, les yeux du corps et les yeux de la raison, et quand les occasions se présentaient pour mettre des chances favorables de son côté, il hésitait et les laissait échapper.

Ce prince ne fut donc jamais qu'un guerroyeur prudent, sans vastes desseins, sans visées étendues. Sa seule méthode de guerre consistait à fatiguer son adversaire, à le harceler, mais de là à la grande guerre il y a loin.

En somme, le duc Ferdinand manquait de caractère. Inquiet et flottant, sur le théâtre de la guerre, courtisan humble et obséquieux à la cour de Prusse, « il avait toujours l'air de craindre ses deux oncles », comme le disait plaisamment un jour le prince Henri.

Ce n'était pourtant ni l'intelligence, ni la clairvoyance dans les idées qui lui manquaient. Prince indépendant, mais en même temps sujet prussien, jamais il ne sut faire preuve d'énergie, imposer sa volonté.

Le roi de Prusse voulait avec raison une offensive hardie ; il comprenait qu'il fallait pénétrer au cœur de la France par des succès rapides ; le duc, au contraire, était partisan d'une guerre méthodique et raisonnée.

Lorsqu'en 1708, le duc de Bourgogne prit le commandement de l'armée de Flandre, avec le duc de Vendôme pour conseiller. Saint-Simon avait dit : « Ces deux princes sont aussi incompatibles que l'eau et le feu ; les affaires en souffriront forcément » (1).

Cette pensée peut s'appliquer à Frédéric-Guillaume et à Charles-Ferdinand. Tous les deux étaient aussi différents l'un de l'autre que l'eau et le feu. Tous les deux se disputèrent la direction de la guerre ; celui-ci voulait une chose, celui-là une autre.

Au camp de Mayence, les troupes prussiennes passèrent leur temps à polir, à vernir et à blanchir. Dans la cavalerie, on cirait la corne des chevaux, on tressait des crinières avec des rubans. Deux mois après, cette armée, si brillante au départ, revenait sur le Rhin, crottée, embourbée et réduite de moitié.

Un homme a joué un rôle prépondérant dans la publication du manifeste austro-prussien ; c'est le baron de Stein (2), conseiller intime de l'électeur de Mayence. Il appartenait à une des plus vieilles familles du duché de Nassau (3). A toutes les époques

1. *Minorité de Louis XIV*, par Chéruel.
2. *Stein* veut dire *pierre* en allemand.
3. Incorporé à la Prusse depuis 1866 ; fait partie de la province de Hesse.

de l'histoire d'Allemagne, ses ancêtres avaient figuré avec éclat, soit dans la chevalerie, soit dans les armées, soit dans les conseils du gouvernement. L'empire d'Allemagne, pendant toute la durée du moyen-âge, n'eut pas de serviteurs plus dévoués, de soldats plus braves.

Un voyageur qui remonterait la Lahn, en partant de Coblentz, trouverait sur ses bords, à peu de distance du confluent de cette rivière avec le Rhin, un vieux château, réparé depuis, mais qui à la fin du xviiie siècle avait encore la physionomie d'une forteresse. C'est l'antique manoir dans lequel était né le baron de Stein, le 26 octobre 1757.

Envoyé à l'université de Gœttingen, dès l'âge de 16 ans, il en sortait à 20 ans, pour se fixer à Berlin où Frédéric II lui confiait, en 1780, un modeste emploi dans l'administration des mines, sur la présentation du ministre d'état de Heinitz. A cette époque, le roi de Prusse cherchait déjà les moyens de réunir, de grouper en un seul faisceau tous les petits états allemands, pour en former une confédération destinée à lui donner la suprématie en Allemagne.

En 1785, un traité rattacha à la Prusse les principaux États du nord et du centre de l'Allemagne; restaient les princes ecclésiastiques qui ne devaient pas vouloir s'allier à une ligue formée par des princes protestants. Frédéric II chargea le jeune baron de gagner l'archevêque-électeur de Mayence, auprès duquel sa famille avait laissé de très bons souvenirs. Les négociations durèrent près d'un an ; elles n'aboutirent qu'en août 1785 ; ainsi à 28 ans, Stein, qui devait être un jour notre plus implacable ennemi, s'était associé à la pensée du gran l Frédéric qui rêvait déjà l'unité de l'Allemagne au profit de la Prusse. On peut dire que deux sentiments impriment son véritable caractère à la destinée de Henri-Frédéric-Charles de Stein : le dévouement à la Prusse et la haine de la France.

En apparence, les Prussiens n'intervenaient, comme les impériaux, que pour protéger Louis XVI et arrêter la Révolution ; mais, en réalité, ils étaient heureux de donner libre cours à leur haine contre la France, et leur intervention, en dépit des déclarations faites pour tromper l'opinion, n'était pas désintéressée. On en trouve la preuve dans cet exposé des sentiments qui dominaient en Prusse à cette époque, exposé que nous extrayons d'une lettre écrite par le baron de Stein, à Mme de Berg, intelligence d'élite à laquelle il confiait toutes ses pensées : « Cette guerre « sera longue ; nous ne triompherons peut-être pas, « mais nous ne succomberons pas non plus. Je m'at- « tends à une lutte de bien des années ! qu'importe, si « l'influence nous est salutaire ? Cette lutte nous ren- « dra le courage et l'énergie ; elle réveillera en nous « le sentiment de la vie active, et *augmentera nos* « *répugnances pour cette odieuse nation française.* »
Nous soulignons avec intention ce dernier membre de phrase, soulever l'Allemagne contre la France : toute la politique du baron de Stein était là,

Il assiste à la campagne de France, entre le roi de Prusse, son maître, et le duc de Brunswick, son ami. C'est donc de très près qu'il a vu les divisions qui affaiblirent l'armée prussienne, les jalousies des généraux, l'hostilité sourde de la Prusse et de l'Autriche. Il voit des intrigues se nouer pour la paix autour du roi, qui veut la guerre, et tous ses efforts consistent à entretenir son souverain dans ses i dées belliqueuses (1).

Les troupes prussiennes quittèrent Coblentz le 30 juillet, suivies du contingent fourni par l'électeur de Mayence. On marcha sur Trèves en trois colonnes.

1. En 1807, le ministre de la guerre Scharnhorst disait en parlant du baron de Stein : « Je ne connais que deux hommes qui n'aient peur de rien, et qu'aucune puissance ne peut faire trembler : Stei n et Blucher. »

Napoléon Ier voulut faire arrêter Stein en 1808. A cet effet, il lança de Madrid le décret suivant qui ne lui fait pas honneur et qui est un hommage involontaire rendu à l'énergie de Stein : « Le baron de Stein, cherchant à susciter des troubles en Allemagne, est déclaré ennemi de la France et de la confédération du Rhin. Ses biens seront séquestrés, et le susdit Stein sera saisi partout où il pourra être atteint par les troupes françaises ou celles des alliés. »

Rien n'arrêta la propagande de Stein contre la France, et le général Pozzo de Borgo lui écrivait un jour de Brunn :

« Rassurez-vous, Napoléon ne gouverne pas ; il joue avec l'univers, *ludit in orbe terrarum;* cela n'est permis qu'à Dieu, et Dieu seul est éternel. »

Dépouillé de ses biens, chassé de l'Allemagne et réfugié en Russie, Stein donnait encore des conseils à sa patrie, il ne se désespérait pas de l'avenir. Six ans après, il était à Paris, de la coalition, un des représentants victorieux.

Ordre de Marche.

<table>
<tr><td rowspan="1">État-major
de
Frédéric-Guillaume II</td><td>Le général Bischowerder (1), ami intime et chambellan du roi de Prusse.
Le lieutenant-colonel de Manstein ; premier aide de camp.
Le comte de Schullembourg, ministre d'état.
Le prince Henri XIV de Reuss (2), ambassadeur de la cour de Vienne, à Berlin.
Le comte Dietrichstein, attaché militaire autrichien.
Le prince de Nassau-Siegen (3), attaché militaire russe.
Le colonel Kreutzberg, attaché militaire hessois.</td></tr>
</table>

1. Bischowerder né en 1741, à Ostralmunde (Thuringe). était un gentilhomme saxon, qui servait dans l'armée prussienne. Physionomie froide, apathique.

2. Le pays de Reuss est situé dans la haute Saxe. Les princes se divisent en branche aînée et en branche cadette. Tous portent le nom de Reuss. L'aîné des princes régnants a la direction de tous les intérêts de famille et de communauté. Le prince le plus âgé de l'autre ligne lui est adjoint. Ils se distinguent entr'eux par un signe numérique. Il y en a jusqu'à présent soixante-neuf. Ainsi, la ligne aînée a pour chef actuellement Henri XXII, né le 28 mars 1846, et la ligne cadette Henri XLVIII.

C'est ce qui fit dire un jour, par Frédéric le Grand à l'un d'eux : « Prince, vous avez donc dans votre famille des numéros comme les flacres. »

3. Le prince de Nassau-Siegen est célèbre par ses aventures et l'originalité de son caractère. Né à Vienne, le 5 janvier 1745, son entrée dans le monde commence par un procès. Sa mère qui était d'origine française, cacha sa naissance à son mari, en le faisant inscrire sur les registres de

Avant-Garde :

Lieutenant général, Hohenlohe-Ingelfingen ; chef d'état-major : capitaine de Massenbach.

Deux régiments d'infanterie sous les ordres du général-major Kleist.

Deux bataillons de fusiliers.	Général-major
Une compagnie de chasseurs à pied	Hertzberg.
Un régiment de hussards.	Général-major
id de dragons	de Wolfradt.

l'état civil sous le nom de Maximilien. Ce ne fut qu'à la mort de son père qu'elle songea à le faire réintégrer sous son véritable nom. Le conseil antique de Vienne s'y refusa. Le tuteur du jeune enfant s'adressa alors au parlement de Paris qui reconnut la légitimité des prétentions du prince par un arrêté du 3 juin 1756.

C'était donc un prince allemand, reconnu en France, repoussé de son pays d'origine et servant en Russie.

Il fit le tour du monde avec Bougainville de 1766 à 1769 et créa en Afrique le royaume de Juida. Rentré en Europe, il devint en France colonel du régiment Royal-Allemand, puis maréchal de camp (1er janvier 1784) ; il fit toutes les guerres dans lesquelles notre drapeau fut engagé.

On le retrouve ensuite en Espagne, où il commande au siège de Gibraltar, une des batteries flottantes imaginées par le chevalier d'Arçon (a) ; puis en Russie, où l'impératrice Catherine lui confia le commandement d'une escadre en 1788, avec le titre de vice-amiral.

Le prince de Ligne l'avait surnommé le *Nassau-Siéger* (le

(a) Ingénieur militaire français et inventeur de batteries insubmersibles et incombustibles.

Première colonne (six régiments d'infanterie):
lieutenant-général : duc de Brunswick, commandant
en chef : chef d'état-major : colonel Gravert.

Deuxième colonne (cinq régiments d'infanterie),
lieutenant-général : Lhomme de Courbière.

Le prince royal de Prusse, le futur Guillaume III,
qui avait alors vingt-deux ans, commandait la brigade formée des trois bataillons de Hertzberg.

CAVALERIE : lieutenant-général Lottum

Première Division : prince Louis de Wurtemberg. (cuirassiers
et
Deuxième Division : général comte de Kalkrenth. (dragons

Corps hessois
Avant-garde : colonel Schreiber.
1 régiment de hussards.
2 compagnies de chasseurs.
2   »   d'infanterie légère.
Corps de bataille : le landgrave Guillaume IX.
6 bataillons : lieutenant-général de Biensenroth.
Cavalerie : général-major, baron de Delwigh.
1 régiment de dragons.
1   »   de carabiniers.

Deux majors prussiens furent attachés, l'un,

vainqueur). Voici le portrait qu'en trace le duc de Lévis :
« Grand, bien fait, avec une physionomie peu expressive,
le prince de Nassau était aussi médiocre que son activité
était grande. Ses voyages à travers le monde ressemblent
assez à des courses de paladins ; il ne fallait pas chercher
en lui le chevalier de la table ronde. Quand il paraissait
quelque part, adieu le roman. Point d'éclat, point de brillant,
pas même de la vivacité. Avec la plupart des qualités qui
composent les héros, il n'a laissé en ce monde que les traces d'un aventurier, et pendant toute sa vie, il eut plus de
célébrité que de considération. »

7

Ruchel, au corps hessois; l'autre, Tauanzien, au corps autrichien.

Guillaume IX est le seul prince de l'empire germanique qui se joignit alors aux alliés. Les grenadiers hessois sont connus de toute l'Europe, par leur haute stature et leur air martial ; les chasseurs sont réputés comme d'adroits tireurs.

En Allemagne, chaque peuple possède un tempérament particulier, a des aptitudes spéciales. Ainsi les Saxons ont pour eux l'esprit industriel ; les Hanovriens, le flegme ; les Hessois, la bravoure.

Guillaume IX, né à Darmstadt, le 3 juin 1743, était âgé de quarante-neuf ans. Son père s'était acquis une assez triste réputation en Europe, pour avoir organisé en Allemagne ce que l'on a appelé *la traite des blancs*.

Pendant tout le XVIIIe siècle, en effet, les souverains de Hesse-Cassel ont levé dans leurs États des troupes qu'ils mettaient ensuite, contre argent, au service de l'étranger.

Le plan d'invasion de l'armée austro-prussienne était en apparence assez bien combiné. Les cours de la Moselle et de la Lauter sont comme deux grandes artères ouvrant aux étrangers le chemin de la France. La forteresse de Luxembourg appartenait à l'Autriche; elle fut choisie comme place d'armes et lieu de dépôt pour y installer les hôpitaux et les magasins d'approvisionnement.

Sur cette frontière, dans la vallée de la Moselle, Hohenlohe-Kirchberg devait menacer Sarrelouis et

Landau, faire le siège de Thionville et tenir Metz
en respect, pendant que les Prussiens marcheraient
sur Longwy et Verdun, traverseraient l'Argonne,
déboucheraient dans les plaines de la Champagne,
et prendraient la route de Paris.

Une autre division autrichienne, sous les ordres
de Clairfayt, devait pénétrer sur notre territoire par
Givet, et rejoindre l'armée du centre sous les murs
de Longwy.

Le contingent prussien arrivait à Trèves le 5 août.
La distance de cette ville à Coblentz est d'environ
vingt-quatre lieues ; on mit six jours à les faire. La
route est pourtant large et belle ; mais la chaleur
était excessive, et plusieurs montagnes et défilés rendaient la marche très pénible, surtout pour les chevaux, les chariots et les canons. C'est là que se
trouve sur la rive gauche de la Moselle, l'*Eifel*, pays
maudit de tous les voyageurs.

« On campa pendant huit jours dans les environs
« de Trèves entre Pellingen et Consarbrück, le front
« couvert par la Moselle et la Sarre. La chaleur,
« même pendant la nuit, était devenue insupporta-
« ble ; les soldas buvaient avec avidité l'eau mal-
« saine et boueuse de la rivière. Toute la journée
« les chevaux de l'armée étaient dans l'eau, leurs
« ordures surnageaient partout. Les hommes s'y
« baignaient à toute heure et y lavaient leur linge.
« Les maladies commencèrent à sévir ; et ce fut là
« l'origine de cette diarrhée terrible et persistante
« qui tourmenta l'armée allemande jusqu'à l'hiver,

« et qui devait si cruellement la décimer à la fin de
« la campagne (1) ».

Le 12 août, l'armée prussienne quitta Consarbrück
et vint camper après trois journées de marche à
Montfort, près de Luxembourg. Elle y fit une nouvelle halte de six jours. Le corps hessois vint y rallier le gros de la colonne prussienne.

Le 18 août 1792, comme les troupes pliaient
leurs tentes pour se diriger vers les frontières de la
Lorraine, « le ciel jusque-là étincelant, disparut
« sous les nuages, une pluie fine, serrée et conti-
« nue tomba sur les soldats qui furent trempés jus-
« qu'aux os, avant de se mettre en route. » Ils s'en
vengèrent à l'étape en ravageant d'immenses cul-
tures de petits pois et de pommes de terre, non
encore parvenues à maturité. La nuit se passa sur
la terre trempée en pleine campagne.

Le lendemain, 19, quand les clairons sonnèrent la
diane, la pluie avait cessé, mais le vent s'était levé,
et il faisait un froid aussi vif qu'au mois de novembre. Les nuages amoncelés masquaient le ciel. Les
soldats se mirent en marche, le visage fouetté
par une bise froide, qui sifflait à travers champs.
Avant de franchir la frontière française, on s'arrêta
quelque temps, pendant que les chefs de corps déli-
béraient sur le choix du lieu le plus propice pour
camper le soir ; exténués de fatigue les soldats en
profitèrent pour se jeter à terre sur leur sac, plu-

---

1. *Témoin oculaire.*

tôt qu'ils ne s'assirent. Mais aussitôt « les nuages
« crevèrent, et une pluie glaciale transperça tous
« ces malheureux étendus sur le sol, grelottant et
« ruisselant d'eau. Quant l'état-major donna l'ordre
« de se remettre en route, les chemins défoncés
« étaient devenus impraticables. L'infanterie piétina
« à travers champs ; la pluie tombait toujours et le
« vent soufflait de plus belle (1). »

Le premier village français que les soldats allemands foulèrent aux pieds fut Brehain-la-Ville. « La
« construction des maisons indiquait l'aisance ; en
« moins d'une heure, ce village ressembla à un
« désert. Il ne restait que les femmes dans les mai-
« sons ; elles ne purent empêcher que tout ce qui
« convenait aux envahisseurs ne fût emporté... Les
« plus avides au pillage étaient précisément ceux
« qui avaient des parents, des femmes et des enfants
« dans l'indigence. Ce fut une manière à eux de
« monter leur ménage sans bourse délier. »

Faute de paille, les Allemands couchèrent pendant
toute la durée de la campagne sur du blé en gerbes.
La récolte fut ainsi anéantie, et la quantité de blé,
perdue et répandue sur le sol, fut considérable.

Frédéric-Guillaume II avait son quartier général à Brehain-la-Cour. Là, on fit mieux. « On vola
« l'argent du fermier ; on massacra son troupeau
« composé de 1500 brebis et de 100 porcs. — Les
« soldats qui servaient l'état-major jetèrent à terre

1. *Témoin oculaire.*

« les petits enfants de la ferme, les déshabillèrent
« et les dépouillèrent de leurs vêtements ; ils enle-
« vèrent jusqu'aux draps de lits qu'ils expédièrent
« à Berlin.

« Le lendemain on ne voyait dans les camps ou
« bivouacs que des débris du pillage, des peaux de
« moutons, des entrailles de cochons, des plumes
« d'oies et de poules... » Manière étrange, on en
conviendra, de venir en aide à un pays. Dans les
premiers villages traversés, au bout d'une heure, il
ne restait pas un meuble intact, pas un chiffon, pas
une assiette ; à plus forte raison, pas un morceau de
pain pour les mères de famille et leurs enfants.
Bétail, chevaux, voitures, ustensiles de ménage :
tout avait disparu.

Toutes les invasions se ressemblent donc par
leurs tristes côtés.

Ajoutons à cela qu'il y avait à la tête de l'armée
austro-prussienne, deux chefs se partageant le commandement, deux autorités se neutralisant l'une
par l'autre ; l'autorité royale et celle du généralissime.

Sans doute, la participation du souverain à la
guerre est un encouragement pour le soldat qui
aime à voir les puissants du jour essuyer comme
lui les fatigues d'une campagne et les dangers du
champ de bataille ; mais que d'inconvénients à côté
de cela. Elle rend difficile, pénible, embarrassante
même, la position du Général en chef qui ne sait
plus quelle contenance tenir en face de l'ennemi,

surtout s'il est irrésolu, indécis, et si sa courtoisie l'oblige à ne pas contrarier les vues de celui qui tient entre ses mains les faveurs et l'avancement.

Gœthe (1) exprime très bien cette situation quand il dit : « Le roi et le duc s'étaient un jour placés « chacun dans un endroit différent, pour voir défi- « ler toute l'armée devant eux. En arrivant sur le « terrain, nous vîmes le roi chevaucher rapidement « par monts et par vaux, formant pour ainsi dire « le noyau d'une comète dont son long cortège for- « mait la queue. A peine ce phénomène avait-il « passé près de nous avec la rapidité de l'éclair, « qu'une autre apparition couronna le sommet d'une « colline voisine et emplit la vallée. C'était le duc de « Brunswick, traînant après lui une queue de même « nature. Quoique plus disposés à regarder qu'à « juger, nous ne pûmes faire autrement que de « nous demander : Lequel des deux est le chef « dominant ? Dans les circonstances douteuses, « lequel décidera ? Questions sans réponse qui nous « laissèrent dans l'incertitude et nous donnèrent à « réfléchir. »

1. Gœthe suivait les troupes allemandes, tantôt à pied, tantôt à cheval ou en voiture, en compagnie du duc de Saxe-Weimar, dont il était l'ami, et qui commandait un régiment de dragons, sous les ordres de Kalkreuth. Il nous a laissé ses souvenirs dans un livre intitulé : *Campagne de France*.

CHAPITRE III

Défection de Lafayette. — Carnot à Strasbourg. — Emigration à l'étranger. — Servan reprend le portefeuille de la guerre. — Ses collaborateurs. — Défaite de Fontoy. — Ordre de bataille de l'armée du centre. — Deprez-Crassier. — Siège de Longwy, belle conduite du commandant Lavergne. — Le camp de Praucourt. — Verdun. — Le commandant Beaurepaire. — Un parlementaire étrange. — La *dormeuse* de Gœthe. — Marceau au camp du général Kalkreuth. — Kellermann remplace Lückner à Metz. — L'état-major de l'armée de Metz. — Lückner à Châlons. — Indiscipline des volontaires de 1792. — Le Général de Wimpfen à Thionville. — Un siège de cinquante-cinq jours. — Hoche.

Le général d'Abancourt (1), neveu de Calonne (2), ancien capitaine au régiment Mestre de camp (3), avait pris le portefeuille de la guerre. Il était âgé de 41 ans. Il lui était impossible d'arrêter le mouvement qui se préparait contre le roi et d'empêcher la journée du 10 août.

1. D'Abancourt était né à Douai, le 4 juillet 1751. Décrété d'accusation, après le 10 août, interné à Orléans, puis amené à Versailles, il y fut massacré le 9 septembre suivant.

2. Calonne (1734-1802), contrôleur général des Finances en 1783. Disgrâcié en 1787.

3. Devenu sous l'empire le premier régiment de cuirassiers.

La monarchie était tombée. Dès que Lafayette apprit au camp de Maulde la catastrophe du 10 août, il se rendit à Sedan auprès du corps municipal le plus rapproché de lui. Il déclara aux membres de cette assemblée qu'il se refusait à reconnaître le gouvernement de factieux qui venait de détrôner le roi. Le lendemain, il haranguait ses troupes, et tentait d'organiser une fédération de tous les départements limitrophes, pour résister aux hommes qui opprimaient Paris et la France ; il échoua.

Décrété d'accusation le 19 août, le commandant de l'armée du nord (1) passa la frontière dans la nuit du 20 au 21, avec les généraux César de la Tour-Maubourg (2), commandant la division de réserve ; Alexandre de Lameth, commandant la division de Mézière ; le capitaine Bureau de Pusy, son aide de camp, et quelques autres officiers d'un rang inférieur. Les fugitifs tombèrent dans les avant-postes autrichiens où on les arrêta. Ils furent internés à Vesel.

Pour éviter dans les autres armées ce qui s'était passé dans celle du nord, quatre commissaires furent envoyés par l'assemblée législative auprès des généraux qui commandaient sur le Rhin et à Metz.

1. A partir de ce jour, la vie publique de Lafayette est interrompue pour de longues années. Rentré en France, en 1815, il mourait en 1834, à l'âge de soixante-dix-sept ans, après avoir contribué à la révolution de 1830. Il était incorrigible.

2. Ancien colonel du régiment Soissonnais-infanterie.

Lückner donna une vague approbation au coup d'état de Paris. Biron, interrogé à Strasbourg, réunit les officiers de son état-major autour du commissaire Carnot (1), ancien capitaine du génie, qui posa à chacun d'eux la question suivante :   .

« Vous soumettez-vous purement et simplement aux décrets de l'assemblée législative ? Oui ou non.

« — Oui, sans restriction, répondit le général en chef.

« — Non, répondirent sans hésiter le général Victor de Broglie (2), chef d'état-major de l'armée du Rhin, le capitaine de Briche, son adjoint, et le capitaine du génie de Cafarelli Falga. »

A Lauterbourg la division de Kellermann et à Landau la garnison commandée par Custine prêtèrent le nouveau serment sans opposition ; mais le colonel Joseph de Broglie (3) suivit l'exemple de son frère aîné, ainsi que le lieutenant-colonel de

1. Lazare Carnot né à Noley (Côte-d'Or), le 12 mai 1753, mort en exil à Magdebourg en 1823, appartient à une famille fort ancienne dont le nom est dérivé du vieil idiome gaulois (*Carn* ou *Karn* qui signifie Pierre, en langue celtique); son père était notaire et en même temps juge et avocat.

2. Victor de Broglie, fils aîné du maréchal de même nom, avait 34 ans. Né en 1758, entré au service à l'âge de 14 ans, colonel du régiment de Saintonge-infanterie en 1781, il avait été promu maréchal de camp en 1791. N'ayant pas voulu émigrer, il fut interné à Langres, condamné à mort et exécuté le 27 juin 1794.

3. Joseph de Broglie mourut en Allemagne à l'âge de 30 ans.

Villantroys, du 2ᵉ régiment de chasseurs à cheval·

En vertu de leurs pouvoirs extraordinaires, les commissaires prononcèrent la suspension des généraux Victor de Broglie, d'Aiguillon (1), d'Harambure (2) et celle du colonel Joseph de Broglie, du lieutenant-colonel de Villantroys et des capitaines de Briche et Cafarelli du Falga.

La défection de Lafayette et les émigrations qui furent la conséquence de la journée du 10 août, nécessitèrent différentes mutations dans les armées rassemblées sur nos frontières. Le général Custine fut envoyé à Landau. Dumouriez remplaça Lafayette à l'armée du nord.

Le 25 août, Kellermann remplaça Lückner à l'armée du centre (Metz). Un camp de réserve fut formé à Châlons et Lückner en eut le commandement en qualité de généralissime.

Le camp de Metz fut complété à 20.000 hommes. A cet effet, le général Biron organisa à Strasbourg deux détachements, l'un de 4.000 hommes d'infanterie et de 15 escadrons destinés à renforcer le corps d'armée de Kellermann, l'autre de 8.000 hommes dirigés sur le camp de réserve de Châlons.

1. D'Aiguillon, colonel du régiment de cavalerie Royal-Polonais au moment de la Révolution, se retira à Londres, et alla mourir à Hambourg en 1800.

2. D'Harambure, né à Preuilly (Touraine), le 13 février 1742, maréchal de camp en 1788, rentra dans ses terres ; échappa à la terreur, grâce au concours de quelques amis, reprit du service en 1815 et mourut le 27 décembre 1828, à l'âge de 87 ans.

Servan avait repris le portefeuille de la guerre le 20 août, c'est-à-dire le lendemain du passage de notre frontière par le gros de l'armée prussienne. Jusqu'au 3 octobre il eut à augmenter l'effectif des troupes, à les alimenter, à les pourvoir des objets nécessaires, à correspondre avec les commandants de corps d'armée, les gouverneurs des forteresses, les généraux chargés d'organiser les bataillons de volontaires.

Servan appela autour de lui des officiers de diverses opinions parmi lesquels le général Chanderlos de Laclos (1), ancien capitaine du génie et secrétaire du duc d'Orléans, littérateur et journaliste à ses moments perdus ; le comte de Grimoard (2), ancien chef d'état-major du marquis de Bouillé (3) ;

1. Chanderlos de Laclos donna sa démission de capitaine du génie en 1779. Il est surtout connu par un roman aussi immoral que scandaleux : *les Liaisons dangereuses*. Il fut l'un des rédacteurs dur Journal intitulé : *La Gazette des amis de la constitution* qui paraissait en 1791 ; il publia même une série de profils parlementaires, dans lesquels figuraient Lafayette sous le nom de *Philarète*, et Talleyrand sous celui *d'Amène*. Nommé maréchal de camp en 1792, destitué et emprisonné à Picpus en 1793, il recouvra sa liberté au 9 thermidor 1795 ; il se fit réintégrer dans le grade de général de brigade d'artillerie, et mourut à Tarente (Italie) en 1805. C'était un triste personnage.

2. Alexandre de Germoard, né à Verdun en 1753, mort à Paris en 1815 ; auteur du plan de campagne suivi en 1792 ; ancien secrétaire de Louis XVI.

3. Bouillé (1730-1800) commandait en 1790 les troupes cantonnées dans le nord-est de la France. Il avait préparé le plan d'évasion du roi en 1791. Après l'arrestation de ce der-

profondément instruit et auteur d'un plan défensif et offensif de la France ; les généraux Matthieu Dumas (1), militaire très capable et auteur de plusieurs ouvrages fort appréciés dans l'armée ; Meunier (2), officier du génie, membre de l'académie des sciences. C'est à celui-ci que l'on doit l'organisation du dépôt de la guerre et la création du corps des ingénieurs géographes, devenu ensuite la pépinière des officiers d'état-major ; enfin Gérard de Lacuée (3) comte de Cessac, l'*alter ego* de Servan, qui devint plus tard un des meilleurs instruments de Napoléon Ier. Il avait quarante ans. Ancien capitaine au régiment Dauphin-infanterie, il donnait sa démis-

nier à Varennes, il se réfugia à Coblentz ; il mourut en Angleterre, laissant une belle réputation militaire et un grand renom de fermeté.

1. Matthieu Dumas, né à Montpellier le 23 décembre 1753, était le fils d'un trésorier payeur des finances. Major dans un régiment d'artillerie en 1789, il était maréchal de camp en 1791. On lui doit la création à Metz de la première compagnie d'artillerie à cheval. Il se réfugia en Suisse pendant la terreur, revint à Paris après le 9 thermidor et mourut en 1837 à l'âge de 87 ans.

2. Meunier, né à Saint-Amour (Jura) en 1770 ; créé baron en 1809 ; gendre du peintre Louis David ; il est mort en 1846.

3. Lacuée est l'auteur d'une brochure publiée en 1786 et intitulée : *Guide de l'officier en campagne*, et d'un *Projet de constitution pour l'armée française*, fait en 1789 avec la collaboration de Servan. Sous le Directoire, il devint membre du conseil des anciens cinq-cents ; il concourut au coup d'état du 18 brumaire, se fit recevoir membre de l'institut et se montra un des plus fervents admirateurs de Napoléon Ier. En 1804, il était général de division et gouverneur de l'école polytechnique. Lacuée est mort en 1841.

sion en 1786 pour s'occuper de science et de littérature, avec son compatriote Lacépède, dont il était l'ami intime, Lacuée vivait dans sa famille à Agen lorsque la Révolution éclata. Nommé député du Lot-et-Garonne en 1791, il devint président de la Chambre du 29 avril au 13 mai 1792. Lacuée n'avait pas fait la guerre ; mais c'était un travailleur infatigable et un administrateur hors ligne. Pendant toute la période révolutionnaire, il fut un de ces obscurs serviteurs de la France, qui se dévouaient tout entiers à une seule chose : l'intégrité du territoire.

On reprochait un jour à Servan de faire fortifier certains points de la banlieue de Paris par des ingénieurs royalistes : « Et que m'importe, s'écria le ministre de la guerre avec vivacité, mes ingénieurs sont d'excellents officiers que je garderai. Je ne les chargerai pas de voter sur la forme du gouvernement ; mais pour le moment, il me faut des redoutes ; cela suffit pour que je m'entoure de collaborateurs dévoués à la défense de la patrie, non d'officiers discutant les motions faites à l'assemblée. » Il n'avait pas toujours parlé ni agi ainsi, et son rôle contre le roi à son premier ministère avait été des plus coupables.

Le 11 août, au point du jour, un détachement de l'avant-garde autrichienne commandée par le prince Hohenlohe-Ingelfingen, se présenta devant la petite ville de Sierck (1), défendue par un château-fort bai-

1. *Sierck*, canton de Thionville, aujourd'hui à l'Allemagne.

gné par la Moselle. La garnison ne se composait que de 300 hommes. Le détachement autrichien était fort de 1000 hommes (deux compagnies de chasseurs, un bataillon de fusiliers et cinq escadrons de hussards) ; il pénétra presque sans résistance dans la forteresse, tua ou blessa vingt-quatre français, tant militaires que civils, fit quarante prisonniers, s'empara d'un canon, d'un drapeau, de cent fusils et d'une grande quantité de poudre qu'il jeta dans la Moselle.

Le 15 août, un autre détachement entra dans le château de Rodenack, évacué la veille par nos troupes.

Le 16 août, Hohenlohe-Ingelfingen parut devant le château d'Orange et bombarda le bourg ; la compagnie française qui y tenait en garnison se retira sur Fontoy, poursuivie par la cavalerie autrichienne, qui lui tua dix hommes et lui fit une trentaine de prisonniers.

Fontoy, située entre Thionville et Longwy, est une petite localité bâtie dans une gorge de montagnes, près de la source de Feusch. C'est là que campait l'avant-garde de notre armée du centre, dont la composition était la suivante :

AVANT-GARDE.

Général
Desprez-Crassier
(2 bat. d'inf. 3 rég.
de cavalerie).

- 1er bataillon d'infanterie légère.
- 1er — de grenadiers.
- 3e régiment de hussards (ancien Estchazy).
- 4e — de dragons (Conti-dragons).
- 1er — de chasseurs à cheval (chasseurs d'Alsace).

Général
de la Barolière
(1 bat. d'inf. 3 rég.
de cavalerie).

- 1er bataillon de grenadiers.
- 8e régiment de chasseurs à cheval (ci-devant Lorraine).
- 9e — — (ci-devant Bretagne).
- 10e — — (ci-devant Normandie).

CORPS DE BATAILLE.

Première Division. — Général Lynch (8 rég. d'inf. 4 de cavalerie).

1re Brigade

- 1er régiment d'infanterie (Colonel-général).
- 24e — — (Brie-infanterie).
- 22e — — (Viennois-infant.).
- 81e — — (Conti —).

2e Brigade

- 5e régiment d'infanterie (Navarre-infant.).
- 44e — — (Orléans —).
- 90e — — (Chartres —).
- 102e — — (Gardes françaises).

1re Brigade
de cavalerie :
Général Pully

- 8e régiment de cavalerie (ex-Cuiras. du roi).
- 10e — — (ex-Royal Cravates).

2e Brigade
de cavalerie :
Duc de Chartres

- 14e régiment de dragons (Chartres-dragons).
- 17e — — (Schomberg —).

Deuxième Division. — Général Muratel (3 rég.

d'inf., 5 de cavalerie et 2 bataillons de volontaires nationaux).

Brigade d'inf.	8ᵉ régiment d'infanterie (rég. d'Austrasie). 30ᵉ — — (rég. du Perche). 62ᵉ — — (rég. de Salm Salm).
1ʳᵉ Brigade de cavalerie	4ᵉ régiment de cavalerie (ci-devant rég. de la Reine). 1ᵉʳ — de dragons (Royal-dragons).
2ᵉ Brigade de cavalerie	8ᵉ régiment de chasseurs (chass. de Guyenne) 10ᵉ — — (chass. de Bretagne) 17ᵉ — de cavalerie (Royal-Normandie.

Deux bataillons de volontaires de 1791 (1ᵉʳ de Saône-et-Loire et 2ᵉ de la Moselle).

Voulant donner le change au général autrichien, le commandant de l'avant-garde française envoya le 19 août un détachement de deux compagnies de grenadiers et de cinq escadrons faire une reconnaissance du côté du village d'Aumetz. La cavalerie française ne tarda pas à se heurter contre les hussards prussiens de Wolfradt. Desprez-Crassier (1), ne se voyant pas en force, fit sonner la retraite. L'infanterie se jeta à travers bois; les escadrons français

1. Desprez-Crassier, né à Crassier, non loin de Ferney, canton de Vaud, le 18 janvier 1833, était âgé de cinquante-neuf ans. C'était un vieux soldat, d'une extrême bravoure, qui avait pris du service en France dans le régiment suisse de Châteauvieux (1745) ; de là il était passé en 1757 dans le régiment Royal-Deux-Ponts dans lequel il servait encore en 1789 avec le grade de lieutenant-colonel. Député du bailliage de Gex aux Etats-généraux, il était maréchal de camp depuis le 1ᵉʳ mars 1791.

prirent le galop poursuivis par les hussards prussiens qui sabrèrent 200 de nos soldats, firent 80 prisonniers, et chargèrent même jusque sur les limites du camp de Fontoy où notre infanterie les tint en respect. L'ennemi s'arrêta, n'osant avancer plus loin. Desprez-Crassier se retira sous Metz.

Le 20 août, Clairfayt, qui commandait l'aile droite, était à Carignan ; Hohenlohe-Kirchberg, qui commandait l'aile gauche, était à Thionville ; le duc de Brunswick, au centre, était campé sous les murs de Longwy.

Cette ville fut la première forteresse de France qu'attaquèrent les envahisseurs. L'ennemi s'y présenta le 20 août : le duc de Brunswick, en débouchant, entre la Moselle et la Chiers, Clairfayt, en y arrivant par la droite. La position de cette ville est très pittoresque et offre de très grands avantages pour la défense. Située à l'extrémité d'un des plateaux les plus élevés de la Lorraine, sur une espèce d'éperon soutenu par des rochers escarpés, ses approches sont défendus au nord et à l'est par des précipices, à l'ouest par une langue de terre fortifiée d'après le système Vauban. En 1792, la forteresse avait six demi-lunes couvertes par des lunettes ; le corps de la place formait un hexagone régulier bastionné, entouré d'un large fossé. Réunie définitivement à la France par le traité de Wisme? Longwy nous appartenait depuis 1679. Au xiiie siècle cette ville faisait partie du comté de Bar, et plus tard du duché de Lorraine.

Une fortification insuffisante, des ouvrages dégra-
dés en plusieurs endroits, le fossé à sec, le corps de
la place presque entièrement découvert, telles furent
les causes principales de la capitulation de cette
ville, qui aurait pu tenir longtemps, si elle eût été
mieux pourvue de tout ce qui lui manquait. La
promptitude avec laquelle cette place tomba après
quelques coups de canon prouve combien est inutile une forteresse insuffisante.

La garnison comptait 2.500 hommes (le régiment d'infanterie-Angoumois (1) ; trois bataillons de
volontaires ; 80 canonniers ; 80 hussards) ; elle était
commandée par un vieux soldat, le lieutenant-colonel
Lavergne, qui n'était à Longwy que depuis le 13
août, c'est-à-dire depuis sept jours seulement au
moment de l'investissement de la place (2). Il n'eut
que le temps de visiter ses magasins, ses fortifications, et de parer aux premières nécessités de la
défense. Le 20, il tenta une première sortie du
côté des Autrichiens, et fit prisonniers vingt-cinq
chasseurs tyroliens. Le lendemain à quatre heures

1. Actuellement, le 34ᵉ de ligne.
2. Louis-François de Lavergne, ancien capitaine au régiment de Rouergue (actuellement, 58ᵉ de ligne), était démis-
sionnaire depuis 1787. La Révolution le surprit dirigeant,
dans l'Angoumois, dés forges importantes que sa famille
possédait à Champlorier. Nommé en 1791 commandant d'un
bataillon de volontaires, il demanda à reprendre du service, et fut promu au grade de lieutenant-colonel dans son
ancien régiment qui tenait garnison à Thionville. Lückner
l'envoya de là à Longwy.

de l'après-midi se présentait un premier parlementaire à l'effet de sommer la ville de se rendre.

Lavergne répondit en termes énergiques et dignes qu'il avait mission de défendre la place au nom de la nation et *du roi*, et qu'il ne la rendrait qu'à la dernière extrémité : « Nous saurons, disait-il dans sa réponse au duc de Brunswick, repousser la force par la force ; un Français ne craint que la honte et l'infamie, et vous jugerez à la manière de nous défendre, si nous sommes dignes de toute votre estime. »

Aussitôt la réponse de Lavergne connue au camp des alliés, tout fut préparé pour un bombardement. Les premières batteries s'installèrent dans la nuit du 21 au 22 août. Le colonel d'artillerie Tempelhof fut chargé de ce soin. Il fit établir deux batteries d'obusiers de dix, entre deux batteries de mortiers de dix-huit. Le bombardement commencé dans la nuit du 21 fut interrompu par un orage qui survint inopinément, et tel que le feu du ciel et des torrents d'eau éteignaient le feu des assiégeants. Il reprit le lendemain ; trois cents bombes tombèrent dans la place, quelques maisons furent incendiées, plusieurs personnes furent tuées.

Le premier bombardement avait duré une heure et demie ; le second ne dura qu'une heure. Les habitants forcèrent la municipalité à intervenir auprès du commandant Lavergne pour l'amener à capituler. Le conseil de défense fut réuni. Les commandants de l'artillerie et du génie exposèrent que la garnison de la place était insuffisante, vu l'immense développement des remparts, qu'un seul homme défendait à lui tout seul un terrain de cinq ou six toises d'étendue ; qu'on possédait plus de canons que de servants ; que la plupart des pièces étaient hors d'état de servir, et qu'enfin, il ne fallait attendre aucun secours de l'extérieur.

Lavergne résista d'abord, mais mis en mesure de rendre la ville par les administrateurs de la cité qui le menacèrent de lui faire un mauvais parti, il céda et se décida à capituler. Cela devait le perdre (1).

La capitulation fut signée le 23 août, et Clerfayt entra à Longwy, à la tête d'un corps de l'armée autrichienne. La garnison eut les honneurs de la

1. Lavergne quittait Longwy le 25 août pour regagner l'Angoumois en chaise de poste, lorsqu'il fut arrêté à Bourmont, dans la Haute-Marne, par un détachement du 1er régiment d'artillerie, qui se rendait à Metz. Son arrestation et sa mise en jugement avaient été décrétées par l'assemblée. Incarcéré dans la citadelle de Langres, il fut dirigé sur Paris, pour y être condamné par le tribunal révolutionnaire. Sa jeune femme, en apprenant les poursuites dont son mari était l'objet, vint à Paris, demandant à partager son cachot. Eperdue, folle de douleur, elle se présenta au tribunal et éleva la voix pour lui, lorsque son mari fut interrogé sur la reddition de la place. Efforts impuissants. La sentence de mort fut prononcée devant elle. Il suffisait de proférer le cri de *vive le roi* pour être immolé à la vengeance de Fouquier-Tinville. La courageuse femme n'hésita pas. Les juges voulurent la considérer comme une aliénée ; elle s'obstina à répéter ce cri, jusqu'à ce qu'elle eût obtenu l'honneur d'être aussi condamnée. Tous les deux montèrent le lende-

guerre et se retira librement, sous la seule condition de ne pas servir contre les alliés pendant toute la campagne.

Au fur et à mesure que l'armée ennemie pénétrait sur le sol français, les soldats prenaient leurs précautions, ne passaient plus les nuits dans les maisons sans les avoir fouillées de fond en comble. On disait que les puits, les fontaines étaient empoisonnés. « Tout ce que nos hôtes nous donnaient, raconte Gœthe, et jusqu'au pain que nos boulangers cuisaient, nous devenait suspect. »

C'est à Longwy que la dyssenterie commença à tourmenter les soldats allemands. Ils déterraient des pommes de terre non encore mûres, cueillaient des raisin verts et en mangeaient avec avidité. Lorsque les soldats n'étaient pas en marche ou de service, ils se tenaient sous des tentes, qu'une pluie torrentielle traversait de toutes parts. Chaque jour, une multitude d'entr'eux entraient à l'hôpital. La rareté et la

main sur la fatale charrette. C'est à Mme de Lavergne que pensait Gabriel Legouvé, quand il disait dans son poème sur le *Mérite des femmes :*

> Et pourquoi loin de nous en chercher les modèles ?
> Naguère, en nos climats, lorsque de tous côtés,
> Pesait des décemvirs le sceptre ensanglanté,
> N'ont-elles pas prouvé par mille traits sublimes,
> Combien leurs sentiments les rendent magnanimes ?
> La peur régnait partout ; plus de cœurs, plus d'amis ;
> Le Français du Français paraissait l'ennemi ;
> Chacun savait mourir, nul ne savait défendre.
> Elles seules, d'un zèle ingénieux et tendre,
> Pour détourner la mort qui nous menaçait tous,
> Osèrent des tyrans aborder le courroux.

cherté des vivres y contribuaient beaucoup. « L'eau-de-vie, ce premier élément de l'existence du soldat, devenait rare. On n'entendait dans les camps ni plaisanteries, ni bons mots, preuve évidente du malaise général. »

Le camp sous Longwy était assis au pied d'une colline, en pente douce, dans une plaine traversée par un fossé creusé, de temps immémorial, pour détourner l'eau des champs et des prairies. Ce fossé fut bientôt le réceptacle de tous les immondices, de tous les débris. L'écoulement fut arrêté. De violentes averses rompirent les digues pendant la nuit, et amenèrent sous les tentes toutes sortes de détritus ; la paille humide qui servait pour coucher les soldats en fut toute souillée.

« Le lait manquait. Celui dont les chefs se servaient pour mélanger à leur café, provenait de chèvres prises aux paysans lorrains, attachées aux chevaux des équipages, et nourries au détriment de ces derniers.

« C'est à peine, si la moitié des hommes présents pouvait faire le service. Le reste était à l'hôpital ou hors d'état de se mouvoir. Pour se soulager le soldat allemand fit usage de poivre et de la graine de *galonga*. On ne pouvait voir sans frémir l'effet de cette dyssentérie sur le front de l'armée (1). »

On aurait dû marcher rapidement ; on perdit cinq jours au camp de Praucourt, sous les murs de

1. *Témoin oculaire.*

Longwy, du 24 au 29 août. Le duc de Brunswick attendait ses renforts, comme s'il n'avait pas assez de ses 77,000 hommes pour attaquer 22,000 Français échelonnés sur une étendue de quinze lieues entre Verdun et Sainte-Menehould.

Les contemporains ont fait un tableau affreux de ce camp de Praucourt : « Quand on est trempé par la pluie, dit Valentini, on reste sous la tente ou dans la boue ; le hussard s'enveloppe de son manteau et ne voit rien. »

On ne compte guère que deux jours de marche entre Longwy et Verdun ; l'armée allemande quitta le camp de Praucourt le 29 au matin ; la chaleur était excessive et le sol tellement gras, que les roues des canons ne semblaient former qu'une masse de boue. Beaucoup de fantassins restèrent en arrière et n'arrivèrent à l'étape que fort tard dans la soirée. Quelques-uns même moururent en route d'épuisement et de fatigue.

Le pain de munition distribué au départ, fait grossièrement avec de la farine non tamisée, était sans goût et contenait peu de substance nutritive.

A Verdun, ce pain était tel qu'on crut à l'existence du vert-de-gris ; plus tard, à Grandpré, on supposa la présence de l'arsenic et du souffre. Il était aqueux, et sa cuisson si précipitée que la mie se séparait de la croûte. La moisissure se développait entre les deux.

Par une ironie du sort que le hasard seul peut expliquer, le roi de Prusse logea au village le *Glo-*

rieux, tandis que son généralissime, avec le gros des troupes, campa au village le *Regret*.

Verdun avait été longtemps une des villes libres de l'empire germanique. Elle se défendit avec acharnement contre les protestants, et elle demanda l'appui de la France, sous les lois de laquelle elle se trouva placée à partir de 1552 ; le traité de Westphalie la fit définitivement française avec Metz et Toul ; c'étaient les Trois Évêchés.

Située dans une étroite vallée commandée de tous côtés par des collines, la place pouvait être foudroyée par les batteries de l'assiégeant, sans que la garnison pût faire beaucoup de mal à ces dernières. Les fortifications étaient anciennes ; depuis deux cents ans on n'y avait pas fait de grandes réparations, parce qu'on savait qu'il était très facile de s'emparer de la ville en raison de sa situation même.

Depuis cette époque, une dizaine de forts ont été construits pour couvrir Verdun ; ce que nous disons de la place en 1792 ne saurait donc s'appliquer de nos jours.

La forteresse se composait alors de dix fronts bastionnés élevés par le chevalier de Ville et corrigés par Vauban. Les courtines étaient mal couvertes ; la citadelle, commencée sous Henri II et achevée sous Louis XIII, était en très mauvais état ; les parapets manquaient dans plusieurs endroits ; les chemins couverts se trouvaient sans traverses, sans contre escarpes, sans palissades. Le matériel n'était pas meilleur : il se composait de dix mortiers et de

trente-deux pièces de canon ; il n'y avait pas d'affûts
de rechange dans les magasins, et les approvisionnements faisaient défaut.

Le lieutenant-colonel Galbeaud, du 6e régiment
d'artillerie, avait pris le 21 juin le commandement
de la place. Il s'efforça de mettre la ville en état de
défense. Sous sa direction, chacun travailla avec
ardeur aux réparations ordonnées ; la garnison et
les bourgeois rivalisèrent de zèle. Mais il était déjà
trop tard ; les travaux commencés ne purent pas
être terminés, et lorsque les Prussiens se présentèrent devant Verdun le 30 août, et couronnèrent le
Mont-Saint-Michel, la ville était ouverte par le fait
même des réparations que l'on y exécutait.

Galbeaud n'attendit pas l'investissement de la
place pour se retirer. Dès qu'il vit qu'on l'aban-
donnait, et qu'on ne lui envoyait ni les renforts, ni
les armes qu'il demandait, il pria Lafayette de le
remplacer, disant qu'il ne voulait pas « rester dans
les mains de l'ennemi, ni se déshonorer, qu'il aimait mieux servir sur le champ de bataille, et qu'à
tout prendre il donnerait sa démission et servirait
comme simple soldat, si on ne voulait pas l'écouter. »

Le 29 juillet, Lafayette autorisait Galbeaud à rentrer à l'armée du centre comme commandant de l'artillerie de la 2e division (général Laveneur). Le
lieutenant-colonel de Beaurepaire (1), le plus ancien

1. Nicolas-Joseph de Beaurepaire, né à Coulommiers le
7 janvier 1740, était le fils d'un épicier qui fut échevin de
la ville pendant quelque temps. Il avait alors 52 ans. Il

officier supérieur de la garnison, prit le commandement de la place.

Un mois après, le premier soin de Dumouriez, en arrivant à Sedan, fut de donner l'ordre à Galbeaud de se rendre à Verdun avec deux bataillons du 17e régiment, le 2e bataillon de Saône-et-Loire et quatre canons. Il le nomma maréchal de camp, afin, disait-il, de « lier son sort à celui de la place et d'augmenter son prestige comme chef de la garnison. »

avait étudié pour être avocat, puis il s'était engagé à 19 ans, dans les carabiniers royaux ou de Monsieur, le 7 novembre 1759. Successivement porte-étendard (1768), sous-lieutenant (1770), lieutenant (1773), et sous-aide major (1774), il donnait sa démission le 1er avril 1776. Ayant repris du service, trois ans après, en qualité de lieutenant en second (1779), il devint lieutenant en premier (1785), et reçut la croix de Saint-Louis (1799). Depuis le mois de juillet 1791, Beaurepaire était à Joué, près de Brissac. Lorsque se formèrent les bataillons de volontaires nationaux, il manifesta l'intention d'y servir, et le 15 septembre 1791 il était nommé lieutenant-colonel du bataillon de Maine-et-Loire. Beaurepaire avait la taille d'un carabinier ; il organisa à Angers la troupe dont il avait le commandement. Il était en garnison à Guérande, lorsqu'il reçut l'ordre, le 12 mai 1792, de se rendre à Verdun. Sa marche ne fut pas exempte de désordre, car Grillé, bibliothécaire d'Angers, qui connaissait particulièrement l'ancien lieutenant de carabiniers, dit dans ses *Mémoires*, que les 600 hommes du « bataillon de Maine-et-Loire ressemblaient à des écoliers en vacances mettant les vergers au pillage ». Il laissa en route plus de la moitié de son monde ; mais peu à peu les soldats le rejoignirent par petits paquets. Le bataillon de Maine-et-Loire était à Verdun le 2 juin, il avait mis 21 jours pour faire un trajet de 115 à 120 lieues.

Galbeaud n'arrivait à Varennes que le 30 au soir, trop tard par conséquent pour pénétrer dans la forteresse qui était déjà cernée ; il rétrograda sur l'Argonne, et le 1er septembre il occupait le col des Islettes, où nous le retrouverons le jour de la bataille de Valmy.

Lückner, de son côté, ordonna au duc de Chartres de se rendre à Verdun, avec quatre bataillons et cinq escadrons (2,900 fantassins et 3,850 cavaliers). La route était barrée. Ce renfort, mis en marche trop tard comme le premier, rétrograda sur Pont-à-Mousson, rejoignant Kellermann, en route pour l'Argonne, ainsi que nous le verrons plus loin. Les tentatives faites par Dumouriez et Lückner pour secourir Verdun n'ayant pas réussi, la forteresse se trouva abandonnée à elle-même.

Beaurepaire ne prit qu'à regret le commandement de la place de Verdun. Le poste était difficile et les forces dont il disposait se trouvaient insuffisantes. La garnison se composait des troupes suivantes :

Infanterie.
Le régiment de Walsh-Irlandais, aujourd'hui 32ᵉ de ligne ; commandant Lombard.

Dépôt du bataillon de Seine-et-Marne.

Détachements de volontaires du bataillon de la Marne, de la Meurthe, de la Meuse (capitaine Radet) (1) et de Paris : commandant de Neyon.

Un bataillon des volontaires de Maine-et-Loire ; commandant Beaurepaire.

Un bataillon des volontaires de l'Allier ; commandant Trochereau.

Un bataillon des volontaires de la Charente-Inférieure ; commandant Thévenon.

Un bataillon des volontaires d'Eure-et-Loir, venu de Sedan la veille de l'investissement ; commandant Marceau.

Cavalerie.
Dépôt de dragons — Touraine (aujourd'hui 2ᵉ dragons).

Dépôt de chasseurs — Condé (aujourd'hui 9ᵉ chasseurs).

Artillerie : 44 hommes du 6ᵉ d'artillerie.

Toutes ces troupes réunies pouvaient former un peu plus de 4,000 hommes. Mais cette garnison n'était pas instruite ; la moitié des soldats du régiment Walsh et la totalité dans les deux dépôts de cavalerie n'étaient que des recrues. Quant aux artilleurs, à raison de dix mortiers et de trente-deux canons à servir dans la place, cela ne faisait guère qu'un homme par pièce.

Le 31 août, à huit heures du matin, la ville fut sommée de se rendre, et un parlementaire envoyé à

1. Etienne Radet, devenu général sous l'empire, était officier dans les volontaires de la Meuse. Né à Varennes, le 19 mars 1762, ancien garde-chasse du prince de Condé, il est surtout connu par l'enlèvement de Pie VII à Rome.

cet effet par le duc de Brunswick se présenta aux avant-postes. C'était un singulier personnage que ce parlementaire. Il se nommait Grothaus (1).

Le 31 août 1792, de grand matin, Gœthe était dans sa *dormeuse* (2) où, comme il le dit lui-même, — « la couche était assurément plus sèche, plus chaude et plus confortable qu'en plein air »; il était à demi-éveillé, lorsqu'il entendit ouvrir les rideaux de cuir. C'était le duc de Weimar qui présentait au poète, *l'aventureux* Grothaus qui venait demander au prince un trompette-major pour aller en parlementaire à Verdun. Plus tard, ajoute Gœthe, on a fait mille plaisanteries sur Grothhaus qui s'était avancé à cheval vers la ville, précédé d'un hussard portant un mouchoir blanc à sa trompette, et suivi de deux autres cavaliers.

1. Grothaus, né à Buxteherde (Hanovre) en 1749, avait étudié le droit et s'était fait auditeur de justice. Mais fatigué de la vie sédentaire, il quitta l'Allemagne, visita l'Europe, et s'enrôla en Corse sous les ordres de Paoli (1769). Il prit part ensuite à la guerre de la succession de Bavière, devint adjudant-général dans l'armée hanovrienne (1778), et passa au service de la Prusse comme colonel en 1780.

2. Voiture dans laquelle couchaient Gœthe et son ami le duc de Saxe-Veimar qui commandait un des régiments de dragons de la division Kalkreuth. Gœthe était le ministre et le directeur des affaires dramatiques du prince, qui fit rebâtir pour le poète le beau domaine qu'un incendie avait détruit en 1771. C'est ainsi que nous voyons les deux amis, chevauchant à travers les escadrons ennemis pendant la campagne de France, ou se faisant voiturer à leur suite.

Beaurepaire répondit à la sommation, en faisant connaître au duc de Brunswick qu'il « lui était impossible de rendre la place dont la défense lui était confiée, sans manquer à la fidélité qu'il devait au *roy*, à la nation et à la loi. » Grothaus se retira.

Le bombardement commença le 31 à 11 heures du soir, et dura jusqu'au lendemain à 11 heures du matin. Plusieurs maisons furent plus ou moins endommagées, et deux furent réduites en cendres. Ce premier bombardement ne fit qu'une seule victime, le commandant Gillon, ancien membre de la constituante, président du tribunal criminel de Saint Mihiel, qui s'était enfermé dans la place avec un détachement des gardes nationales de la Basse-Meuse.

Le 1er septembre, nouvelle sommation. Mais cette fois, ce fut le major de Hompesch qui se présenta. Il fit connaître à Beaurepaire que la ville était complètement cernée, que tous les moyens étaient pris pour forcer Verdun à se rendre et que, si la forteresse continuait à se défendre, sa destruction totale deviendrait inévitable. Brunswick laissait à la garnison une trêve de vingt-quatre heures pour avoir le temps de délibérer; les troupes se retireraient où elles voudraient avec armes et bagages, en n'abandonnant que l'artillerie et les munitions de guerre.

Beaurepaire réunit ses principaux officiers, au nombre desquels il s'en trouvait de jeunes qui furent depuis les généraux Marceau, Lemoine (1), Dufour ; tous s'opposèrent à une capitulation prématurée.

La municipalité voulut forcer la main aux membres du conseil de défense ; Beaurepaire, jetant à terre la plume qu'on lui présentait, dit alors avec vivacité : « Citoyens, j'ai promis de ne rendre qu'un cadavre aux ennemis de mon pays. Je reste fidèle à mes serments ; survivez à votre honte, si vous l'osez. Quant à moi, je meurs libre et je lègue ma mort en opprobre aux lâches et en exemple aux braves. » Puis il se retira et se fit sauter la cervelle (2).

Il était deux heures et demie du matin ; l'armistice expirait dans quatre heures. La municipalité se hâta. Neyon, chef de bataillon des volontaires de la Meuse, signa le procès-verbal de remise de la ville aux autorités allemandes, avec tous les autres membres du conseil. La signature de Marceau, le plus jeune des officiers supérieurs de la garnison y manque seule. Neyon écrivit donc au duc de Brunswick, qu'il lui rendait la place, au nom de la municipalité, ne demandant que « la faveur pour les deux bataillons de Maine-et-Loire et de la Charente

1. Louis Lemoine, né à Saumur le 23 novembre 1764, était capitaine dans le bataillon de Maine-et-Loire ; il fut le complice de Hoche dans les fusillades de Quiberon, et devint sous l'empire, général de division ; il est mort en 1825.

2. C'est la version officielle ; d'autres versions ont été données ; il y en a même qui nient le suicide de Beaurepaire qui aurait été assassiné. Le suicide paraît constant.

d'emmener avec eux les quatre pièces de campagne qui leur avaient été confiées. »

Marceau (1) était le plus jeune des officiers supérieurs de la garnison de Verdun ; à ce titre, quoiqu'il se fût opposé à la capitulation, jugeant la résistance encore possible, il fut chargé de porter l'acte de reddition de la ville au roi de Prusse qui était au camp du général Kalkreuth. Le jeune officier supérieur — il avait vingt-trois ans — laissa voir combien cette mission lui pesait ; il pleurait en remettant au prince le papier qui lui livrait Verdun. Cette douleur d'un soldat toucha le roi qui tendit la main à l'officier français en lui disant : « Monsieur, voilà des larmes qui vous honorent. »

Kalkreuth fut chargé de régler les détails de la capitulation. Le 3 septembre, les Prussiens entrèrent dans la forteresse que les Français évacuèrent le lendemain.

1. Né en 1769, Marceau s'était engagé à l'âge de seize ans dans un régiment d'infanterie. La Révolution le porta au commandement d'un bataillon de volontaires d'Eure-et-Loir, avec lequel il se rendit à Verdun. Il fut ensuite employé en Vendée, où il devint rapidement général de division et où il se distingua par son humanité autant que par sa bravoure. En 1794, il fut envoyé à l'armée de Sambre-et-Meuse et commandait l'aile droite à la bataille de Fleurus. Il fut blessé mortellement à Altenkirchen en 1796, lorsqu'il couvrait la retraite de Jourdan après la défaite de Wurtzbourg. Marceau, l'une des plus pures gloires militaires de l'époque, était universellement estimé ; les Autrichiens lui rendirent les plus grands honneurs. Ce général républicain mourut après avoir fait le signe de la croix.

Le bataillon de Maine-et-Loire chargea le corps de son commandant sur un fourgon d'artillerie attelé de deux chevaux noirs et recouvert d'un drap noir, entouré de feuilles de chêne. A l'avant du fourgon, flottait un drapeau, autour duquel s'enroulait un crêpe. Deux artilleurs montèrent sur le siège. La troupe se rangea autour de ce catafalque improvisé, et toute la garnison prit la route de Sainte-Menehould. En arrivant au pont de la Meuse, précisément à l'endroit où, quatorze mois auparavant, la municipalité de Varennes avait arrêté Louis XVI, quelques hommes du bataillon de Maine-et-Loire prirent le cercueil sur leurs épaules et le portèrent au cimetière de Sainte-Menehould. Beaurepaire (1) fut enterré au pied de l'église du château.

Cet officier, qui avait servi dans un régiment de cavalerie, était-il fait pour la haute mission que les circonstances l'obligeaient de remplir ? Il est évident que rien ne l'y avait préparé. D'ailleurs, on n'avait rien fait pour mettre Verdun en état de défense ; on n'avait même pas donné au commandant de la place un grade supérieur à celui des autres officiers, par lesquels il lui était difficile de se faire obéir ? Beaurepaire comprit qu'il serait rendu responsable d'une capitulation inévitable qu'il pouvait tout au plus retarder. Il perdit la tête et se tua (2).

1. Le cœur du commandant Beaurepaire est aujourd'hui au Panthéon.

2. Le malheureux suppléant de Beaurepaire, Neyon, fut poursuivi et exécuté le 25 avril 1794.

La garnison de Verdun était, du reste, d'une indiscipline notoire. Les quatre bataillons de volontaires (Maine-et-Loire, Allier, Charente-Inférieure et Eure-et-Loir), en route pour l'Argonne, abandonnèrent leurs officiers, et n'arrivèrent que le 5 septembre dans la plaine des Islettes, maraudant, pillant, ne voulant pas reconnaître l'autorité du général Galbeaud, venu au-devant d'eux pour les rallier ; beaucoup de volontaires avaient déserté, Voilà ce que sont les armées improvisées ; des masses incohérentes qui n'obéissent à personne.

L'ingénieur Courbière (1) fut nommé gouverneur de Verdun.

Le territoire de la France supportait toutes les conséquences de la lutte engagée. « Rien n'est triste, « comme une invasion, dit un témoin oculaire (2) ; « pas un habitant aux portes et aux fenêtres ; « tout est renversé à l'intérieur des maisons ; par- « tout des décombres, des lits coupés en mor- « ceaux, la plume dispersée, des toiles déchirées, « des vases brisés ; dans les chemins, des animaux « égorgés. Plus de bœufs, plus de vaches, plus de « lait ».

Au camp de *Regret*, raconte de son côté Gœthe,

---

1. Guillaume-René Lhomme de Courbière descendait d'une famille protestante du Dauphiné, réfugiée en Hollande à la suite de la révocation de l'édit de Nantes. Il était né à Groningue (Hollande) en 1733, et était entré dans l'armée prussienne comme capitaine-ingénieur en 1756.

2. *La campagne du duc de Brunswick.*

on amena un jour tous les bergers de la contrée,
avec leurs troupeaux ; là, chaque animal fut égorgé
en présence de son propriétaire. Le tout fut réparti
entre les régiments et les compagnies. Jamais, je
« ne vis, dit l'auteur de *Faust*, une douleur plus
« grande et plus profonde dans toutes ses nuances,
« que celle de ces braves gens. La tragédie grec-
« que offre seule des choses aussi simples et aussi
« saisissantes (1).

Kellermann le 25 août à Metz, remplaça Lückner, nommé généralissime au camp de Châlons. A
cette date, le gros de l'armée du centre est à Metz
et sa réserve à Châlons.

Kellermann (2), originaire de Strasbourg, avait
57 ans. Promu maréchal de camp en 1788, il mettait
trente-huit ans à parvenir au grade de maréchal de
camp, ce qui n'était pas excessif sous la monarchie.
De 1790 à 1791, il commandait les départements
du Haut et du Bas-Rhin. Sa nomination au grade
de général de division remontait au 9 mars 1792.

Passionné pour les armes, Kellermann était très
brave. Actif, laborieux, très préoccupé du bien du
service, il était, sous une apparence modeste, d'une

1. *Campagne de France,* Gœthe, p. 27.
2. Kellermann était né le 3 mai 1735. Successivement cadet
dans le régiment Lowendal (1750); enseigne dans le Royal
Bavière (1753); lieutenant aux volontaires d'Alsace (1756);
capitaine de dragons (1758); major des hussards de Conflans
(1779); lieutenant-colonel du régiment Colonel-général hussards (1780) ; brigadier des armées du roi, le 1er janvier 1784, puis maréchal de camp, le 9 mars 1788.

nature facilement irritable. Il avait pour chef d'état-major Alexandre Berthier (1), devenu plus tard l'ami et le confident de Napoléon 1er, que Servan remplaça le 7 septembre par l'alsacien Schauembourg, le futur commandant de l'armée d'Helvétie en 1798. Parmi les personnages marquants de son état-major se trouvaient encore les deux adjudants-généraux Duvignau et d'Hédouville, ainsi que le capitaine du génie Desvaux.

Kellermann emmena à Metz avec lui un corps mixte d'infanterie et de cavalerie qui portait son nom et était composé de déserteurs allemands. Le lieutenant-colonel Salomon le commandait. Cet appoint portait l'armée du centre à 22,000 combattants.

L'artillerie était commandée par le général d'Aboville (2), qui a laissé depuis un nom illustre dans la science de la mécanique, pour l'invention de ses roues à moyeux de métal, dites roues à coussin. Son chef d'état-major était Senarmont (3), l'ancien colonel du régiment d'artillerie de Besançon, promu maréchal de camp le 18 juillet 1792. Le commandant

1. Berthier, fils d'un ingénieur géographe, était né à Versailles le 20 novembre 1753. Lieutenant dans le corps royal d'état-major à l'âge de dix-sept ans, capitaine en 1778, il commandait en 1789, comme colonel, la garde nationale de Versailles.

2. D'Aboville a créé l'artillerie à cheval. Promu général de division le 7 septembre 1792.

3. Général de division en 1793. Peut-être le meilleur général d'artillerie de la république et de l'empire.

de la première division du corps de bataille était un anglais, nommé Lynch (1), un des officiers les plus remarquables de l'armée française par son sang-froid, l'étendue de ses connaissances et la loyauté de son caractère.

La réserve de cette armée qui comprenait deux régiments de carabiniers, un régiment de cavalerie, un régiment d'infanterie ; des bataillons de grenadiers, et de garde nationale, était commandée par un de nos meilleurs généraux : Valence, homme froid, d'une politesse exquise. Gendre de Mme de Genlis, il était par conséquent des partisans du duc d'Orléans. « Sa manière de servir est franche et loyale, » écrivait Kellermann à Servan. « C'est un français avant tout, étranger à tous les partis, » disait Dumouriez ; et Napoléon d'ajouter que Valence a toujours été « national » (2).

Le chef d'état-major de Desprez-Crassier était Scherer (3), son ancien compagnon d'armes à la légion de Maillebois, le futur général de l'armée d'Italie.

Telle était la composition de l'armée du centre

1. Lynch servait la France depuis 1770. Incarcéré comme suspect le 20 septembre 1793 et rendu à la liberté le 9 thermidor 1795, il prit sa retraite et mourut à Paris le 4 août 1841, à l'âge de 83 ans.

2. Cyrus de Timbrune-Timbrone, comte de Valence, était né à Agen en 1757. Cornette d'artillerie (1774) ; capitaine de cavalerie (1778) ; colonel du régiment de Chartres-dragons (1785) ; maréchal de camp en 1791 ; il avait été fait général de division à 35 ans.

3. Scherer avait servi onze ans en Autriche ; il n'était entré dans les troupes françaises qu'en 1780.

dont Kellermann prenait le commandement, et qui devait, le 20 septembre, affronter la canonnade des Prussiens sur le tertre de Valmy. Elle ne comptait guère que des troupes de ligne. Les bataillons de volontaires de la levée de 1792 y étaient en très petit nombre. Kellermann renvoyait impitoyablement à Châlons tous les bataillons de nouvelle levée qui lui arrivaient.

Lückner arrivait le 1er septembre à Châlons qui était le lieu de rassemblement de 12,000 volontaires, dont le conseil exécutif avait décidé l'envoi le 20 août. Le chef réel de ce groupe était Chanderlos de Laclos. Lückner n'exerçait sur ses troupes qu'une autorité nominale. Il joua au généralissime, dicta des ordres, passa des revues. Les soldats riaient et se moquaient de lui ; ils l'appelaient *tête carrée, vieille baderne.* Ses officiers l'appelaient un *radoteur.*

L'assemblée législative d'abord, la convention ensuite, réunissaient tous les pouvoirs et les exerçaient despotiquement, envoyant auprès des commandants en chef de nos armées des commissaires chargés de les surveiller, d'épier leurs mouvements, leurs gestes et leurs actes, et d'en rendre compte au comité de salut public, pour les casser ensuite ou les faire passer devant le tribunal révolutionnaire, s'ils ne pensaient pas comme le parti qui était au pouvoir.

Le 25 août, Lückner déclara aux commissaires venus au camp de Fontoy « qu'il ne recon-

« naissait pas d'autre autorité que celle du roi, et
« qu'il résignerait son commandement plutôt que
« de prêter un nouveau serment (1). » Huit jours
après, comme on allait le destituer, il changeait de
langage à Metz, et déclarait aux mêmes commissaires qu'il était jacobin. Il jura en pleurant qu'il
serait fidèle à la nation et qu'il saurait mourir à son
poste.

« Lückner est un hors d'œuvre, écrivait Laclos à
Servan, avec cette rage de dénonciation qu'on
trouve chez bien des généraux de l'époque ; il fait
pitié. Conserver cette machine étrangère, c'est se
charger d'une lourde responsabilité, et compromettre le succès de nos armes. » Le général fut mandé
à Paris. Il se justifia comme il put, se plaignant de
l'indiscipline et de la désorganisation de son armée ;
il protesta de son dévouément à la cause de la nation.
On promit de faire une enquête, mais en attendant,
on lui enjoignit de rester à Paris, jusqu'à parfaite
justification.

A partir de ce moment-là, Lückner vécut à Paris
ignoré. Mais ayant eu la malencontreuse idée de
réclamer au bout de quelque temps la pension de
son grade, la convention qui dépensait l'argent du
trésor en folles prodigalités et ne pouvait même
pas payer ses propres soldats, répondit à cette mise
en demeure par un ordre d'arrestation. Lückner fut
enfermé à la Conciergerie, condamné à mort et exécuté le 4 janvier 1794.

1. *Mémoires*. Gay de Vernon.

Nous ne saurions quitter le camp de Châlons sans dire en quelques lignes ce que furent ces volontaires de 1792, dont on a tant parlé et que quelques historiens ont convertis en héros. Ils étaient 20,000 à Châlons. Ce sont de ceux-là que nous allons parler. Ce serait bien pire encore, si nous nous étendions sur toute la France.

Bon nombre de gens s'imaginent que les volontaires de 1792 ont sauvé la France à Valmy et à Jemmapes.

En ce qui concerne Valmy, nous avons donné plus haut la composition de l'armée du centre. Il n'y figurait pas de volontaires. Kellermann, un soldat, ne les aimait pas ; il les renvoyait au camp de Châlons ; il en avait conservé seulement un certain nombre, soigneusement choisis et organisés en compagnie de grenadiers qui devaient être employées dans des redoutes.

En réalité, les bataillons de volontaires, pour lesquels étaient toutes les faveurs de la Révolution, n'étaient qu'un ramassis de vauriens que la gendarmerie avait grand'peine à faire rejoindre leur corps ; et on peut dire qu'ils ne laissèrent que des traces de leurs méfaits dans toutes les localités où ils passaient pour se rendre à Châlons. Le 15 septembre 1792, trois bataillons de Paris reçurent l'ordre de partir pour Sainte-Menehould. Deux refusèrent absolument de marcher ; le troisième consentit après de grandes hésitations. Il partit enfin, mais en route, la panique le prit, il revint sur ses pas, poursuivant ses officiers d'insultes et d'outrages, pillant les boulangeries, se plaignant de ce que le pain était moins blanc que celui de Paris. Ces mêmes hommes, en arrivant au camp, faillirent assassiner Lückner et ses aides de camp.

A Châlons, les volontaires, au lieu de faire l'exercice, passaient leur temps à enlever les drapeaux suspendus à la voûte de la cathédrale et les armoiries du chapitre épiscopal. Ces emblèmes furent brûlés en place publique. Les volontaires dansaient la farandole autour de ce bûcher improvisé et l'ennemi était à nos portes. Ils se rendirent à l'hôtel-de-ville de Châlons pour égorger le maire ; une autre fois, ils allèrent dans les prisons pour y massacrer tous les aristocrates détenus.

Un jour ils assassinèrent un vieillard, sous le prétexte qu'il portait un livre de messe sous le bras ; son corps fut mis en lambeaux, et sa tête promenée au bout d'un pique. Un autre jour, ils massacrèrent le lieutenant-colonel du 38ᵉ régiment d'infanterie (Dauphin), parce qu'il avait des allures par trop aristocratiques.

Mais le fait le plus caractéristique est peut-être celui-ci : un élève de l'école d'artillerie de Châlons, entré au concours le premier, faillit être tué, parce qu'il portait à son habit des boutons à fleurs de lis ; cet officier dut se défendre l'épée à la main avec trois de ses camarades. Sa présence d'esprit seule le sauva.

« — Mes boutons vous déplaisent, dit-il aux for-

« cenés qui l'entouraient, soit. Je vous donne vo-
« lontiers mon habit. Il est tout neuf et en drap
« fin de Sedan. Mais, comme je ne puis aller tout
« nu ; que l'un de vous échange son habit avec le
« mien, il fera des boutons ce qu'il voudra. » Ce
jeune homme, à la repartie pleine d'à-propos, était le
futur général Allix (1). Il garda son habit, mais il se
le tint pour dit et enleva ses boutons aux trois fleurs
de lis.

« Ce magnifique élan, tant vanté par les contem-
« porains, n'existe nulle part. Les volontaires levés
« en juillet, août et septembre 1792, soupçonneux,
« méfiants, s'obstinant à ne voir autour d'eux qu'in-
« curie et trahison, inexercés, indisciplinés, dépen-
« sant leur ardeur en manifestations sanglantes, ne
« furent certainement pas ceux qui vainquirent les
« Prussiens et refoulèrent l'invasion. L'honneur en
« revient aux troupes de lignes seules, aidées de
« quelques bataillons de volontaires de la levée de
« 1791 (2) ».

Il ne manque pas de gens en France qui croient
encore que le peuple, par la seule fougue de son
enthousiasme, peut repousser une invasion. Mais
alors, si cela était, il faudrait supprimer l'armée
permanente et réduire nos forces militaires en temps
de paix à l'entretien d'un certain matériel et de
quelques milliers de soldats de profession. L'expé-

1. Né à Peras (Manche) ; mort en 1836. Il est le créateur
d'un système d'artillerie de campagne qui porte son nom.
2. *Retraite de Brunswick*. Chuquet.

rience des guerres de la république prouve la fausseté de ce mensonge. Le général Bugeaud nous donne raison quand il dit : « On croit que les batail-
« lons de volontaires de 1792 ont vaincu grâce à
« l'enthousiasme, c'est faux. Ils furent indisciplina-
« bles pendant les deux premières campagnes ; ils
« furent battus dans presque toutes les circonstan-
« ces à cause de leur inexpérience. A Jemmapes et
« à Valmy, les principales forces étaient composées
« de l'armée de ligne. Ce n'est qu'à la bataille de
« Fleurus qu'ils ont commencé à rendre quelque
« service, c'est-à-dire plus de deux ans après leur
« incorporation. »

En même temps que la forteresse de Verdun était investie, Hohenlohe-Kirchberg recevait l'ordre de marcher sur Thionville. Deux colonnes autrichiennes se présentèrent le 29 août devant la ville : elles comprenaient neuf bataillons et douze escadrons d'une part, quatre bataillons, huit escadrons, une compagnie du génie et l'artillerie nécessaire, d'autre part. Le soir, l'investissement était complet.

Le général de Wimpfen (1) commandait à Thionville

---

1. Né en 1745 à Minfeld, dans le duché de Deux-ponts, Wimpfen était enseigné dès l'âge de douze ans, dans le régiment que le duc Maximilien de Deux-ponts avait levé au service de la France. Successivement lieutenant (1759) ; capitaine (1766) ; lieutenant-colonel (1770) ; colonel (1776) ; il était à la campagne dans une terre qu'il possédait en Normandie, lorsqu'on en fit un député du bailliage de Caen aux Etats-Généraux.

depuis le 18 mai. Il avait 48 ans ; ce n'était ni un aristocrate ni un sans-culotte ; il alliait la finesse d'un gascon à la bonhomie trompeuse de l'allemand et songeait à son intérêt personnel. Avant de se décider pour ou contre la Révolution, il cherchait d'où venait le vent.

« Quant à moi, écrivait-il à Lavergne, le 19 août, je reste *in statu quo*, je n'ai rien dit et n'ai rien proposé à ma garnison. J'attends les évènements. »

Hohenlohe aurait fait offrir un million à Wimpfen s'il voulait rendre la place ; il aurait répondu au parlementaire par cette plaisanterie. « J'accepterai « le million du duc de Brunswick, si l'on veut pas- « ser un acte de l'offre par devant notaire. »

Une première sommation lui fut faite le 4 septembre, qui invitait la garnison et les habitants à suivre l'exemple de Longwy et de Verdun. La réponse de Wimpfen respire une certaine crânerie militaire.

« — Ce qui se passe dans l'intérieur de la France « ne saurait en rien dicter la règle de ma conduite. « Ce qu'ont fait les commandants de Longwy et de « Verdun ne regarde en rien celui de Thionville. « La garnison et les citoyens seront fidèles au roi, « à la nation et à la loi ; nous saurons faire notre « devoir, et en temps que commandant d'une place « assiégée, je n'ai d'ordres à recevoir que de mes « chefs. »

Thionville était en 1792 une des meilleures places de la frontière française. Les fortifications se composaient de onze bastions couverts par quelques travaux avancés. Un grand ouvrage à cornes défendait la porte qui s'ouvre sur la route de Luxembourg. Un fortin, sur la rive droite de la Moselle, commandait les routes de Sarrelouis et de Trèves.

La garnison comprenait : le 103ᵉ régiment d'infanterie (ex-gardes françaises); les dépôts du 2ᵉ régiment d'infanterie (Picardie); du 6ᵉ régiment d'infanterie (Armagnac) ; du 58ᵉ régiment d'infanterie (Rouergue); du 13ᵉ régiment de dragons (Monsieur) ; du 12ᵉ régiment de chasseurs à cheval (Champagne) ; un bataillon de grenadiers ; cinq bataillons de volontaires (Ardennes, Meuse, Seine-et-Marne, Moselle et Meurthe); deux compagnies d'artillerie. En tout 5.400 hommes.

Le bombardement commença dans la nuit du 5 au 6 septembre. Il ne dura que deux heures et n'alluma dans la ville que trois petits incendies dont on eut facilement raison, sans faire aucune victime. Les assiégés répondirent vigoureusement.

Le 10 septembre, Hohenlohe-Kirchberg fut obligé de quitter son camp, pour se porter du côté de l'Argonne, ne laissant devant Thionville qu'un corps insignifiant (4 bataillons et 3 escadrons) ; à partir de ce moment-là le siège de la place se transforma en un blocus très anodin, n'offrant plus aucun incident remarquable. On se borna de part et d'autre à quelques coups de canon tirés entre la soupe du matin et celle du soir. La note gaie ne manquait pas. Un cheval de bois avait été placé sur le rempart, une botte de foin dans la bouche, avec cette inscription

en gros caractères : *quand ce cheval mangera ce foin,
Thionville se rendra.* On narguait les artilleurs autrichiens. « Je suis plus tranquille ici qu'à Paris,
écrivait, le 29 septembre, Wimpfen à Kellermann. »
Et il avait raison.

Tel fut ce siège qui dura cinquante-cinq jours.
Ce fut presque une partie de plaisir pour les Thion-
villois qui faisaient des paris pour démonter une
pièce, ou renverser un homme, absolument comme
s'il s'agissait d'un tir à la cible.

La garnison de Thionville renfermait quelques
officiers qui ont marqué dans la suite.

René Moreaux (1), qui devait assiéger Luxem-
bourg en 1795, commandait le bataillon de la Meuse.
Semélé (2), le futur lieutenant-général, était officier
au bataillon de la Moselle. Krieg, qui succéda à
Wimpfen dans le commandement de la place de
Thionville, était lieutenant-colonel au bataillon de la
Meurthe.

Mais l'officier le plus remarquable était sans contredit Hoche (3), le futur pacificateur de nos pro-

---

1. René Moreaux, né à Rocroy le 14 mars 1758, d'une
famille d'industriels, était général de brigade le 15 mars
1703, général de division le 30 juillet suivant.

2. Semélé, né à Metz, le 16 juin 1773, où son père était
receveur du grenier à sel, devint colonel au 24ᵉ de ligne,
en 1804 ; général de brigade (1808) ; général de division
(1809).

3. Lazare Hoche, né à Versailles, le 4 juin 1768, est le fils
d'un ancien palefrenier des écuries de Louis XVI. Engagé
dans les gardes françaises à l'âge de seize ans, la révolution
le trouva caporal. Mais il ne faut pas croire que la carrière

vinces de l'ouest, qui était alors lieutenant dans le régiment de Rouergue. Semélé et Hoche, dit un historien, parcouraient les chemins couverts et faisaient le coup de feu avec les vedettes ennemies.

Krieg, auquel Kellermann venait de donner le bre-

militaire du futur commandant de l'armée de Sambre-et-Meuse se fit toute seule. Au licenciement de son corps, le 14 juillet 1789, il était passé fourrier dans les compagnies soldées de la garde nationale, puis au 104ᵉ régiment de ligne, que commandait le colonel Poissonnier-Desperrières. Voici ce que ce dernier raconte dans ses *Mémoires*.

« Ma nomination au commandement du 104ᵉ remonte au
« 27 juin 1790. Hoche était adjudant sous-officier au régi-
« ment presque depuis sa formation. A trois reprises diffé-
« rentes il n'avait pas pu passer sous-lieutenant au choix
« des officiers. Au mois de mai 1792, je fus nommé colonel
« au 49ⁿ. Me voyant sur le point de quitter le 104ᵉ ; Hoche
« vint chez moi, les larmes aux yeux, me prier, me sup-
« plier, à quelque prix que ce fût, de le faire sortir du 104ᵉ,
« où le corps d'officiers paraissait si peu disposé en sa fa-
« veur. Plein d'attachement pour Hoche, dont j'estimais
« l'activité, la tenue et l'instruction, j'en parlai au ministre
« de la guerre, Servan, avec toute la chaleur du plus sin-
« cère intérêt.

« Le lendemain, le ministre me fit signer une déclaration
« de garantie des principes et de la moralité de Hoche, et il
« me remit pour lui, non un brevet de sous-lieutenant,
« mais un brevet de lieutenant au 2ᵉ bataillon de Rouer-
« gue, en garnison à Thionville (a). »

Après le siège de Thionville, Hoche passa à l'armée des Ardennes, puis à celle du nord où il fut promu capitaine et peu après adjudant-général, chef de bataillon (6 mai 1793). Général de division, le 1ᵉʳ octobre 1793, il commanda l'armée de la Moselle, puis l'armée de l'ouest qui opérait en

a. *Vie politique et militaire* du général Poissonnier-Desperrières, 1824.

vet de lieutenant-colonel, était entré au service en 1756. Il se signala pendant le siège, en surprenant les postes ennemis, en enlevant des voitures et en détruisant les magasins de vivres autrichiens.

Bretagne et en Vendée (1794-1795) ; enfin celle de Sambre-et-Meuse (1796-1797).

Ici se place une petite anecdote que nous trouvons dans Ouvrard, contemporain de Hoche, et auteur de mémoires intéressants sur la république.

« Bonaparte allait souvent chez Mme Tallien. Quelques « jours avant le 13 vendémiaire, dans une de ses soirées « intimes, où la gaîté remplaçait la monotomie habituelle de « la conversation, le futur consul prit le ton et les allures « d'un diseur de bonne aventure. Tout d'un coup, il s'empara « de la main de Mme Tallien, et débita mille folies; chacun « voulut offrir sa main à cet examen. Mais quand vint le « tour de Hoche, il parut s'opérer un changement dans sa « bonne humeur ; il examina attentivement les signes de « la main qui lui était présentée, et il dit, d'un ton solennel « dans lequel perçait une intention peu bienveillante : « Général, vous mourrez dans votre lit. Le front de Hoche « se rembrunit aussitôt ; une saillie de Mme de Beauhar-« nais dissipa ce nuage et fit renaître la gaîté que cet inci-« dent avait refroidi. »

Le général de l'armée de Sambre-et-Meuse et du Rhin réunies mourut en effet sous sa tente le 15 septembre 1797.

CHAPITRE IV

L'ARGONNE.

(*29 août — 29 septembre*)

Le 22 août, Dumouriez fut nommé au commandement de l'armée du centre dont le quartier général était à Sedan. Il refusa d'abord, persistant dans son plan d'invasion de la Belgique, plus facile à exécuter de Valenciennes que de Sedan. Servan lui objecta l'échec de Rochambeau et de Lückner ; il l'invita à gagner Sedan au plus vite pour défendre les défilés de l'Argonne. « — Vous n'entendez rien à la guerre, répondit Dumouriez. Kellermann, qui vient d'arriver à Metz, défendra cette partie de la frontière ; Arthur Dillon (1), qui commande à Sedan le corps d'armée entre Sambre-et-Meuse, gardera l'Argonne. Pendant ce temps-là, les troupes du camp de Maulde prendront l'offensive en Belgique. L'armée austro-prussienne abandonnera notre frontière dès qu'elle se sentira menacée sur ses derrières. »

Jusqu'au 31 août, Dumouriez poursuivit l'exécution de son plan favori. A cet effet, il appela auprès de lui un de ses anciens agents diplomatiques, devenu son ami, depuis son passage au ministère des affaires étrangères, Fortair, le même que Napoléon Ier nomma plus tard chef de bureau adjoint au secrétariat de la légion d'honneur. Il organisa une légion étrangère formée des déserteurs autrichiens et des soldats des anciens régiments suisses licenciés depuis le 10 août ; fit venir par Dunkerque des armes de la Hollande ; puis il compléta son état-major en nommant cinq lieutenants généraux : Moreton (2) qui devint son chef d'état-major ; Beurnonville, qui prit le commandement du camp de Maulde ; Labourdonnaye (3), Marassé et O'Moran, qui furent envoyés respectivement à Lille, Douai et Condé. Il nomma également à cinq emplois

1. Frère de Théobald Dillon, assassiné par ses soldats le 29 avril 1792.

2. Moreton de Chabrillan, né en 1750 ; mort commandant de la place de Douai en 1793.

3. Comte de Labourdonnaye, né à Guérande en 1747 ; maréchal de camp en 1788 ; mort aux eaux de Dax en 1793.

de maréchaux de camp les colonels de Dampierre,
du 5e dragons; Duval, du 6e dragons ; la Morlière
du régiment Forez-infanterie (14e actuel) ; Ruault
du régiment Bourbon-infanterie (56e actuel) ; Flers
du régiment de Piémont-infanterie (3e actuel).
Duval, vieux soldat, qui avait fait la guerre du
Hanovre et de la Corse, dans la légion de Soubise,
prit le commandement du camp de Pont-sur-Sambre.

« Vous n'avez pas un instant à perdre pour vous
rendre à Sedan, écrivait encore Servan à Dumouriez
le 25 août. Partez. C'est l'avis du conseil exécutif,
le mien, et c'est aussi l'opinion du public. »

Le commandant de l'armée du Nord fit ses pré-
paratifs de départ, dans la nuit du 25 au 26, donna
le commandement de l'armée de Valenciennes à
Labourdonnaye, et remplaça ce dernier à Lille par
le général Ruault. Le lendemain, il quittait Valenciennes, en compagnie de Fortair et de son valet de
chambre, Baptiste. Il était à Sedan le 28.

La défection de Lafayette avait totalement désorganisé l'armée du centre. Il n'y restait plus que trois
maréchaux de camp, Ligniville, Dietmann et Dangest (1). Dumouriez organisa immédiatement ses
états-majors ; compléta ses maréchaux de camp à huit
et se fit désigner trois généraux de division. Ligniville fut nommé au commandement de la place de
Montmédy. Vouillers, maréchal de camp depuis le 22
juillet, fut pourvu de l'emploi de chef d'état-major.

---

1. Tous les trois passèrent divisionnaires le 13 septembre.

Enfin, il prit comme aides de camp les lieutenants-colonels Thouvenot, Monjoie, d'Arnaudin, et comme officier d'ordonnance le lieutenant Macdonald (1), du régiment de Dillon infanterie (actuellement le 87e).

Dumouriez ne renonçait pas encore à son plan d'invasion du Brabant méridional. Le soir de son arrivée, il assembla un conseil de guerre à l'hôtel-de-ville. Il y convoqua les lieutenants-généraux Dillon, Chazot, les maréchaux de camp Vouillers, Dangest, Dietmann, Maczinski, Money et Dubougnet; le colonel du génie Lafitte-Clavé; l'adjudant-général Thouvenot et le commissaire des guerres Potiet.

Une grande carte fût déployée sur la table du conseil, autour de laquelle chacun prit place. Les forces respectives des deux armées furent calculées; les distances d'un point à un autre mesurées. Dumouriez ouvrit la séance.

« Citoyens généraux, dit-il, vous connaissez comme moi, l'esprit de l'armée dont je prends le commandement. Je vous ai donc réunis, pour vous expliquer notre situation et recevoir vos avis. Nous avons trois partis à prendre : marcher au-devant de l'ennemi, ou l'attendre dans une bonne position défensive, ou encore le déconcerter, en le tournant, par l'invasion du Brabant.

« La place de Longwy est tombée entre les mains

1. Macdonald, le futur maréchal de l'empire, né à Sedan le 17 novembre 1765.

des Prussiens ; la forteresse de Verdun est assiégée ; sa résistance est limitée. Un corps d'armée autrichien cerne la place de Thionville. Je ne vois aucun moyen d'opérer notre jonction avec Kellermann, ni d'en recevoir des renforts assez à temps pour dégager Verdun. Il ne faut donc compter que sur nos propres forces. Notre armée ne forme guère que le quart de celle de l'ennemi, à peu près 5.000 chevaux et 18.000 fantassins ; notre artillerie seule est nombreuse et paraît excellente, car outre les canons de bataillons, nous possédons 60 pièces de parcs.

« Mon avis est celui-ci : en marchant au devant des Prussiens, nous courons à la défaite ; en reculant sur la Marne, nous exposons l'armée à la panique et à une débandade inévitable. Ne vaut-il pas mieux attaquer les Pays-Bas autrichiens. De cette façon, les impériaux se séparent de leurs alliés, et dès lors les Prussiens demeurés seuls pourront être attaqués avec succès par Kellermann qui les prendra en queue, et par Lückner qui les attendra au passage de la Marne. Qu'en pensez-vous Dillon ?

« DILLON. — Je ferai observer au conseil que Châlons me paraît être le point qu'il faut atteindre avant l'ennemi, si on veut lui couper l'entrée des plaines de France et, par suite, la route de Paris. Le compas en main, si nous mesurons la distance de Verdun à Châlons, et *vice-versa*, de Châlons à Sedan, nous verrons que l'ennemi a moins de chemin à faire que nous pour atteindre la capitale de la Champagne. Lückner est incapable de défendre seul le passage de la Marne, et la conservation de la route de Paris importe plus à la nation que le gouvernement des Ardennes. Ma conclusion est donc celle-ci : je crois que nous ferions bien de marcher cette nuit sur Châlons, en laissant Chazot, dans le camp fortifié de Sedan, avec quelques bataillons pour couvrir notre mouvement.

« CHAZOT. — Ce parti me semble extrême ; je suis au contraire de l'avis du général en chef. Je dirigerais l'armée de Sedan sur Bruxelles et les troupes de Valenciennes sur la gauche de Tournay. Nous sortons ainsi du fléau de la guerre dans notre pays pour la porter chez nos voisins.

« VOUILLIERS. — L'invasion de la Belgique peut seule, en effet, donner à l'armée de l'ensemble et la sauver de la dissolution.

« DANGEST. — D'ailleurs, la guerre défensive est trop méthodique, trop savante : elle nous fera faire des marches rétrogrades et nous ramènerait à Paris l'ennemi à dos. Si nous reculons, l'armée est perdue ; un seul échec la fera se débander entièrement.

« DIETMANN. — Je n'ajouterai qu'un mot aux motions de mes honorables collègues. Nous manquons de tout en Champagne ; nous ne trouverons qu'en Belgique les ressources qui nous font défaut ici.

« MACZINSKI (1). — Attaquer l'ennemi de front se-

1. Maczinski était polonais, il arrivait en droite ligne de Varsovie. Promu maréchal de camp à l'armée du nord dès son arrivée à Paris, il se fit battre par les Autrichiens le 1ᵉʳ mars 1793 à la tête d'un corps de partisans. Traduit pour

rait une folie. La Meuse, m'a-t-on dit, est guéable en plusieurs endroits entre Verdun et Stenay. Les Prussiens peuvent donc la franchir quand ils le voudront. Je partage donc l'opinion de notre général en chef. Le meilleur moyen d'en finir est de se jeter sur la Belgique, en laissant de bonnes garnisons à Sedan et à Maubeuge.

« DUBOUQUET. — A mon avis, l'armée de Sedan doit marcher sur l'Argonne et le Clermontois, et défendre le pays entre la Meuse et la Marne, de concert avec celle de Metz pendant que, derrière elles, on lèverait de nouvelles troupes et remplirait nos magasins sur l'Aisne, l'Oise et la Seine. L'affaire la plus importante est de gagner du temps, et qui gagne du temps remporte des victoires. Il faut donc organiser nos forces, augmenter notre matériel et nos approvisionnements, encourager les populations par le spectacle de nos efforts. Le pays que nous occupons est propre à la défensive. Si nous l'abandonnons, ne le quittons qu'après l'avoir ruiné, de façon à ce que nos ennemis n'y trouvent pas de quoi subsister. Nous n'irons en Belgique qu'après avoir vaincu sur l'Argonne.

« DUMOURIEZ. — Je ne me dissimule pas, citoyens généraux, l'insubordination des troupes et l'inexpérience des officiers ; mais je compte sur le courage français. Une guerre défensive produirait la confu-

ce fait devant le tribunal révolutionnaire et condamné à mort le 17 mai suivant, il fut exécuté huit jours après, le 25 mai 1793.

sion. En restant sur la défensive, à 150 lieues de Paris, un seul désastre suffirait pour ouvrir à nos adversaires le chemin de la capitale. Envahissons donc hardiment le territoire ennemi, en poussant l'armée dans les Flandres et les Pays-Bas autrichiens ; sachons donner à notre jeune armée la vigueur, l'élan et cette vaillance entreprenante qu'ont toujours les troupes qui attaquent.

« D'ailleurs, rappelons-nous l'histoire. Agathocle, assiégé dans Syracuse par l'armée punique, n'a-t-il pas vaincu, en débarquant en Lybie ? Scipion ne délivra-t-il pas sa patrie d'un désastre certain en descendant en Afrique, pendant qu'Annibal était aux portes de Rome ? Ripostons donc à l'invasion de la Lorraine par l'invasion du Brabant ; frappons un grand coup à l'extrémité de la ligne ennemie ; nous pouvons changer le sort de la campagne par cette irruption foudroyante et imprévue.

« Ainsi, c'est bien entendu, à l'exception de Dubouquet, à la majorité des voix, nous pensons que le salut de la France est en Belgique. Vouilliers, vous partirez demain pour Paris ; vous porterez au ministre de la guerre, copie du procès-verbal de notre délibération.

« Money (1) — Je ferai remarquer au conseil que je ne donne mon adhésion que par respect pour

----

1. Money était anglais ; il avait servi dans les dragons d'Elliot pendant la guerre de sept ans et en Amérique. Servan le chargea, en 1792, d'organiser une légion belge ; il était maréchal de camp depuis le 19 juillet.

notre général en chef. Vous connaissez le pays mieux que moi qui ne suis qu'un étranger. Entrer en Belgique, c'est, à mon sens, laisser le pays ouvert à l'invasion. Je gage ma tête que vous n'aurez ni l'assentiment de l'assemblée, ni l'approbation du ministre de la guerre.

« DUMOURIEZ. — Quel est alors votre plan ?

« MONEY, mettant le doigt sur la rive gauche de la Meuse, entre Sedan et Verdun. — L'armée doit se placer là pour défendre les passages de la rivière, et jeter des secours à la fois dans Sedan et dans Verdun. Sinon, il faut se retirer dans la forêt de l'Argonne et en garder les issues.

« Je signe le procès-verbal, car après tout, ce n'est pas mon pays que je défends ; mais je prie M. Vouilliers de dire au ministre que j'ai signé contre mon opinion (1). »

Sur ces entrefaites, Servan écrivait à Dumouriez le 1er septembre : « Je sais que je contrarie vos plus vifs désirs. Mais croyez bien que, si j'insiste, c'est que j'y vois le salut de la nation. L'invasion de la Belgique n'arrêtera pas les Prussiens. » Le lendemain, il lui écrivait encore : « Au nom de la patrie, établissez-vous entre Seine-et-Marne, portez-vous sur Sainte-Menehould. Adoptez notre plan qui est dicté par les circonstances les plus impérieuses. »

Pendant que tous ces tiraillements se produisaient, Verdun capitulait le 3 septembre ; le plan de Du-

1. *Mémoires* de Dumouriez.

mouriez devenait impraticable. Le général le comprit ; il appela son fidèle Thouvenot et lui dit : « L'invasion de la Belgique est maintenant sans avantage. Notre retraite sur Châlons abandonnerait la Lorraine, les Evêchés et les Ardennes à leur propre sort et attirerait les Prussiens derrière nous. Ce serait sacrifier Reims et Soissons, ainsi que toutes les communications entre notre armée et Kellermann. Notre position à Châlons laisserait l'ennemi maître de la route de Paris par Reims, ou d'Epernay par Vitry. La Marne, d'ailleurs, est guéable au-dessus et au-dessous de Reims ; nous allons essayer de défendre l'Argonne.

« Tenez, Thouvenot, regardez la carte, suivez mon doigt. Vous voyez les défilés de l'Argonne. Eh bien ! voilà les Thermopyles de la France, si j'ai le bonheur d'y arriver avant les Prussiens. »

Le même soir, Dumouriez écrivait à Servan :

« Verdun est pris. J'attends les Prussiens. Le défilé de Grandpré ou celui des Islettes seront mes Thermopyles. Je serai, je l'espère, plus heureux que Léonidas. »

L'ordre de bataille de l'armée, dont Dumouriez prenait le commandement, était le suivant :

AVANT-GARDE.

Lieutenant-général : Dillon; chef d'état-major : Gobert (1).

1. Gobert, officier du génie, né à la Guadeloupe en 1770, est mort en Espagne en 1808, frappé mortellement, en défen-

Maréchal de camp Lamarche (1).	Compagnie franche des *Ransonnets* (corps mixte composé d'infanterie et de cavalerie). 6e régiment d'infanterie (Armagnac). 8e — — (Austrasie).
Maréchal de camp Money.	9e bataillon d'infanterie légère. 14e — — — 5e régiment de hussards (Colonel-général). 6e — — (Lauzun).
Maréchal de camp Maczinski	3e — de chasseurs (Flandre). 12e — — (Champagne).

CORPS DE BATAILLE.

Aile droite : lieutenant-général Leveneur.

Maréchal de camp Dietmann	17e régiment d'infanterie (Auvergne) (2). 43e — — (Royal-vaisseaux)
Maréchal de camp Ligniville (1).	55e régiment d'infanterie (Condé). 94e — — (Hesse-Darmstadt).

dant le défilé de Baylen (corps de Dupont) ; son fils lui a fait élever au Père-Lachaise un monument remarquable. Gobert est représenté à cheval, au moment où il est blessé.

1. Joseph Lamarche, né à Wich (Vosges) le 14 juillet 1755, avait mis huit ans à arriver sous-officier de dragons. Son instruction était fort incomplète. Capitaine en 1783 au régiment de hussards Colonel-général (1er régiment de l'arme), la Révolution le fit lieutenant-colonel (1739) ; colonel au 5e hussards (25 juillet 1790) ; maréchal de camp (10 août 1792). Son aide de camp était le lieutenant Ney, ancien sous-officier au régiment de hussards Colonel-général ; devenu plus tard maréchal de France, duc d'Elchingenet, prince de la Moskowa. En 1800, Ney se souvint de son ancien chef et le fit nommer au commandement d'une brigade de vétérans à Paris, où il resta jusqu'à sa mort.

2. Parti avec Galbeaud, au secours de Verdun, le 29 août, rentré à Sainte-Menehould le 1er septembre.

Cavalerie Stengel	3e — de cavalerie (Commissaire-gé-néral).
	7e — — (Royal-Etranger).
	15e — — (Royal-Allemand).

Aile gauche : lieutenant-général Chazot.

| Maréchal de camp Dubouquet | 29e régiment d'infanterie (Dauphin). |
| | 71e — — (Vivarais). |

| Maréchal de camp Dangest | 98e — — (Bouillon). |
| | 99e — — (Deux-Ponts). |

Cavalerie	1e — de cavalerie (Royal-Picardie).
	23e — — (Royal-Guyenne).
	13e — de dragons (Monsieur).

Flanqueurs de droite	54e — d'infanterie (—).
	150 chasseurs du régiment de Condé (55e).
	600 hommes détachés des rég. de ligne.
	1 1er régiment de hussards (Berchiny).
	1e — de chasseurs (Normandie).

Flanqueurs de gauche comman-dés par le créole Miranda (2).	23e régiment d'infanterie (Foix).
	600 hommes détachés des rég. de ligne.
	150 chasseurs du 47e rég. d'inf. (Lorraine).
	2e régiment de hussards (Chamborant).
	6e — de chasseurs (Languedoc).

1. Le comte de Ligniville, né en 1757, émigra en 1793. Ren-tré en France en 1800, Napoléon 1er le fit baron de l'Empire et le nomma inspecteur des haras. Il est mort à Paris en 1813.

2. Miranda, envoyé par Servan à Dumouriez le 11 septem-bre, a pris depuis une grande part aux succès comme aux revers de l'armée française Né à Caracas, dans le Vénézuéla, noble, riche, très influent dans l'Amérique du Sud, il avait tenté, jeune encore, d'arracher son pays au joug espagnol. Proscrit, il se réfugia en Europe, voyageant de nation à na-tion. A 42 ans, il avait déjà parcouru la moitié du globe, s'instruisant dans les langues, la législation et l'art militaire, cherchant partout des ennemis à l'Espagne. La Révolution l'appela en France. En 1793, Dumouriez attribua à Miranda la défaite de Nerwinde. Traduit pour ce fait devant le tri-bunal révolutionnaire, il dut quitter la France, passa en

Réserve	Six bataillons de grenadiers. 2ᵉ régiment de dragons (Condé). 7ᵉ — — (Dauphin). 10ᵉ — — (Mestre de camp) 12ᵉ — — (La Bretesche).
Volontaires de 1791 : 13 bataillons amalgamés avec les rég. de ligne.	1ᵉʳ bataillon de l'Aisne et 3ᵉ bataillon de Paris. 1ᵉʳ, 2ᵉ et 4ᵉ de la Marne : 1ᵉʳ de la Sarthe ; 1ᵉʳ et 5ᵉ de la Meurthe ; 2ᵉ de Saône-et-Loire (parti le 29 août avec Galbaud, au secours de Verdun, rentré à Sainte-Menehould le 1ᵉʳ septembre) ; 1ᵉʳ de la Charente ; 1ᵉʳ de la Seine-Inférieure ; 5ᵉ des Vosges et 3ᵉ du Nord.

Cette armée comptait de 19,000 à 20,000 hommes ; formant 37 escadrons de cavalerie et 25 bataillons d'infanterie.

L'Argonne sépare le bassin de la Meuse de la vallée de l'Aisne, et s'élève comme une barrière entre la Lorraine et la Champagne. C'est plutôt une suite de plateaux boisés qu'une véritable chaîne de montagnes. Les hauteurs qui la composent ont une longueur de quinze lieues, de Sedan à Sainte-Menehould, sur une largeur fort inégale (deux à quatre lieues environ), et n'ont guère que cent mètres d'élévation au-dessus des thalwegs voisins. Cette chaîne est pour ainsi dire la continuation des Ardennes ; elle commence à une lieue de Sedan pour finir à une lieue au delà de Sainte-Menehould, vers le petit bourg de Passavant. Ses sommets les plus importants ont une

Angleterre et de là dans l'Amérique du Sud. En 1807, il s'allia avec le célèbre colombien Bolivar. Mais, trahi par les siens et livré aux autorités espagnoles, il fut envoyé sur les pontons de Cadix, où il mourut en 1816.

altitude qui varie de 250 à 350 mètres. Toute cette région constitue un sol montueux, entrecoupé de rivières, d'étangs, de ruisseaux, de marécages, de fondrières, formant autant d'obstacles naturels qui s'ajoutent à ceux de la forêt elle-même. Sur les deux revers, la lisière de celle-ci descend en pentes vertes, où les pâturages et les terres labourées laissent entrevoir, au milieu des hautes herbes, des fermes et des hameaux.

On ne peut traverser la forêt que par cinq grandes clairières, que la configuration du sol, le lit des eaux et les défrichements ont tracées dans son épaisseur. Ce sont en quelque sorte les avenues que doit suivre une armée qui, partant de Verdun, a pour objectif Châlons et Paris.

En allant du Nord au Sud, le premier de ces défilés, celui qui est le plus rapproché de Sedan, est le *Chêne populeux*, large, sans obstacle sérieux, par lequel passe la route de Rethel à Sedan.

Le deuxième, la *Croix aux bois*, n'est qu'un chemin creux, fait pour les charrettes et les bûcherons et allant de Stenay à Vouziers.

Le troisième, le défilé de *Grandpré*, formé par la coupure de l'Aire (1), est placé au centre de la forêt ; il livre passage à la route de Reims à Stenay et à Verdun.

Le quatrième, la coupure de la *Chalade*, où écument les eaux d'un torrent impétueux, met en com-

1. Affluent de l'Aisne.

munication Varennes et Sainte-Menehould, au moyen
d'un chemin de montagnes assez difficile à gravir.

Le cinquième est le défilé des *Islettes*, long de onze
kilomètres et qui ouvre directement la route de Verdun à Paris.

Au delà des Islettes, la forêt va mourir au village
de Passavant, et dans des plaines qui s'étendent sans
ondulations sensibles jusqu'à Bar-le-Duc.

Telle était la barrière que Dumouriez allait défendre, avec une armée de 20,000 combattants, contre
70,000 ennemis.

L'Argonne n'a plus aujourd'hui l'importance qu'elle
avait en 1792. Les défrîchements, les déboisements,
le percement de nouvelles routes, l'établissement
d'un chemin de fer, ont fait disparaître bien des
obstacles qui étaient alors de véritables défenses
naturelles. Blücher l'a tournée en 1814, en prenant
la route de Vitry et de la Fère Champenoise ; la
troisième armée prussienne, dite armée de la Meuse,
a pu la traverser sans obstacle en 1870.

En 1792, pour tourner l'obstacle, il fallait remon-
ter jusqu'à Sedan ou redescendre jusqu'à Bar-le-
Duc ; on faisait ainsi un détour d'une quinzaine de
lieues, ce qui n'était pas sans importance.

Il fallait pour barrer le passage aux Prussiens dans
l'Argonne, occuper à la fois les cinq avenues dont il
est question ci-dessus, avant que l'armée envahis-
sante n'ait eu le temps de s'en emparer. Le temps
pressait.

En calculant bien, Dumouriez ne pouvait pas, avec

le peu de troupes dont il disposait, garder toutes les issues de l'Argonne. Il alla donc au plus pressé, faisant occuper les défilés les plus éloignés de Sedan, mais négligeant ceux du Chêne Populeux et de la Croix aux bois, qu'il se réservait de barrer avec des renforts qu'il attendait des garnisons du Nord.

Dumouriez prit lui-même le commandement du corps de bataille ; il s'ébranla le 1er septembre et marcha sur Grand Pré où il arriva le 3 septembre. Dillon (1) qui était à Mouzon avec son avant-garde, reçut l'ordre de gagner les Islettes. Duval (2), qui commandait le camp de Pont-sur-Sambre, dirigea en toute hâte sur Rethel les troupes dont il disposait. Dumouriez l'y attendait le 7 septembre.

Le renfort amené par Duval se composait des troupes suivantes :

68e régiment d'infanterie (Beauce) ; Tirés de
2e bataillon de volontaires de la Pont-sur-
Haute-Vienne ; Sambre.

1. Arthur Dillon commandait depuis le 20 août les troupes entre Sambre-et-Meuse. Lorsque la convention eut décrété les poursuites contre les officiers nobles, il n'échappa pas aux proscriptions dont sa famille était l'objet. Destitué d'abord, il porta ensuite sa tête sur l'échafaud en avril 1794.

2. François-Raymond Duval, né en Picardie le 29 juillet 1736, était un vieux soldat. Il avait 56 ans. Issu d'une famille bourgeoise et sans fortune, il s'était déclaré un chaud partisan de la Révolution. En 1791, il commandait un bataillon de volontaires du Nord, et peu après, Lafayette le nommait au commandement du 6e dragons. En 1793, Duval se retira à Montreuil-sur-mer, où il mourut quelques années après.

19e régiment d'infanterie (Flandre) ; \
2 escadrons du 3e dragons (Bour- } Tirés de
bon) ;   } Dunker-
                                        (que.

4 compagnies belges amenées de Valenciennes ;
200 artilleurs venant de Douai.

Cela faisait en tout une force de 3,050 hommes.

Duval fut exact au rendez-vous. Malgré la pluie et le mauvais état des chemins, il arrivait à Rethel le 7 septembre ; le soir même il occupait le Chêne-Populeux.

La difficulté était d'arriver à temps dans les défilés de l'Argonne. Deux routes s'offraient à Dumouriez. La première et la plus sûre était de prendre la direction de Vouziers et de Sainte-Menehould, en faisant filer l'armée de Sedan, en arrière de l'Argonne, de façon à être couvert par la forêt. La seconde était de marcher sur les défilés à découvert par le revers extérieur de la forêt, en trompant Clairfayt, qui se trouvait alors à Stenay avec 20,000 hommes. La première de ces deux routes, plus longue de moitié que la seconde, faisait perdre un temps précieux. Celle-ci conduisait en trois étapes l'avant-garde de Dillon sur les Islettes, et en deux étapes Dumouriez sur Grandpré. Mais pour exécuter cette marche, en toute sécurité, il fallait devancer Clairfayt qui n'était qu'à six lieues de Grandpré, tandis que Dumouriez en était à dix lieues.

Pour masquer son mouvement, Dumouriez donna l'ordre à Maczinski de faire une attaque simulée sur Stenay, et à Dillon de soutenir cette attaque avec un détachement de son avant-garde. Clairfayt fut rejeté au delà de la Meuse, et Maczinski dégagea Stenay. Mais Dillon resta immobile et prescrivit à Maczinski qui venait de remporter un succès, de se replier sur Mouzon. Cette faute pouvait tout compromettre.

Croyant Dillon à Stenay, Dumouriez s'ébranla le 3 septembre et se porta sur Mouzon. Il y trouva Dillon. Très étonné en voyant que ses ordres avaient été mal compris, il marcha sur Stenay.

Pendant ce temps-là, Dillon gagnait le défilé des Islettes, où il arriva le 5, après toutes sortes de péripéties et de difficultés, et Beurnonville, laissé à Valenciennes, reçut l'ordre d'amener sur la Meuse 9,000 hommes d'infanterie et de cavalerie tirés du camp de Maulde. Dumouriez emprunta ensuite aux arsenaux de Douai et de la Fère les munitions de guerre dont il était dépourvu, et il assigna le camp de Châlons comme lieu de concentration des volontaires de nouvelle levée, qui lui arrivaient de l'intérieur. Puis il fit occuper la Croix aux bois par le colonel du 2e dragons avec un escadron, deux bataillons (1) et quatre canons.

Clairfayt, immobile dans son camp, ne s'aperçut de rien. Les différents corps de Dumouriez prirent position aux endroits qui leur avaient été assignés, et le général lui-même occupa à droite le défilé de Grand Pré avec 15,000 hommes. Il y

1. Le 7e (Vivarais) et le 2e bataillon de la Meuse.

assit son camp dans la presqu'île comprise entre l'Aire et l'Aisne, rivières qui l'enserraient en avant et en arrière, contournant le bois de Negrepont ; son artillerie était en arrière au village de Senne ; son avant-garde, avec l'intrépide colonel Stengel (1), au village de Saint-Juvin de l'Aire qui en défendait les approches du côté de l'ennemi, ayant une retraite assurée, le cas échéant, par deux ponts qui le rattachaient au camp. Cette avant-garde, disposée en demi-cercle, était protégée en avant par l'Aire, à droite par le ruisseau de l'Agrin et à gauche par le bois de Monthomme.

Pour forcer cette position, l'ennemi devait culbuter les avant-postes de Stengel, puis passer l'Aire qui était sans ponts, et déboucher dans un bassin

1. Stengel avait 39 ans. Colonel du 1er hussards en 1791, maréchal de camp le 13 septembre 1792, c'était certainement un officier du plus grand mérite comme chef d'avant-garde. Mais il avait la vue basse, défaut toujours dangereux pour un soldat, surtout pour un cavalier d'avant-garde, et qui causa sa mort à Mondovi le 17 avril 1796. Napoléon en fait le plus grand éloge dans ses mémoires. « Le général Stengel, dit-il, était adroit, intelligent, alerte ; il réunissait les qualités de la jeunesse à celles de l'âge mûr ; c'était un vrai général d'avant-postes. Quand il était quelque part, tout était prêt en quelques heures : les défilés, les gués étaient reconnus, les guides retenus, le curé et le maître de poste interrogés, des intelligences étaient déjà liées avec les habitants, des espions envoyés dans toutes les directions, les lettres de poste saisies, traduites et analysées. Toutes les mesures étaient prises pour former des magasins de subsistance, pour rafraîchir les animaux et les troupes (a). »

a. Commentaires de Napoléon Ier, tome I, p. 149.

découvert et resserré, sous le triple feu de l'artillerie du château de Grandpré, du village de Senré
et des batteries disposées en avant du camp. Maître
de cette route qu'enfilaient trois étages de feu, qu'il
fallait franchir, avant d'arriver au cœur de la
France, Dumouriez attendit les évènements.

Il fit occuper, par de faibles détachements, les
défilés médiocres entre Sedan et Sainte-Menehould.
Le tocsin sonna dans tous les villages qui couvraient les deux revers de l'Argonne ; on coupa
les ponts et les chemins qui les traversaient ; on
abattit les arbres pour palissader et barrer les
moindres passages. C'est alors que Servan écrivit à
Kellermann : « Hâtez-vous de rallier Dumouriez
dans l'Argonne. Si la jonction de vos troupes à celles
des Ardennes se fait à temps ; à vous deux, vous
pourrez opposer à nos envahissements 45,000 combattants, et peut-être jouer, avec quelques chances
de succès, le salut de la patrie, dans une bataille
suprême et décisive. »

Le ministre de la guerre de cette époque comprit
très bien sa mission. Loin de lui la prétention de
conduire les armées du fond de son cabinet ; il
l'avouait lui-même, il était plus administrateur que
soldat. Il connaissait les plans des généraux ; mais il
se garda bien de leur imposer quoi que ce soit : « Je
ne veux pas, écrivait-il à Dumouriez et à Kellermann, diriger vos mouvements. Vous êtes les maîtres. Je ne prescris rien ; je ne contrarierai jamais
vos opérations. Je ferai tous mes efforts pour les

faire réussir. Je vous donnerai cependant les conseils que la prudence me suggérera ; mais à part cela, je n'aurai jamais, comme ministre, la prétention d'influencer vos opérations (1). »

Le pain était cher et de mauvaise qualité ; les vivres se faisaient rares. Dumouriez lui-même ne mangeait que du pain noir. Dans ce coin de la Champagne, pas de viande ; quelques légumes ; pas de vin ; pour boisson, de l'eau ou de la mauvaise bière. Les maladies travaillaient les troupes. Des murmures se faisaient entendre dans les camps ; les caractères s'aigrissaient. Il fallait sortir de cette situation.

Les positions étaient bonnes sans être inabordables. Les troupes étaient disséminées, fractionnées et séparées par des obstacles naturels qui les empêchaient de se prêter un mutuel secours. Un ennemi entreprenant pouvait porter tous ses efforts sur un seul point, et une fois ce point forcé, et il l'est toujours quand l'attaque est vigoureuse et que l'on a pour soi la supériorité numérique, la ligne était rompue. L'armée française fléchissant en un seul point, cela entraînait la retraite de tout le reste.

L'expérience des guerres prouve que les montagnes, même quand elles sont mauvaises partout, même quand un hiver exceptionnellement rigoureux, rend les difficultés du passage plus grandes

1. Les délégués à la guerre sous le gouvernement de la défense nationale en 1870, auraient bien fait de méditer ces pensées du vieux républicain.

encore, ne sont jamais un obstacle absolu à la marche des troupes. Le défenseur qui, renonçant à toute offensive par suite de sa faiblesse numérique, met tout son talent à la conservation *du ou des passages qu'il occupe*, s'expose à être tourné et finalement à être cerné, s'il n'est pas à tous les moments informé des mouvements de l'ennemi.

On nous accordera bien que les Alpes et les Balkans sont des obstacles autrement sérieux à franchir que les modestes collines boisées de l'Argonne. En 1800, Bonaparte déboucha en plein sur les derrières du général autrichien, Mélas, en passant le Grand-Saint-Bernard. A une époque plus rapprochée de nous, on a eu le passage des Balkans par l'armée russe, en 1877, avec 140,000 hommes, 5,000 chevaux et 200 canons. Cette opération, exécutée au plus fort de l'hiver par la gelée et la glace, prouve que les hauteurs, même quand elles ne peuvent être franchies que par de mauvais sentiers escarpés et ravinés, n'arrêtent pas les mouvements de la cavalerie.

Le jour même où Dillon prenait possession des Islettes, l'armée prussienne passait la Meuse et allait camper un peu au-delà de Verdun. Le corps de bataille garda jusqu'au 10 septembre cette position qui était mauvaise à tous les points de vue. Cette halte, dans l'invasion, était une grande faute.

« Nos tentes, dit Gœthe dans ses souvenirs de « la *Campagne de France*, étaient dans un état « déplorable ; les cordes se pourrissaient les unes

« après les autres ; la toile battait la tête et les
« épaules du soldat. Le temps continuait à être
« sombre et pluvieux. La dyssenterie faisait des pro-
« grès énormes. Bientôt la moitié des compagnies
« devint incapable de faire le service. L'hôpital de
« Verdun se remplissait de malades ; dans certains
« régiments, il y en avait bien de 200 à 300. »

L'armée prussienne ne pouvait marcher sur Châlons et de là sur Paris que par deux routes : la
passe des Islettes qui débouche sur Sainte-Menehould, et la route de Bar-le-Duc à Vitry-le-François. Lorsqu'elle plia bagage, le 10 septembre, pour
se porter en avant, il était trop tard pour s'emparer
de force des Islettes, et certainement le duc Ferdinand dut amèrement regretter de ne pas avoir suivi
les conseils de Kalkreuth (1), qui lui avait demandé
dès le 1er septembre de s'emparer du col des Islettes avec 7.000 hommes. Le général prussien lui
représentait alors d'une manière vive et pressante
que le succès entier de la campagne dépendait de
cette opération. Le duc lui répondit qu'aucune marche en avant ne se ferait avant la prise de Verdun.

---

1. Kalkreuth était le meilleur officier de cavalerie de la
Prusse. Spirituel, frondeur, se moquant de tout, critiquant
ses collègues, détesté des autres généraux qui redoutaient
sa verve caustique, mais adoré de ses soldats auxquels il
s'intéressait, et qu'il savait conduire, il remplissait tout à
la fois à l'armée d'invasion le rôle d'un très fin diplomate
et d'un excellent militaire.

Le lendemain de l'entrée des Prussiens dans Verdun, Kalkreuth renouvela ses instances. Il fit observer que des renseignements précis lui faisaient connaître que le col des Islettes n'était défendu que par 1500 Français mal retranchés, mais que leur nombre s'augmentait. Le duc répliqua que l'armée alliée manquait de provisions de bouche et que le pain était trop rare pour en donner à une colonne détachée. Kalkreuth, sûr de la confiance et de l'affection de ces hommes, se porta garant qu'il serait suivi sans peine sur la seule promesse de tirer, des ressources de son esprit, les subsistances nécessaires. Le duc, craignant que le général ne vît le roi et ne le déterminât, chercha à retarder l'instant d'une explication qui ne pourrait que le contrarier et lui dit : « J'irai vous demander à dîner aujourd'hui ; nous réglerons les choses pour le mieux. » Le repas amena sur la fin une discussion assez vive et assez longue. Le duc parut céder et promit qu'il se rendrait chez le roi pour lui faire part du plan du général ; il n'en fit rien. Cela chargeait lourdement le prince qui manquait là à tous ses devoirs de général en chef.

Le duc de Brunswick voulait côtoyer l'Argonne, en remontant vers le nord, examiner chaque défilé l'un après l'autre, en y faisant une courte démonstration, et franchir ensuite celui qui paraîtrait le moins bien gardé. La prise d'un seul passage entraînant la perte des autres, on reprendrait, après un détour de quelques lieues, le grand chemin que l'on avait quitté à Verdun, et si tous les passages se trouvaient clos, on irait jusqu'à Sedan pour de là se diriger ensuite sur Paris.

Dans ce but, voici, quels furent les ordres donnés par Ferdinand de Brunswick; le corps autrichien de Hohenlohe-Kirchberg, rappelé le 7 septembre de Thionville, devait observer les Islettes avec le corps hessois, mais n'attaquer que lorsque Dillon serait tourné sur ses derrières. Le corps de bataille devait se diriger sur Grandpré, pendant que les Autrichiens de Clairfayt, soutenus par Kalkreuth, marcheraient sur le Chêne Populeux et forceraient la Croix-aux-Bois. Le mouvement essentiel était celui de Clairfayt.

« L'armée royale », ainsi qu'on l'appelait, ne quitta son camp de Regret pour marcher sur Grandpré que le 11 septembre.

« La pluie tombait à torrents. On arriva au camp
« de Langres, exténué de lassitude, de froid et de
« faim. Mais comme toujours, les équipages retar-
« dés par le mauvais temps et la boue n'arrivèrent
« que fort tard dans la nuit. L'infanterie prussienne
« dut subir une épouvantable averse, de sept heures
« du soir à minuit, sans abri d'aucune sorte. On fit
« des feux d'enfer et on y jeta tout ce qu'on avait
« sous la main : chaises, bancs, tables, persiennes,
« portes et jusqu'à la chaire de l'église. Lorsque les
« équipages arrivèrent au milieu de la nuit, on
« dressa enfin les tentes. Les soldats prussiens,
« jaunes de boue, s'étendirent sur de la paille

« humide ; le vent du nord fouettait l'eau du ciel
« contre les tentes palpitantes. Les uns passèrent
« la nuit dehors pour les maintenir, pour qu'elles
« ne fussent pas emportées par l'orage, pendant
« que le reste sommeillait à l'intérieur. Mais beau-
« coup ce jour-là, manquant de paille et n'osant
« s'étendre sur la terre boueuse, s'assirent sur leurs
« sacs ou leurs gibernes (1). »

Depuis Coblentz, la pluie n'avait pas cessé de tomber. Elle s'était fait un jeu de suivre l'armée ennemie dans tous ses mouvements, et il suffisait que
celle-ci se mît en route pour qu'elle recommençât.

« Pas un rayon de soleil, écrit Lombart dans ses
Mémoires. Les misères augmentèrent dans une pro-
portion effrayante. Les chevaux moururent par cen-
taines ; on les mangeait ; les entrailles et la peau ja-
lonnaient les chemins. »

Le corps de bataille suivait ainsi l'avant-garde
à la trace. Quelques villages qui brûlaient au loin
complétaient le jalonnement de la route, et Gœthe de
s'écrier dans son langage poétique : « Ces incendies
« empourpraient l'horizon. La fumée, en s'élevant
« lentement, produit un bon effet dans le tableau
« d'une armée en mouvement. »

Pendant ce temps-là, le plan malencontreux du
duc de Brunswick, s'exécutait lentement. Les Austro-Hessois se trouvèrent le 12 septembre en face
des Islettes. La réunion de Kalkreuth et de Clairfayt

---

1. *Campagne de France.* Gœthe.

était un fait accompli, et lorsque les Prussiens se réveillèrent le lendemain, au *Camp de la Crotte*, s'étirant, s'égouttant de leur mieux, une vive canonnade s'entendait au loin ; c'était Clairfayt qui faisait attaquer et occuper la Croix-aux-Bois par un détachement envoyé en reconnaissance, sous la conduite du prince de Ligne.

A Grandpré, Dumouriez, tranquille sur son front défendu par des bois et des ravins infranchissables ; tranquille sur sa droite, gardée par le corps de Dillon auquel Kellermann devait se rallier sous peu de jours ; tranquille sur sa gauche par les détachements de soldats et d'artillerie qu'il avait placés dans les défilés qui, par leur nature même, étaient à l'abri de l'escalade ; confiant dans l'attitude vigoureuse du corps de Maczinsky qui le flanquait à Sedan, et par l'arrivée prochaine de Beurnonville attendu du camp de Maulde, n'avait pas attaché au passage de la Croix-aux-Bois l'importance qu'il méritait ; il n'y avait pas fait faire les reconnaissances nécessaires. Au début le colonel de Colomb l'occupait avec 1500 hommes, mais, sur de faux rapports, Dumouriez retira le lendemain cette faible garnison et confia la défense du poste à un bataillon de volontaires des Ardennes et à un bataillon venant de Longwy, qui se débandèrent à l'arrivée des Autrichiens.

Dumouriez avait cru cette gorge peu importante ; sa position était tournée, et la route de Châlons à peu près ouverte. Il s'excuse dans ses *Mémoires* d'avoir commis ce jour-là une légèreté impardonnable, mais cette légèreté pouvait compromettre le sort de son armée.

Tout s'enchaîne à la guerre, et lorsqu'une faute est commise, il est rare qu'on puisse la réparer. Dumouriez voulut réoccuper la Croix-aux-Bois ; il donna l'ordre à un de ses lieutenants-généraux, Chazot (1), de tenter un vigoureux coup de main pour reprendre le défilé.

Chazot était peut-être un très brave soldat ; mais il était nul comme général d'armée. Le 13 septembre, il reçut l'ordre à six heures du soir de reprendre le défilé de la Croix-aux-Bois. Mais les chemins étaient en mauvais état ; l'artillerie et les bagages s'embourbèrent. Il n'entra à Vouziers que le lendemain matin, 14 septembre, avec des troupes fatiguées, et après douze heures de marche. L'attaque fut remise au 15. Ce jour-là, à onze heures du matin, le poste de la Croix-aux-Bois était repris.

Deux heures après les Autrichiens reprenaient le village de la Croix et s'emparaient des hauteurs qui dominent la route. La colonne française dut se retirer sur Vouziers en abandonnant un canon, des affûts et plusieurs fourgons de vivres. Le défilé de la Croix-aux-Bois était perdu sans retour, la ligne française débordée ; la position de Dumouriez devenait périlleuse, car on pouvait l'enfermer dans le vallon de Grandpré.

1. Chazot, engagé dans les volontaires des Flandres pour faire la guerre de sept ans, était colonel en 1788 et lieutenant-général depuis le 7 septembre 1792.

Cette affaire coûta aux Autrichiens la perte du jeune prince Charles-Joseph-Emmanuel de Ligne (1), colonel d'artillerie au service de l'Autriche, qui tomba mortellement atteint, la poitrine traversée de deux balles, en chargeant la batterie française qui défendait l'entrée du défilé.

Les Impériaux avaient donc fait une trouée dans nos lignes. Dumouriez prend le parti d'abandonner Grandpré et de se retirer sur Autry et Saint-Menehould.

Cette retraite commença le 15 septembre, le jour même où Beurnonville, venant des Flandres, arrivait à Rethel. Chazot et Dubouquet, qui commandaient au Chêne Populeux, se retirèrent sur Vouziers.

La perte de la Croix-aux-Bois était une leçon dont Dumouriez sut profiter. Dès que la nouvelle lui en fut parvenue, il s'enferma dans son cabinet, réunit ses aides de camp et dicta à chacun les ordres nécessaires pour changer la direction des généraux.

1. Le prince de Ligne était le fils du gentilhomme qui nous a laissé de si charmantes pages sur ses contemporains et sur lui-même. Il avait accompagné son père au feu de très bonne heure ; le jeune officier qui était d'une grande bravoure s'était précédemment signalé d'une façon remarquable dans la guerre contre les Turcs. Nommé lieutenant-colonel après la prise de Sabacz et décoré de l'ordre de Marie-Thérèse, Charles de Ligne écrivait à son père : « Nous avons Sabacz. J'ai la croix. En montant à l'assaut, j'ai pensé à vous, mon père. »

Kellermann reçut l'ordre de continuer sa marche en toute hâte sur Sainte-Menehould, à l'extrême limite de l'Argonne, dans les dernières ondulations du terrain, entre les Ardennes et la Champagne.

Beurnonville fut invité à gagner Rethel sans retard, en côtoyant l'Aisne, mais en évitant de se rapprocher de l'Argonne, pour ne pas donner l'éveil à Clairfayt qui pouvait l'inquiéter sur son flanc.

A Dillon, l'ordre fut donné de défendre les Islettes coûte que coûte, et de lancer ses troupes en avant de la forêt, en tournant son extrémité par Passavant, afin de surprendre le duc de Brunswick, par une marche à laquelle il ne s'attendait pas, et d'être plus tôt en communication avec Kellermann.

Chazot reçut l'ordre de revenir sur Autry.

Ces ordres partis, Dumouriez dirigea lui-même six bataillons, six escadrons, six pièces d'artillerie, sur les hauteurs qui couronnent la gauche de Grand-pré, du côté de la Croix-aux-Bois où Clairfayt l'inquiétait. A la nuit tombante, il fit filer silencieusement son artillerie sur Autry, par les deux ponts qui traversent l'Aisne. Aucun mouvement apparent ne révélait à l'ennemi que notre armée battait en retraite.

Pendant que ces mouvements s'accomplissaient, « le 15 septembre, à la brume, par une nuit effroyable, un jeune officier prussien, enveloppé de son long manteau et escorté d'un hussard, galopait à travers la tempête, lançait son cheval dans les

flots de l'Aire, passait la rivière à la nage à Flé-
ville, et se présentait aux avant-postes français,
situés sur l'autre bord.

« Après les formules d'usage, l'officier envoyé en
parlementaire fit connaître qu'il appartenait à
l'état-major du prince Hohenlohe, qu'il était envoyé
de la part du duc de Brunswick et qu'il demandait
un entretien avec le général en chef de la ligne
française.

« Les deux officiers se séparèrent très courtoise-
ment en se serrant la main et en se nommant
réciproquement.

« L'envoyé prussien était le major Massembach,
l'officier frondeur et caustique qui nous a laissé des
souvenirs si pleins d'intérêt sur toutes les campagnes auxquelles il a pris part et surtout sur celle
de 1792. Il venait demander à Dumouriez un rendez-vous que le duc de Brunswick désirait avoir
avec lui, et il était chargé de porter cette proposition au camp français.

« On lui banda les yeux et six dragons le conduisirent au quartier-général de Duval qui commandait cette partie de la ligne.

« — Au moins, dit Massembach à ses guides,
conduisez-moi par un bon chemin, car je n'ai pas
envie de me casser le cou.

« Tiens ! vous parlez notre langue, citoyen, répliqua un dragon ; n'ayez pas peur, fiez-vous à la
loyauté du soldat français.

« — Alors, en route !

« — Eh bien ! puisque nous pouvons causer, dites-nous donc, citoyen, pourquoi vous montez un de nos chevaux. Car je le reconnais, il porte le n° six ; c'est un cheval du 6e hussards ; c'est donc un de nos camarades que vous aurez fait prisonnier de guerre.

« — Ne faites pas attention ; vous savez, à la guerre on prend ce que l'on trouve. C'est un de vos chevaux qui se sera égaré dans nos rangs.

« — C'est bon, c'est bon, répartit un des soldats, nous aurons aussi des vôtres (1). »

Mais laissons cheminer tranquillement la petite escorte à travers les ornières et les précipices de l'Argonne et faisons connaître en quelques lignes le parlementaire prussien.

Le baron Christian de Massembach est né en 1758 à Smalkalde en Hesse, où son père exerce la profession de maître des forêts au service de la Prusse. Entré de bonne heure à l'école militaire la Caroline (*Carlschule*), dans le duché de Wurtemberg, il y avait fait de très bonnes études, scientifiques, littéraires et militaires. A vingt-deux ans, il entrait comme lieutenant dans la garde du duc de Wurtemberg. Mais soit mécontement, soit pour tout autre motif, il quitta bientôt le Wurtemberg, pour passer au service du roi de Prusse, Frédéric II (novembre 1782). Admis presque aussitôt dans le corps du génie prussien, il donna dès le début une idée de son caractère tran-

---

1. *L'Invasion prussienne*, par Chuquet.

chant, net et incisif, s'exprimant souvent devant ses chefs, avec une entière liberté sur tout ce qui était contraire à sa manière de voir et d'agir.

Ce rôle est difficile à soutenir, surtout en Prusse, où les personnes plient sous l'autorité du maître. Massembach se créa quelques inimitiés, mais cette opposition lui valut la confiance du duc de Brunswick qui avait adopté un système analogue. Comme d'ailleurs, il était fort bon officier, cela ne nuisit en rien à son avancement.

Capitaine en 1787, c'est en cette qualité qu'il fit avec le duc de Brunswick la campagne de Hollande, où il fut blessé en se défendant très bravement contre les hussards *patriotes* qui lui coupèrent trois doigts de la main gauche. Dans la campagne de France, le duc de Brunswick lui confia plusieurs missions fort importantes. Celles qu'il remplissait auprès du général Duval le 15 septembre 1792 était de celles-là.

Une ordonnance partit annoncer au quartier général de Grandpré l'arrivée du parlementaire allemand. Mais Dumouriez ne vint pas et il fit prévenir l'envoyé du duc de Brunswick qu'il ne pouvait le voir ni ce jour-là, ni le lendemain.

Dumouriez profitait de l'orage et d'une obscurité profonde pour lever le camp de Grandpré.

Massembach retourna à minuit au camp prussien, son cheval pour la seconde fois traversa à la nage les flots de l'Aire sous la pluie torrentielle qui les grossissait, et à trois heures du matin, l'armée française silencieuse glissait dans l'ombre, pour gagner l'issue de la vallée et se ranger en bataille sur les pentes d'Autry.

Massembach rendit compte de sa mission.

« — Dumouriez n'a pas voulu venir au rendez-vous, dit-il au duc de Brunswick ; je crois que les Français battent en retraite.

« — Il le faut bien, répondit tranquillement le généralissime ; Clairfayt est maître de la Croix-aux-Bois, il tournera aujourd'hui l'aile gauche de l'ennemi ; Dumouriez serait perdu s'il ne changeait pas de position. Allez faire votre rapport à Sa Majesté. » Ces paroles ne condamnent-elles pas le duc de Brunswick qui aurait dû empêcher ce mouvement de Dumouriez qu'il prévoyait !

Le roi s'habillait. Le parlementaire lui annonça l'arrivée de Beurnonville, avec 18,000 hommes de renfort, de Kellermann avec 30,000, et la retraite de l'armée française, dans une autre position défensive.

« Pourquoi ne m'a-t-on pas prévenu, dit le roi justement mécontent. Décidément, on ne voit rien, on n'observe rien, on ne sait rien. A quoi servent les reconnaissances ? »

Puis il se jeta sur le premier cheval venu et s'élança sur la route de Grandpré. Mais Hohenlohe ne bougea pas. Trompé par l'attitude énergique de Duval, le général autrichien resta convaincu que Dumouriez se préparait au combat dans son camp, et qu'il y avait réuni des forces supérieures. Le généralissime, qui ne partageait pas son erreur, aurait pu et dû l'éclairer.

A minuit, le commandant en chef de la ligne française monta à cheval, quitta son quartier général établi au château de Grandpré, et galopa vers son camp. Tout le monde y dormait. Il fit réveiller silencieusement ses officiers et fit passer de bouche en bouche et à demi voix l'ordre de plier les tentes et de prendre les armes. Défense était faite aux tambours de battre et aux clairons de sonner. Les régiments se mirent en marche dès les premières heures du jour. Les troupes franchirent les ponts de Senne et de Grandpré, et bivouaquèrent dans la matinée, sur les hauteurs d'Autry.

Couvert par l'Aire, Dumouriez fit arrêter ses troupes ; puis il tira sa longue-vue et interrogea l'horizon. L'ennemi était silencieux et ne suivait pas la marche de ses colonnes. L'armée française se remit en route et campa le même soir à Dammartin à quatre lieues de Grandpré.

Le lendemain, Dumouriez reprenait sa marche en arrière, et arrivait le 17 au camp de Sainte-Menehould. L'armée française était sauvée. Le général avait déployé dans cette circonstance beaucoup d'activité, de présence d'esprit et d'habileté.

Pourquoi le duc de Brunswick ne le poursuivit-il pas ? Pourquoi se contenta-t-il d'envoyer après lui l'avant-garde de Hohenlohe ?

A ce moment là, Beurnonville était à Rethel ; Chazot à Vouziers et Dubouquet au Chêne Populeux. Ces

trois généraux reçurent l'ordre de rallier au plus
tôt Sainte-Ménehould avec leurs troupes.

Le 16 septembre, pendant que Dumouriez cherchait à concentrer tout son monde autour de lui, les
corps austro-prussiens entrèrent l'un après l'autre
dans le charmant vallon de Grandpré. L'avant-garde
prussienne y rencontra la colonne Chazot partie de
Vouziers de grand matin pour rejoindre le corps
principal à Sainte-Menehould.

« La subite apparition des hussards de Wolfradt
« frappa de terreur les troupes de Chazot, fati-
« guées par un marche pénible et par une lutte de
« quatre heures soutenue la veille ; toute cette
« troupe désordonnée vint se heurter dans le camp
« de Dumouriez, et en un clin d'œil, une panique
« effroyable s'en suivit. Dix mille Français se mirent
« à fuir devant quinze cents hussards prussiens (1). »

Ce fut un sauve qui peut général. Impossible à
Chazot de rallier les fuyards : « Chasseurs, dragons,
hussards, tous, dit Dumouriez dans son rapport,
enfilaient le bois et disparaissaient. » Le régiment
de Chamborant (2ᵉ hussards) fut le seul qui ne se
débanda pas et qui tint tête à l'ennemi. Chazot
arriva le 18 septembre à Sainte-Menehould avec la
poignée de braves qui avait bien voulu le suivre.

Cette panique, connue sous le nom de panique de
Montchentin, eut des suites déplorables. Deux mille
hommes se dispersèrent dans tous les sens, à Reims,

---

1. *Mémoires*. Dumouriez.

à Rethel, à Châlons, même à Paris, disant partout
que l'armée était taillée en pièces, qu'ils étaient
trahis, et que tous les généraux étaient vendus aux
Prussiens.

Dumouriez n'avait pas perdu de temps. La position de Sainte-Menehould était admirablement choisie. Le camp français se déroulait sur un immense
plateau d'une lieue carrée, précédé du côté qui faisait
face à l'ennemi, d'une vallée étroite et profonde,
remplissant le rôle d'un fossé en avant d'une place
forte ; il était en outre protégé sur ses deux flancs,
à droite par le cours de l'Aisne, à gauche par des
étangs et des marais infranchissables à l'artillerie et
à la cavalerie. Au delà, et un peu sur la droite, le
terrain se relevait un peu et pouvait servir d'assiette
à un deuxième camp qui était réservé pour Kellermann.

La région était essentiellement différente de celle
que l'on quittait. Le bois, l'eau, les fourrages, les
farines, les viandes salées, l'eau-de-vie, les munitions venant de Reims et de Châlons y étaient en
abondance. La confiance revenait au général et la
gaieté aux soldats.

Un bataillon fut jeté dans le château escarpé de
saint Thomas qui couvrait la droite ; trois bataillons
et un régiment de cavalerie à Vienne-le-Château ;
des batteries furent établies sur le pont, enfilant le
vallon ; l'avant-garde s'installa sur les hauteurs qui
dominaient le petit ruisseau de la Tourbe.

Le quartier général était Sainte-Menehould. Dumouriez y attendait les envahisseurs qui mirent quatre jours et demi à faire les six lieues qui les séparaient de la ligne française. Le 18, l'armée prussienne longeait encore les rives du petit cours d'eau de la Tourbe qui coule dans la plus triste vallée du monde, entre des collines basses, dénudées, sans arbres, ni buissons. « A la nuit, lorsqu'elle campa, « ni lune, ni étoiles n'éclairaient le ciel, un vent « farouche soufflait et cinglait le visage. La marche « silencieuse d'une telle foule, dans une obscurité « profonde, avait quelque chose de lugubre et de « solennel (1). »

Dans cette situation, si Brunswick coupait la retraite à Dumouriez, celui-ci menaçait les communications de l'armée allemande. Dumouriez et Dillon étaient en contact l'un avec l'autre ; l'un faisait face à Paris, et l'autre à Verdun ; tous deux se donnaient la main et se flanquaient réciproquement.

La petite armée dont Beurnonville (2) avait le

1. *Campagne de France*. Gœthe.

2. Pierre Riel de Beurnonville, né en 1752, à Champignole (Aube), sortait de la compagnie de gendarmerie de Lunéville. La Révolution de 1789 l'avait trouvé lieutenant dans les gardes suisses du comte d'Artois. Breveté colonel d'infanterie (10 décembre 1791); aide de camp de Lückner (6 mars 1792) ; maréchal de camp (13 mai 1792), Beurnonville était au camp de Maulde le second de Dumouriez; ce dernier l'avait surnommé l'*Ajax français*, en raison de sa haute stature, de sa carrure athlétique et de son courage impétueux. On lui reprochait d'exagérer facilement dans ses rapports officiels. Il mourut en 1821 maréchal de France.

commandement, et qui rallia Dumouriez, à Rethel, était partie d'Avesne, le 10 septembre. Elle comptait 10,600 hommes répartis en deux divisions :

Première division

56e régiment d'infanterie (Bourbon).
78e   —   —   (Penthiè-vre).
1er et 2e bataillons de volontaires de Paris.
1er et 2e bataillons de volontaires de la Vendée.

Tirés du camp de Maulde.

1er et 2e bataillons de volontaires de la Seine-Inférieure (tiré de Saint-Amand).
1er et 2e bataillons de volontaires de l'Aisne (venant d'Avesnes).
1er et 2e bataillons de volontaires des Deux-Sèvres (Pont-sur-Sambre).
6e régiment de dragons (la Reine).
Légion belge tirée de Valenciennes.

Deuxième division.

Général Picot de Dampierre (1).
45e régiment d'infanterie (la Couronne) tiré de Landrecies.

1. Le général Picot de Dampierre avait trente-six ans ; il avait servi aux gardes françaises. Au moment de la Révo-

10e bataillon d'infanterie légère, tiré d'Avesnes.

3e bataillon de volontaires de la Marne.

2e et 3e bataillons de volontaires de la Meurthe.

4e bataillon de volontaires de la Meuse.

5e régiment de dragons (Colonel-Général).

5e régiment de chasseurs (Hainault).

Tirés du camp de Famars.

200 canonniers de Douai.

Dumouriez alla au devant de cette petite armée, dont il connaissait tous les officiers par leur nom, les soldats par leur visage. Il harangua les troupes et les passa en revue. Il n'était pas encore descendu de cheval que Thouvenot venait le prévenir que l'on voyait les Prussiens se déployer dans la plaine sur les collines de la Lune, de l'autre côté de la Tourbe. Au même instant, le jeune Macdonald, envoyé la veille sur la route de Vitry, rentrait au camp, bride abattue, et annonçait l'arrivée de Kellermann qu'il avait laissé à deux lieues de là à la tête de 20,000 hommes. Sainte-Menehould était donc le rendez-vous de quatre armées allant agir

lution, il avait quitté le service ; il rentra dans l'armée en 1791. D'abord aide de camp de Rochambeau, à l'armée du nord, il était maréchal de camp depuis le 22 août 1792. Picot de Dampierre fut promu lieutenant-général après Valmy. L'année suivante il était blessé mortellement le 30 avril 1793, au camp de Famars. C'était surtout un vaillant soldat.

et manœuvrer sous la direction d'un seul homme.

A l'instant même, Dumouriez ordonna la concentration de toute son armée. Stengel, après avoir ravagé le pays entre l'Argonne et Sainte-Menehould, reçut l'ordre de se replier sur la Tourbe, et de porter son avant-garde sur les hauteurs du Lyron, face aux collines de la Lune.

Kellermann, rendu à destination, plaça son armée entière, tentes, équipages, artillerie, sur les hauteurs de Valmy, à gauche du camp de Sainte-Menehould. La ligne de son campement touchait par son extrême droite celle de Dumouriez, de manière à former avec celle-ci un angle rentrant dans lequel l'ennemi ne pouvait pénétrer, sans être foudroyé sur ses deux flancs par l'artillerie des deux corps français. Chazot, avec huit bataillons et huit escadrons, se posta derrière les hauteurs de Gizancourt. Beurnonville développa ses troupes sur la route de Valmy.

Cette armée avait son flanc droit et sa ligne de retraite couverte par l'Argonne inabordable à l'ennemi, et que ses ravins et ses bois défendaient suffisamment. Le centre était hérissé de batteries et d'obstacles infranchissables. L'aile gauche, en potence, offrait seule quelque prise et provoquait, en quelque sorte, le combat. Mais tous les corps pouvaient circuler autour de cette aile, à l'abri de l'Auve et des mamelons du Lyron, comme dans les chemins couverts d'une place assiégée. En somme, la position était bonne.

A cette date, l'effectif de l'armée de Dumouriez était (y compris les renforts de Duval) d'environ . . . . 35,000 h.

La division de Beurnonville comptait   10,000 »

La petite armée qu'amenait Keller-mann . . . . 22,117 »

Cela faisait en tout . . . . 67,117 »

C'était, comme on le voit, une force respectable pour repousser l'invasion.

Pendant que l'armée française faisait ses pré-paratifs pour asseoir son camp dans différentes direc-tions autour de Sainte-Menehould, l'armée prus-sienne franchissait l'Argonne, entrait dans la Cham-pagne pouilleuse que Massembach appelle *la miséra-ble* et Gœthe *la mal famée*, et se rapprochait de la ligne française. « Singulière contrée, ajoute l'écri-vain allemand, le sol crayeux et ingrat nourrit à peine des bourgades çà et là. » Tout est silencieux, morne et abandonné.

Le 19, l'armée royale campait à Massiges. La veille Brunswick disait à Massembach : « Il faut que nous nous donnions de l'air demain, major ; notre aile gauche marchera en avant ; nous chasserons l'ennemi des Islettes ; nous rétablirons nos commu-nications avec Verdun ; nous tendrons la main aux Austro-Hessois campés de l'autre côté de l'Argonne, et nous serons maîtres de la situation sans perdre beaucoup de sang. »

Les ordres avaient été donnés en arrivant à Massiges. Déjà l'on enfonçait les pieux pour mettre les chevaux à l'attache, les feux étaient allumés, et on tirait les ustensiles de cuisine des chariots, lorsqu'un major de hussards, qui avait escarmouché avec les avant-postes français, vint annoncer, sur de faux témoignages, que Dumouriez était en pleine retraite. Le roi monta à cheval et, craignant de commettre la même faute qu'à Grandpré, il ordonna de se remettre en route sur le champ. La marche recommença à trois heures passées et se prolongea jusqu'au coucher du soleil.

Les Prussiens campèrent en s'échelonnant sur le grand chemin de communication qui mène de Suippes à Valmy, l'avant-garde à Somme-Bionne (1); le gros à Somme-Tourbe, la réserve à Somme-Suippe.

Le froid était très vif; d'énormes brasiers furent allumés, des fermes entières y passèrent. Les généraux allemands s'assirent auprès des feux de bivouac, silencieux et laissant faire. C'était en quelque sorte la veillée des armes. Les soldats allaient et venaient ; « quelques villages brûlaient devant nous, dit Gœthe, mais qu'est-ce que cela fait? »

Ainsi se passa dans le camp allemand la nuit qui précéda la bataille de Valmy. Les Prussiens donnaient tête baissée sur les lignes françaises, sans

---

1. Les villages et hameaux situés à la source des cours d'eau sont précédés du mot Somme. Ainsi Somme-Bionne veut dire que la Bionne y prend sa source.

avoir fait une seule reconnaissance, sans avoir
envoyé un officier étudier le terrain, sans avoir pris
aucune des précautions usitées dans le voisinage
de l'ennemi. Cela charge lourdement le duc de
Brunswick qui devait cependant connaître son
métier de général.

CHAPITRE V

VALMY.

(20 septembre 1792).

Le village de Valmy, qui donne son nom à la canonnade du 20 septembre, est situé dans le bas d'un
vallon, sur le déclin d'un tertre au sommet duquel
se voyait un moulin en 1792. Il compte 380 habitants, est situé à 12 kilomètres de la route de Sainte-
Menehould, à 4 kilomètres de la grande route qui
mène à Châlons, et si bien masqué par la hauteur
que c'est à peine si les Prussiens pouvaient voir la
flèche du clocher.

Le 19 septembre, l'armée ennemie bivouaquait à
Somme-Tourbe. Le 20, vers six heures du matin, le
duc de Brunswick marchait sur Somme-Bionne à la

tête de son avant-garde. Une pluie froide et fine tombait depuis le point du jour ; un brouillard épais d'automne enveloppait la contrée d'un voile impénétrable, et flottait sur la plaine, dans les gorges humides de la vallée, dans le lit des rivières, dans les ravins qui séparaient les deux armées. Ce brouillard ne laissait aux regards qu'un horizon restreint, les sommets des mamelons et les crêtes des collines onduleuses émergeaient seuls au-dessus de cet océan de brume. Une très petite distance cependant séparait le camp prussien des hauteurs qui faisaient face aux lignes françaises.

Un choc inattendu de la cavalerie des deux avant-gardes révéla seul la marche des Prussiens. Après une mêlée rapide et l'échange de quelques coups de feu les avant-postes français se replièrent sur Valmy.

L'avant-garde prussienne avait à peine fait deux kilomètres que les premiers coups de canon se faisaient entendre, au pied des hauteurs, et annonçaient à Kellermann l'approche des colonnes prussiennes, que l'on voyait s'estompant au loin au travers de la brume. C'est l'artillerie de Desprez-Crassier qui, campée sur le mont Lyron, saluait l'arrivée de l'ennemi. L'avant-garde de Hohenlohe ne répondit pas. Elle se déploya vers la droite, sur les hauteurs voisines de Gizancourt.

A ce moment-là, une seconde batterie française, amenée par Valence, fit une trouée dans le brouillard, et ses projectiles s'abattirent sur la droite des premiers bataillons allemands. Cette canonnade excessivement violente força l'avant-garde prussienne à rétrograder.

Pendant ce temps-là, Kellermann disposait ses troupes sur le tertre de Valmy, autour du moulin. Chazot n'était pas encore arrivé sur sa gauche. Leveneur, qui devait flanquer sa droite et relier son armée à celle de Dumouriez, s'avançait lentement et avec hésitation, craignant d'attirer l'attention des colonnes prussiennes. Valence se déploya sur une seule ligne, avec un régiment de carabiniers, quelques escadrons de dragons et un bataillon de grenadiers, entre Gizancourt et Valmy. Les lignes de Kellermann se formaient au centre sur la hauteur. Sa nombreuse artillerie hérissait de ses canons les abords du moulin, centre et clef de la position. Presque enveloppé par les lignes demi-circulaires de l'ennemi, embarrassé de ses chevaux, de ses équipages et de ses canons, Kellermann ne put déployer toutes ses troupes qui se trouvaient un peu à l'étroit sur un espace restreint. Mais la position était dominante par rapport à celle qu'occupait l'ennemi ; quarante bouches à feu étaient braquées, en avant de sa première ligne ; à sa gauche se trouvaient l'avant-garde de Desprez-Crassier et la réserve de Valence ; à sa droite Stengel et Beurnonville.

Kellermann devait recevoir seul le choc des assaillants ; mais protégé sur ses deux ailes comme il l'était, par les lieutenants de Dumouriez, il ne pouvait être débordé.

Du haut du tertre de Valmy, il apercevait, au

milieu de la brume blanche du matin, la nombreuse cavalerie prussienne dont les armes brillaient au soleil levant. Ses escadrons contournaient le monticule de Gizancourt. L'infanterie du duc de Brunswick filait également derrière ce plateau, gagnait la grande route de Châlons, la dépassait même et se déployait successivement par échelons, en deça et au delà de cette route. Le roi lui-même, en uniforme de général et monté sur son cheval de bataille, formait ses colonnes d'attaque qu'il animait de l'épée et du geste.

Peu à peu, le brouillard diminua d'intensité, puis il se dissipa. Les deux adversaires purent enfin se reconnaître et examiner quelle était leur situation réciproque.

A ce moment-là arrivait Leveneur qui était chargé d'appuyer la droite de Beurnonville, en tournant la gauche prussienne, de façon à prendre l'ennemi en queue.

On voyait au loin à l'horizon les tentes, les baïonnettes, les chevaux, les canons profilant leurs silhouettes sur les mamelons blanchâtres et les ravins creux de la Champagne.

Vers huit heures du matin, le major Massembach alla reconnaître le terrain sur lequel il se trouvait. Il était accompagné d'un officier russe, le comte de Furtstemberg ; tous les deux s'arrêtèrent sur une éminence dominant tout le terrain environnant. Celui-ci avait autrefois servi en France dans les dragons de Schomberg (17e dragons).

« — Tiens, la Lune ! dit tout à coup Massembach, en consultant sa carte qui ne le quittait jamais.

« — Comment nous sommes dans la lune, répliqua Furtstemberg en riant, avouez, camarade, que nous avons fait bien du chemin depuis une heure que nous pataugeons dans la boue et dans l'obscurité.

« — Lors même qu'on ne connaîtrait pas le pays, continua l'officier prussien, il suffit de jeter un coup d'œil sur la carte pour se convaincre de l'importance de la Lune. Une artillerie postée en ce point peut balayer à la fois le grand chemin qui s'étend à ses pieds et prendre en flanc le tertre de Valmy situé sur sa gauche. Cet emplacement est celui qui convient le mieux pour y déployer le gros de la troupe. Décidément c'est à un fil de soie que tient le destin des armées et de l'État (1). »

Et voilà comment les Allemands occupèrent le 20 septembre le plateau de la Lune pour y soutenir la lutte d'artillerie qui allait s'engager.

Tempelhof dirigeait l'artillerie prussienne ; cinquante-quatre bouches à feu furent établies en demi-cercle. Mais ce savant officier, brillant théoricien, était myope : il ne pouvait embrasser le champ de bataille d'un seul coup d'œil ; il plaça ses batteries en contre-bas, de sorte qu'elles tirèrent de bas en haut. Puis enflammé par la chaleur de l'action et ne sachant pas garder son sang-froid, il grondait, rudoyait et décourageait tout le monde.

1. *Valmy*, Chuquet.

L'armée prussienne se déploya en arrière et à droite de la Lune. Il était environ une heure de l'après-midi. Le vent était très fort, et la pluie ne cessait pas de tomber depuis le point du jour.

Vers dix heures du matin, Dumouriez galopa sur le chemin du tertre de Valmy, pour voir par lui-même le point sur lequel les Prussiens concentraient leurs efforts. Il y trouva Kellermann donnant ses derniers ordres aux deux généraux qui avaient pour mission d'appuyer sa droite et sa gauche. L'un était Valence, l'autre le duc de Chartres.

Valence, jeune, actif, aimable comme l'est un homme du monde, était plein de dévouement et de bravoure. Il maniait la cavalerie avec une audace remarquable. On pouvait lui confier le salut d'une position ; elle serait bien gardée.

Le duc de Chartres, fils aîné du duc d'Orléans, était colonel propriétaire, dès l'âge de douze ans, du régiment Chartres-dragons, devenu le 14ᵉ dragons en 1791. Son adolescence s'était écoulée dans la retraite de Bellechasse ou de Passy, sous l'œil de Mᵐᵉ de Genlis chargée de son éducation. Le duc de Chartres n'avait pour ainsi dire pas eu de jeunesse. A dix-sept ans, il obtenait deux couronnes civiques de la ville de Vendôme, où il était en garnison, pour avoir sauvé, au péril de sa vie, deux prêtres livrés à l'émeute et un citoyen en danger de se noyer dans la Loire.

Nommé général de brigade, à 23 ans, à l'ancienneté, le 7 mai 1792, dans une armée, où presque tous les anciens colonels avaient émigré, il avait suivi Lückner à Metz, et lorsqu'il se présenta à Kellermann, son successeur, celui-ci ne put s'empêcher de lui dire :

« — Je n'ai pas encore vu un général aussi jeune que vous.

« — Je suis, répondit le duc de Chartres, en se découvrant respectueusement, le fils de celui qui vous a fait colonel, et je suis tout entier à votre service. »

Kellermann lui donna le commandement d'une brigade composée de douze bataillons et de douze escadrons de cavalerie. Son aide de camp était son jeune frère, le duc de Montpensier (1).

Les Prussiens couronnèrent la crête des hauteurs de Valmy, et descendirent sur le plateau. Les vieux soldats du grand Frédéric avançaient lentement et à pas cadencés ; ils marchaient tout d'une pièce, comme mus par un ressort ; leurs lignes se profilaient comme des figures géométriques sur le sol crayonneux d'une campagne dénudée.

Arrivées à mi-côte, les troupes s'arrêtèrent ; les

1. Après Nerwinde (18 mars 1793), le duc de Chartres, frappé d'un décret d'arrestation, se réfugia en Suisse, voyageant seul, à pieds, sans ressources, et se cachant soit dans les Alpes, soit dans un collège, où il se fit recevoir comme professeur de français, d'anglais et d'allemand.

Quant au duc de Montpensier, devenu lieutenant-colonel et adjudant général à l'armée d'Italie, il fut arrêté à Toulon et incarcéré pendant neuf mois, à la suite du décret qui frappait tous les membres de la famille des Bourbons.

compagnies de sapeurs aplanirent le terrain, et préparèrent le passage de l'artillerie à travers l'infanterie. Sur le front de ces colonnes, quarante-huit bouches à feu furent mises en batteries. Sur leur droite et prenant en flanc la ligne française se déploya une batterie de quatre obusiers, et le feu commença à la fois de front et de flanc.

Kellermann de son côté a établi son artillerie en avant de son infanterie et, pendant deux heures, cent vingt pièces de canon labourèrent le sol des deux collines opposées, échangeant entre elles vingt-mille boulets. L'épaisse fumée de la poudre, la poussière soulevée par le choc des boulets ricochant sur le flanc des coteaux, puis rabattue par le vent dans les ravins, empêchaient les artilleurs de viser juste. On combattait pour ainsi dire entre deux nuages de fumée.

Cette canonnade fut excessivement violente de part et d'autre. Gœthe, dans ses souvenirs de la *Campagne de France*, raconte l'impression que lui fit le bruit particulier et strident de nos boulets.

« Le bruit qu'ils font, dit-il, est bizarre ; on dirait
« à la fois le bourdonnement d'une toupie, le bouil-
« lonnement de l'eau et la voix flûtée d'un oiseau.
« Bientôt, je remarquai qu'il se passait en moi quel-
« que chose d'extraordinaire ; mais je ne puis ex-
« primer que par des images ce que j'en éprouvais.
« On croit être dans un endroit très chaud et il
« semble qu'on se sente entièrement pénétré de la
« même chaleur et comme en parfaite harmonie

« avec l'élément qui vous entoure. Le regard ne perd
« rien de sa force et de sa netteté, mais le monde
« prend pour ainsi dire une teinte rougeâtre et pa-
« raît absorbé dans cette fournaise. Voilà dans quel
« sens on peut parler de la fièvre du canon. Le
« bruit, le sifflement et le fracas des projectiles à
« travers l'air, sont la cause véritable de cette sen-
« sation (1). »

Le colonel Pacynski, qui souffrait de la goutte et
se faisait traîner en voiture depuis plusieurs jours,
était ce jour-là à cheval à la tête de ses troupes :
« Lorsqu'on se bat, disait-il, le chef ne doit pas res-
« ter en arrière. »

Le roi de Prusse se promenait à pas lents sur le
front des troupes, animant ses soldats de sa présence, de la voix et du geste.

Les soldats du régiment de Kleist baissaient la tête
au sifflement des boulets ; ils saluaient les projectiles
mouvement instinctif de l'homme qui n'est pas ha-
bitué à la fusillade. « — Regardez-moi, jeunes gens,
leur criait Frédéric-Guillaume, faisant allusion à sa
haute stature. Qui de vous offre plus de prise aux
boulets que votre souverain ? » Et il alla se placer à
cheval, au premier rang, immobile, regardant l'horizon.

« — Vous voyez ce vieux soldat, disait un officier prussien à ses hommes, il ne craint pas pour
sa peau, faites comme lui, n'ayez pas peur. »

1. *Campagne de France*, par Gœthe.

Puis le roi longea à pas lents le front de la ligne, adressant à chacun des paroles d'encouragement, le sourire sur les lèvres, même au plus fort du feu.

Les artilleurs prussiens combattaient à découvert, ils tombaient en grand nombre autour de leurs pièces. Leur feu finit enfin par se ralentir.

Kellermann, à cheval près du moulin, dans l'endroit le plus exposé, s'en aperçut, *il se mit à la tête d'une colonne d'infanterie et s'élança sur les batteries prussiennes, dont il tenta de s'emparer.* Mais son cheval se renversa, le poitrail traversé par un éclat d'obus. Le *lieutenant-colonel Lormier,* chef du 5e bataillon de grenadiers, officier aussi brave que distingué, tomba mortellement frappé. Ses soldats s'empressaient autour de lui pour le relever. « — Laissez-moi, mes amis, dit le brave officier : demeurez à votre poste. Courez à l'ennemi, et ne vous occupez pas de moi. » Kellermann dégagé prit un autre cheval.

Une pluie d'obus écrasait le parc d'artillerie dont deux caissons sautaient en l'air. Les projectiles, des débris de voitures, les membres des chevaux d'attelage étaient lancés dans tous les sens, et frappaient nos soldats. La confusion se mit dans les rangs. Les conducteurs de chariots s'éloignaient en toute hâte du foyer de l'explosion et semaient le désordre dans les rangs de notre deuxième ligne. Notre artillerie privée de ses munitions ne pouvait plus tirer et elle suspendit son tir.

Au plus fort de cette canonnade, plus bruyante du

reste que meurtrière, la cavalerie mit pied à terre et les hommes donnèrent tranquillement l'avoine à leurs chevaux.

Le duc de Brunswick les observait de la Lune avec sa lorgnette de campagne : — « Voyez, messieurs, dit-il en se retournant vers les officiers de son entourage, à quelles troupes nous avons affaire ; ces Français attendent que nous soyons sur eux pour monter à cheval et nous charger. »

Sur le mont Lyron, Beurnonville, voyant les pertes que subissaient ses régiments, dit à ses soldats : « Asseyez-vous, mes enfants, le danger sera moins grand.

« — Vous êtes bien à cheval, pourquoi ne resterions-nous pas debout, » répondirent ces derniers, et personne ne s'assit.

Un jeune soldat demanda la permission d'aller embrasser son frère qui venait d'être tué sur la première ligne. Ce devoir accompli, il revint à son poste, sécha ses larmes, cria *vive la France* et rechargea son fusil de plus belle.

Le bataillon de Saône-et-Loire avait été mis à la garde des bagages. Lorsque le duc de Chartres vint visiter les troupes pour donner les ordres nécessaires, un soldat sortit des rangs et lui dit au nom de tous ses camarades : « Mon général, nous sommes ici pour défendre la patrie, et nous vous demandons de ne pas exiger qu'aucun de nous quitte le drapeau de notre bataillon pour aller garder des équipages.

« — Eh bien, soit, répondit le duc de Chartres,

les épuipages se garderont tout seuls aujourd'hui, et votre bataillon marchera tout entier avec vos camarades de la ligne, car vous êtes aussi bien qu'eux des soldats français. »

Les troupes du duc de Chartres supportaient depuis trois heures, l'arme au bras, une grêle de boulets et de mitraille, dont il était difficile de se garer. Le jeune général courut à toute bride à sa deuxième ligne d'infanterie, entraîna avec lui, la réserve d'artillerie à cheval, la porta au galop sur le plateau du moulin, rallia les caissons de munition, dispersés un peu dans toutes les directions, les ramena aux canonniers. Le feu d'artillerie reprit avec une nouvelle intensité.

Kellermann, qui venait de reformer sa ligne, descendit de cheval, jeta la bride à l'ordonnance qui le suivait, fit conduire sa monture en arrière comme pour bien indiquer à ses soldats qu'il comptait être au premier rang des combattants; puis il s'élança à leur tête au devant des colonnes prussiennes qui s'avançaient pour enlever le moulin de Valmy. Sous le feu de l'artillerie française qui les foudroyait de trois côtés à la fois, devant la ferme attitude de notre infanterie, les colonnes prussiennes hésitèrent; elles s'arrêtèrent, flottèrent en désordre. Le duc de Chartres, un drapeau tricolore à la main, lança sa cavalerie et sabra l'ennemi qui recula. Le duc de Brunswick, dont la conduite fut étrange, fit sonner la retraite et reprit ses positions primitives.

Il était trois heures de l'après-midi. L'artillerie se tut des deux côtés, et le feu, comme par un accord tacite, resta suspendu jusqu'à quatre heures. Dès ce moment, la bataille était gagnée.

Profitant de cette suspension d'armes, le secrétaire particulier du roi de Prusse, un nommé Lombard, enfourcha un cheval qu'il était allé chercher à une ferme voisine pour se donner « le malin plaisir de respirer l'odeur de la poudre ». Cette curiosité faillit lui coûter cher. Il tomba entre les mains d'une vingtaine de hussards appartenant à la division Duval. Il montait un mauvais cheval ; en tournant bride, il aurait assurément attiré sur lui les coups de feu des cavaliers français ; il préféra s'arrêter et attendre le dénouement de cette rencontre fortuite.

« — Qui vive ! cria le sous-officier, chef de la reconnaissance.

« — Tout ce que vous voudrez, répondit Lombard. Mais de grâce ne me faites pas de mal. Je suis votre prisonnier. »

« — Tiens ! vous parlez français, dit un hussard en s'approchant ; raison de plus pour que vous soyez des nôtres.

« — Que venez-vous faire ici ; et pourquoi venez-vous du côté de l'ennemi », cria un autre.

Lombard (1) était vêtu d'un habit bleu et d'un

1. Jean Guillaume Lombard était le fils d'un perruquier d'origine dauphinoise, établi en Prusse, depuis la révocation de l'édit de Nantes. Né à Berlin, le 1er avril 1767, il

gilet rouge. Les hussards le prirent pour un domestique et lui enlevèrent sa bourse, sa montre, sa bague, son cachet, ses éperons et le conduisirent auprès du général Duval, qui le garda près de lui toute la journée. Le soir, il était conduit à Sainte-Menehould. Plus tard, Dumouriez sut tirer parti de son prisonnier.

Vers quatre heures de l'après-midi, Frédéric-Guillaume II, indigné de l'hésitation de son généralissime, reforma lui-même une nouvelle colonne d'attaque. Il parcourut à cheval le front de ses lignes, harangua ses soldats, et leur reprocha d'humilier par leur pusillanimité le drapeau de la monarchie prussienne.

Les colonnes ennemies s'ébranlèrent à nouveau. Le roi, entouré du duc de Brunswick, de son état-major et de ses principaux généraux, marchait au premier rang et à découvert, sous notre feu qui décimait son entourage. Lui seul, intrépide, tira son épée et s'exposa comme le dernier de ses soldats. Tout fut inutile. L'infanterie prussienne, écrasée par vingt-quatre pièces d'artillerie postées au pied du moulin, se replia à la nuit tombante. Il était six heures du soir.

entrait à dix-sept ans au service du Grand Frédéric qui cherchait précisément un secrétaire intime pour copier sous ses yeux les délassements épistolaires de sa vieillesse. A la mort de ce dernier, Lombard devint le secrétaire particulier de Frédéric-Guillaume II. Il dirigea plus tard la politique extérieure de la Prusse, sous son successeur, Frédéric-Guillaume III.

Peu à peu, la canonnade cessa, et tout rentra dans le silence, sur le plateau comme dans la montagne.

Bientôt après, un orage terrible éclatait. La pluie tombait par torrents. Les deux armées bivouaquèrent sur le terrain, jonché de leurs morts et de leurs blessés, l'armée française sur le plateau de Valmy ; l'armée prussienne, mourant de faim et de soif, exténuée de fatigue, sur le plateau de la Lune ; les soldats se tenaient ramassés sur eux-mêmes, les coudes sur les genoux, et la tête entre les mains.

« La plus grande consternation se répandit dans le camp, raconte Gœthe ; le matin on ne pensait qu'à rôtir et à dévorer les Français ; maintenant, chacun allait droit devant lui. On ne se regardait pas, ou si l'on se jetait un coup d'œil, ce n'était qu'en jurant et en maugréant. A la brume, nous avions formé un cercle au milieu duquel on ne put même, suivant l'habitude, allumer du feu ; le plus grand nombre gardaient le silence, et les autres parlaient, comme des gens déconcertés, n'ayant ni réflexion, ni jugement. »

Le général suédois Wolfradt exprimait la même pensée, sous une autre forme, quand il répondait à Massembach qui l'interrogeait : « Ce n'est pas ainsi, je vous assure, qu'aurait fait le vieux Fritz. Que diable ! cherchions-nous ici, si nous ne voulions pas nous battre ? frais poissons, bons poissons. Nous sommes battus. Vous allez voir comme la crête va pousser à ces jeunes coqs, dès que nous serons

partis, » et un capitaine autrichien de répliquer :
« Je complète votre pensée, colonel, pour peu que
« les Français agissent avec prudence, la guerre
« actuelle pourrait bien devenir un jeu de hasard,
« où l'on jouera des majestés. »

Le vieux suédois voyait clair.

Gœthe dépeint bien la situation quand, répondant
après Valmy, à une interrogation du duc de Weimar, il dit : « La guerre avec la France ne fait que
commencer ; de ce lieu, de ce jour, date une nouvelle époque dans l'histoire du monde, et vous pourrez dire : *J'y étais* » (1). La canonnade du 20 septembre était, en effet, un évènement de nature à
changer la face de l'Europe, « la journée la plus
importante du siècle ».

Le lendemain, le duc de Brunswick visitait les
abords de la hauteur de la Lune avec son fidèle
compagnon Massembach.

« C'est ici, lui dit le major, qu'était la batterie Schönenmarck, et là, un peu à droite qu'est
tombé le brave capitaine Ostendorff. Voyez, excellence, comme la terre est jonchée des boulets des
ennemis.

« — Oui, répondit le prince, l'endroit a été
chaud. Mais voyons. Que pensez-vous de cette
canonnade?

« — Il fallait attaquer et marcher en avant. Pourquoi, excellence, ne l'avez-vous pas voulu ?

---

1. *Campagne de France*, Gœthe, p. 93.

« — Major, connaissez-vous la hauteur de Johanisberg, non loin de Friedberg ? J'ai eu là maille à
partir avec le prince de Condé ; je ne savais pas ce
qu'il y avait derrière. Je fus battu. Eh bien, Valmy
a une grande ressemblance avec Johanisberg. On
devient prudent, major, quand on a été malheureux
à la guerre. »

Cette explication justifie-t-elle le duc de Brunswick ?

Et Massembach, d'ajouter dans ses *Mémoires :*

« Nous devions être battus. C'était courir à un
échec certain que de vouloir récolter avant d'avoir
semé, et faire la pêche miraculeuse de Saint-Pierre
avant d'avoir jeté les filets. Notre armée dirigée par
deux autorités qui se contrariaient l'une et l'autre,
l'autorité royale et celle du généralissime, ressemblait à un vaisseau, dont l'équipage aurait jeté le
pilote par-dessus bord, pour voguer à l'aventure sur
l'océan orageux. »

La campagne de l'Argonne était terminée. La
France révolutionnaire était sauvée, et elle l'était
par l'armée seule.

Nous parlerons ici de deux jeunes filles, les demoi-
selles de Fernig, qui se firent remarquer à l'armée
de Dumouriez. Toutes deux touchaient à peine à l'a-
dolescence ; l'une, Théophile, née en 1775, avait 16
ans, l'autre Félicité, née en 1779, treize. Le père,
ancien soldat retiré du service depuis plusieurs
années, était greffier à la mairie de Mortagne, près
de Valenciennes ; il avait organisé une espèce de com-

pagnie franche avec laquelle il faisait de fréquentes attaques contre les avant-postes autrichiens. Ses deux filles étaient habituées, dès leur enfance, à monter à cheval, à faire de longues marches, à franchir des ruisseaux, à tirer de l'arc et à manier le fusil. Elles voulurent être au nombre des défenseurs de la patrie. Une nuit, à l'insu de leur père, elles revêtirent des habits d'homme et rejoignirent armées une petite troupe qui allait attaquer un avant-poste à quelques kilomètres de Valenciennes. L'histoire rapporte que ces deux jeunes filles se conduisirent avec la plus grande bravoure, donnant à tous, l'exemple du sang-froid et de l'intrépidité.

Lors de nos premiers revers, la maison de la famille de Fernig, désignée à la vengeance des Autrichiens, fut incendiée. Le père, le fils et les deux filles n'eurent plus d'autre patrie que l'armée, d'autre abri que le drapeau de la France. Dumouriez se les attacha. Le chef de la famille fut pourvu d'un emploi de capitaine aux guides de son escorte ; le fils fut nommé lieutenant au régiment d'Auxerrois (12° de ligne) ; Théophile et Félicité firent partie de l'état-major général, en qualité d'aides de camp (1).

Ces deux jeunes filles étaient au camp de Maulde avec Dumouriez. Elles suivirent Beurnonville dans l'Argonne, et nous les retrouvons avec les troupes de Valence, partout où il y a un coup de sabre à donner et à recevoir ; soignant nos blessés, ainsi que

---

1. C'est ainsi que les désigne le *Moniteur* du temps.

ceux de l'ennemi, portant des ordres et ramenant les fuyards au feu.

Théophile assista à la panique de Montchentin, elle se croisa avec un hussard auquel elle barra le chemin, pour l'obliger à retourner à son poste de combat. Le fugitif, se retournant, tira son sabre et voulut l'en frapper : « Frappe, lui dit la jeune fille, frappe, si tu l'oses, une faible femme qui te rappelle au devoir et à l'honneur. »

Le jour de Valmy, Félicité était avec Beurnonville, Théophile, avec Dumouriez. Cette dernière se trouva derrière Kellermann, lorsqu'il eut son cheval tué sous lui ; elle lui offrit le sien et prit celui d'un trompette de l'escorte. Le sabre au poing, elle allait d'une ligne à une autre, encourageant à la résistance (1).

Pendant que le canon tonnait de toute part sur la butte du moulin de Valmy, une jeune vivandière

1. Félicité se maria à un négociant de Bruxelles, Van der Walen, ancien officier dans la légion belge au service de la France, dont les deux fils sont devenus, l'un conseiller à la Cour d'appel de Douai, l'autre directeur de la maison des fous de Douai. Elle est morte en 1818, âgée seulement de trente-trois ans. Théophile, restée célibataire, soigna la vieillesse de son père, qui s'éteignit à Bruxelles, après plusieurs années de retraite, en 1810. Le frère, Louis-Joseph-César de Fernig, devint comte de l'empire. En 1847, le chef de la maison de Rotschild, avec lequel il était très lié, lui proposa d'accompagner son jeune fils en Egypte. Le général avait alors soixante-quatorze ans. Il mourut sur le bateau à vapeur qui le conduisait à Alexandrie, où il fut enterré. Sa veuve qui habitait Fontainebleau, de 1849 à 1857, est décédée à Paris en 1868.

de dix-huit ans, Marguerite, appartenant au régiment de Bourbon (56 actuel), improvisait une ambu-
lance sur le tertre du moulin ; elle se rendit si utile
en prodiguant ses soins aux blessés et en aidant
le chirurgien dans ses pansements, que celui-ci
ne put s'empêcher de dire : « Si l'armée possédait une compagnie de femmes comme celle-
là, notre besogne serait bien facile, et les guérisons
plus sûres. » Parmi les blessés qu'on apportait se
trouvait le colonel de Percy, atteint mortellement par
un biscaïen qui lui avait traversé la poitrine. La jeune
fille lui ferma les yeux, s'agenouilla à ses pieds, et
lui rendit les derniers devoirs, comme une infirmière
de profession.

La bataille était gagnée. Au loin, on apercevait
notre cavalerie poudreuse qui revenait victorieuse ;
notre artillerie, ramenant ses caissons vides, reprenait son ordre de bataille. Les fantassins mettaient
leur chapeau au bout de leurs baïonnettes, les hussards et les cuirassiers agitaient en l'air leurs lames
sanglantes ; les drapeaux flottaient majestueusement,
au milieu de ces bataillons ivres de joie. Tandis que
les tambours battaient au champ, que les trompettes
sonnaient la fanfare, en se mêlant aux hennissements
des chevaux et au cliquetis des armes, Dumouriez
passait devant le front de son armée, et adressait des
félicitations à tous ses chefs de corps. La vue du
général en chef augmenta encore l'enthousiasme des
soldats et les hourrahs se prolongèrent sur toute la
ligne.

Après cette revue, le général en chef, voulant voir les blessés, se porta avec son état-major vers le moulin de Valmy, où le plus grand nombre avait été dirigé. Son arrivée y fut saluée, comme sur le champ de bataille, par un enthousiasme indescriptible. Il mit pied à terre, remerciant tous les braves qui avaient payé de leur sang la victoire qu'il venait de remporter. Puis se tournant vers le lieutenant Macdonald (1), son officier d'ordonnance : « Mais on m'a dit, fit-il tout à coup, que je trouverais ici une jeune vivandière du 56ᵉ, qui s'est particulièrement distinguée sur le champ de bataille, et dans les ambulances en secourant les blessés? je voudrais bien la voir. — C'est Marguerite, s'écria un grenadier blessé étendu dans un coin ; elle était là, il n'y a qu'un instant ; elle se sera sans doute *extravasée*, à votre arrivée, citoyen général, mais elle ne peut pas être loin. »

Sur l'ordre de Dumouriez, un aide de camp se mit à la recherche de la jeune fille que lui amena le commandant Belliard (2), qui commandait le 1ᵉʳ bataillon des volontaires de la Vendée.

1. Étienne-Jacques-Joseph Macdonald, devenu sous l'empire maréchal de France et duc de Tarente, est né à Sedan, patrie de Turenne, le 17 novembre 1765, d'une famille écossaise établie en France, depuis de longues années. Il appartenait à l'état-major de Beurnonville, et l'année suivante, à Jemmapes, il commandait le régiment de Picardie (2ᵉ de ligne actuel).

2. Augustin-Daniel Belliard, né le 25 mai 1769, était adjoint à l'état-major de l'armée du Nord, depuis le 22 août 1792. Bonaparte le fit général de brigade, sur le champ de bataille

« Citoyen-général, dit alors en s'avançant le major qui commandait le 5ᵉ de ligne, en remplacement du colonel de Percy, la citoyenne Marguerite est la fille adoptive du régiment ; elle n'a d'autre patrimoine que le drapeau ; c'est au moulin de Valmy qu'elle a déployé le plus de zèle et de dévouement pour le salut de ses frères d'armes. Permettez-lui de joindre à son nom celui de *Moulin* que le régiment tout entier voudrait lui voir porter, en souvenir de sa reconnaissance et de son admiration.

« — Oui ! oui ! dirent les soldats, Marguerite Moulin. Adopté à l'unanimité. »

Dumouriez fit un signe d'assentiment.

« — Brave vivandière, dit-il à la jeune fille, au nom de l'armée du Nord, je vous donne et vous autorise à ajouter à votre nom celui de *Moulin*. Puisse ce nom, honoré par tous les défenseurs de la patrie, faire la gloire et la consolation de vos vieux jours. » Et le général ouvrit les bras, donnant l'accolade fraternelle à la vivandière. Dumouriez remonta ensuite à cheval et, suivi de son état-major, disparut bientôt dans la plaine.

A partir de ce moment Marguerite ne fut plus désignée que sous le nom de la *petite mère Moulin*. Elle fit glorieusement les campagnes de la République, servit tour à tour avec Jourdan, Marceau,

d'Arcole, pour lui avoir fait un rempart de son corps, et l'avoir ainsi empêché de tomber entre les mains de l'ennemi. Belliard, devenu pair de France, est mort à Bruxelles, en 1830, ambassadeur du gouvernement français.

Moreau, Scherer et Masséna. Sa réputation grandit avec le temps, et bien que pendant ces huit années de guerre, elle eût changé plusieurs fois de régiment, selon que l'organisation des armées l'exigeait, les soldats, à quelque corps qu'ils appartinssent, la regardaient toujours comme leur camarade et leur ange tutélaire.

Vingt-neuf ans après, le 6 mai 1821, on pouvait lire dans les feuilles publiques de Paris, la nouvelle suivante : « Dernièrement, on a rendu les derniers devoirs, dans le passage Napoléon, commune de Vaugirard, à une ex-vivandière de la grande armée. En sa qualité de légionnaire, les honneurs lui ont été rendus par un peloton de soldats de la ligne, auquel s'était jointe la compagnie des voltigeurs de la garde nationale de Vaugirard. » Cette brave femme était la *petite mère Moulin*.

La canonnade heureuse de Valmy ne changeait pas beaucoup en apparence la situation : le duc Ferdinand était le lendemain ce qu'il était la veille. Son aile droite, étendue au delà de Gizancourt, barrait la route de Châlons ; son quartier général était à Maigneux, celui du roi, à Hans, et le gros de l'armée prussienne bivouaquait sur le plateau de la Lune, les gros bagages au lieu dit *les maisons de Champagne*.

L'armée française, bien que victorieuse, paraissait emprisonnée dans ses lignes, n'ayant de communication directe avec Paris que par la route de Vitry. Mais ne pas être battu, c'était vaincre. Kellermann (1) le sentit, et plus tard, après une longue vie et d'éclatantes victoires, il confondit son nom dans celui de Valmy, en léguant son cœur au village de ce nom, « pour que la plus noble part de lui-même repose sur le théâtre de sa plus chère gloire, à côté des compagnons de son premier combat (2). »

Considérée en elle-même la victoire de Valmy n'est pas une de ces actions décisives qui peuvent obliger un ennemi vaincu à se retirer, mais elle a eu des conséquences très graves.

Pour bien juger une campagne ou toute autre entreprise militaire, il faut toujours l'envisager sous deux points de vue : la conception des projets et leur exécution. Le plan d'opérations du duc de Brunswick, malgré ses imperfections, offrait des chances de succès. C'est donc moins dans la conception de ce plan que dans la manière dont il fut exécuté, qu'il faut chercher les causes qui le firent si complètement échouer. D'abord l'armée prussienne avait mis vingt jours pour faire quarante lieues. Comment le duc de Brunswick pourrait-il être justifié d'avoir mis quatre fois plus de temps qu'il n'en fallait pour faire le trajet de Coblentz aux défilés de l'Argonne ? Comment s'expliquer les retards de Longwy et de Verdun, quand

1. Kellermann fut plus tard créé duc de Valmy par Napoléon.
2. *Les Girondins*. Lamartine.

tout lui conseillait de prévenir Dumouriez, et de
marcher, pour ainsi dire, tête baissée, sur Paris?
Toutes ces fautes furent mises à profit par Dumouriez ; cependant celui-ci ne donna pas d'abord à la
victoire de Valmy l'importance qu'elle avait.

« Si les Français, écrit Massembach, avaient mar-
« ché sur les *maisons de Champagne*, avec tant soit
« peu de vigueur et de hardiesse, ils se seraient
« emparés de tous nos équipages (voitures, chaises
« de poste, fourgons, ambulances, tentes et che-
« vaux de traits). Qu'on se figure l'armée prus-
« sienne, sans pain, sans tentes, sans batteries de
« cuisine. Mais comment Dumouriez aurait-il sup-
« posé que les élèves du Grand Frédéric eussent pu
« commettre la faute de laisser leurs bagages der-
« rière eux sans autre garde qu'un seul bataillon
« de fusiliers. La gloire du vieux *Fritz* nous sau-
« vait et son ombre veillait sur nous (1). »

Comment Dumouriez aurait-il pu croire qu'une
insignifiante canonnade — Valmy n'est pas autre
chose, — avait désorganisé à ce point l'armée prussienne qui passait pour excellente. Aussi l'armée française battit en retraite et se déroba à la vue de l'ennemi. Kellermann franchit la rivière d'Auve et toutes les troupes campèrent entre Dampierre et Voil-
lemont, couvrant la route de Vitry à Châlons, dans
une position très forte, rendue inexpugnable par une
série de fossés naturels creusés en avant de leur

---

1. *Mémoires*. Massembach, t. 1, p. 109-110.

front. « Cette marche de nuit, écrivait Kellermann à Servan, est un véritable coup de théâtre. Elle s'est faite à la barbe des Prussiens, n'ayant à ma disposition qu'un seul chemin et un ruisseau à traverser sur un seul pont. »

Les Prussiens avaient déjà perdu bien des journées depuis le commencement de la campagne; ils allaient en perdre encore. Pendant dix jours, ils observèrent l'armée française, épuisant le sol stérile qu'ils occupaient et l'appauvrissant sans nécessité. La mauvaise saison les atteignit dans ces hésitations. Les pluies défoncèrent les routes, par lesquelles les convois leur arrivaient de Verdun. Pendant ces dix jours, les soldats se trouvèrent sans abris; les distributions de vivres se firent rares, ou même pas du tout ; les hommes se répandirent dans les champs, dans les vergers, dévorant les raisins verts qui s'y trouvaient en abondance. Leur estomac débilita par une mauvaise nourriture, leur force diminua, et le courage s'en alla avec la force. La contagion se répandit dans les camps ; les maladies décimèrent les corps, les routes furent couvertes de lourds chariots, emmenant de nombreux malades aux hôpitaux de Longwy et de Verdun.

Dumouriez, de son côté, n'était pas dans une situation très rassurante. Enfermé du côté des Evêchés par le prince de Hohenlohe, enfermé du côté de Paris par le roi de Prusse qui n'était qu'à six lieues de Châlons, il avait tout à craindre, si l'ennemi eût été actif et entreprenant. Pas une position susceptible d'être défendue et occupée par notre armée, n'existait entre Paris et Châlons ; mais les Prussiens étaient-ils en mesure d'agir, et Brunswick le voulait-il ?

CHAPITRE VI

LA RETRAITE.

Négociations. — Le vertueux Manstein. — Westermann. —
Heimann et le duc de Chartres. — Luchesini et le manifeste de retraite. — La retraite. — Une route jalonnée
par des cadavres. — Les dragées de Verdun. — En route
pour Luxembourg. — La sortie de France. — Le droit de
la guerre.

Dumouriez, qui avait fait de la diplomatie et était
rompu aux intrigues de cour, connaissait à fond les
sourdes rivalités que les coalitions entraînent
après elles, malgré l'harmonie apparente qui règne
dans les relations de cabinet à cabinet; il avait
deviné les hésitations du duc de Brunswick, et il
en profita pour entamer avec lui et les militaires les
plus influents de la cour de Prusse des négociations
moitié ouvertes, moitié occultes. Ces négociations
commencèrent le 21 septembre et durèrent jusqu'au
29. Le huitième jour, au soleil levant, on pouvait
voir du camp français les collines de la Lune, nues,
désertes, et les colonnes allemandes filant lentement
sur les mamelons de la Champagne, pour reprendre
la direction de Grandpré et de Verdun. La fortune

justifiait la persévérance du général en chef. La France était sauvée.

Le soir même de Valmy, Dumouriez écrivait à un de ses anciens lieutenants de l'armée du nord : « Les Prussiens étaient accablés de maladies, exténués de fatigues et mourant de faim. Je vais achever de décimer leur armée. C'est une affaire de quinze jours et je réponds du succès. Avant le 10 octobre, je vous amènerai 30,000 à 40,000 hommes, pour pénétrer en Belgique. »

Les personnages qui prirent part à ces négociations dans les deux camps furent, du côté des Français Westermann, Fortair et Thouvenot ; du côté des Prussiens, le marquis de Lucchesini et le lieutenant-colonel de Manstein, aide-de-camp du roi.

Dans ce dernier groupe, l'influence principale appartenait à Manstein, caractère grave et mystique, imposant par ses manières réservées, la correction de sa tenue, son air sombre et ses allures taciturnes. Il se croyait tout à la fois un homme de guerre et un diplomate, parce qu'il censurait, non sans raison, la stratégie du duc Ferdinand et la politique de Bischowerder, partisan de l'alliance autrichienne. Brunswick l'appelait *l'homme noir*, Massembach *le moine* et Dumouriez, non sans ironie, le vertueux Manstein.

Le 21 septembre au matin, les troupes allemandes en étaient réduites à une décoction de blé. Le pain et l'eau potable manquaient. Nos ennemis étaient comme dans un marécage, sans vivres, sous

une pluie battante. La partie se présentait belle
pour Dumouriez : « Kellermann, disait-il en se
frottant les mains, a été le Marcellus et moi le
Fabius de l'armée française. A nous deux, maintenant de vaincre par la famine, cet autre Annibal
qui a nom Brunswick. »

Un incident imprévu et fort heureux vint en aide
au soldat diplomate, et les pourparlers commencèrent immédiatement. Le général français se souvint
de Lombard qui était à Sainte-Menehould. Il réso-
lut de l'employer, persuadé que les négociations
qu'il avait en vue aboutiraient mieux si elles étaient
présentées par son intermédiaire. A cet effet, il lui
dépêcha Fortair (1), porteur d'un mémoire destiné au
roi de Prusse et rédigé d'après ses propres notes. Il
s'agissait de séparer la Prusse de l'Autriche.

Lombard devait se rendre au quartier général de
Frédéric-Guillaume, sous la sauvegarde d'un parlementaire, et revenir au camp français, avec la
réponse du roi de Prusse. Mais sur ses entrefaites,
arrivait à Sainte-Menehould un certain Westermann,
révolutionnaire ardent, homme de main de Danton,
dont le caractère tenait à la fois de l'agent secret et

---

1. Claude-Mari-Savalete de Fortair, né le 2 février 1759,
appartenait au corps du génie. Il n'était aide de camp de
Dumouriez que depuis le 29 août 1792. Plus tard, sous l'empire, il devint architecte du département de la Charente,
et finalement, sous la Restauration, Macdonald, sur la re-
commandation de Dumouriez, le nomma adjoint au secrétariat général de la légion d'honneur.

de l'aventurier militaire, et qui était envoyé à l'armée des Ardennes pour surveiller les généraux (1).

Westermann furieux, se mit à la poursuite de Lombard, le rattrapa avant qu'il n'ait franchi les lignes françaises et le ramena au camp de Sainte-Menehould. Le secrétaire de Frédéric-Guillaume fut de nouveau incarcéré, et le message fut porté par Westermann, qui s'est acquis depuis une si triste célébrité par ses cruautés inouïes, pendant la guerre de Vendée. « Véritable boucher d'avant-garde, la Révolution, dit Thureau, n'a pas eu de charlatan ayant aussi peu de talents et autant d'impudence que ce commissaire de confiance. »

Le roi de Prusse accepta un échange d'envoyés pour poser les bases d'une entente réciproque, et répondre aux vœux exprimés par les ouvertures faites au duc de Brunswick. Il autorisa donc Manstein à se rendre au camp français accompagné de Heimann qui se flattait d'avoir des intelligences dans le parti de la Révolution.

1. François-Joseph Vestermann, né à Molsheim (Bas-Rhin), le 3 septembre 1751, fils d'un chirurgien, sortait de la petite gendarmerie où il n'avait jamais pu franchir le grade de sous-officier. Passé de là dans le régiment de Royal-dragons, il y fut accusé de vol par trois fois. Rentré dans sa ville natale, il devint échevin de Strasbourg, fonction supprimée en 1789. La Révolution fit sa fortune. Greffier à la mairie de Haguenau, capitaine de la garde nationale en 1790, puis commandant d'un bataillon de volontaires en 1791, Servan le nomma en mars 1792, colonel de gendarmerie à la légion du nord, puis peu après adjudant-général à l'armée de Dumouriez.

L'entrevue eut lieu le 23 septembre au quartier général de Kellermann.

Le baron Heimann, qui accompagnait le lieute-nant-colonel Manstein, avait autrefois servi la France, dans les hussards du marquis de Conflans ; il était très lié avec le duc d'Orléans.

La présentation faite, le baron fit demander le duc de Chartres.

« — Voulez-vous vous charger, lui dit-il, d'une lettre pour le duc d'Orléans, votre père ?

« — Très volontiers, si elle ne contient que des témoignages d'attachement pour lui.

« — Ah ! si elle ne contenait que cela, ce ne serait pas assez. Il dépend peut-être du duc d'Orléans de faire cesser la guerre. Je connais les intentions des souverains alliés; ils désirent avant tout préser-ver la France de l'anarchie, et comme on a pensé que je vous verrais ici, je suis autorisé à faire savoir à votre père qu'on le verrait avec plaisir à la tête du gouvernement.

« — Bah ! répondit le prince avec ironie, comment avez-vous pu croire que mon père et moi, nous écouterions de pareilles sornettes? »

Le duc de Chartres prit la lettre et l'envoya à son père, sans en avoir pris connaissance.

Cette première démarche n'eut aucune suite. Elle ne hâta pas d'une heure le dénouement des négo-ciations entreprises.

Le lendemain, Manstein désirant en finir, invita à dîner, à son quartier général de Hans, Dumouriez et Westermann. Mais à ce moment-là, on venait d'apprendre au camp français la proclamation de la république et la déchéance de Louis XVI.

Dumouriez écrivit à Manstein pour s'excuser et n'assista pas au dîner.

Pendant ces deux jours, le terrain était devenu de plus en plus impraticable. La cavalerie ennemie perdait ses chevaux ; la dyssentérie avait fait des progrès effrayants ; le bruit courait au camp allemand que Dumouriez recevait des renforts et qu'il fallait s'attendre à une reprise des opérations. L'inquiétude était extrême.

Ayant appris que le roi de Prusse manquait de café, le général français eut l'idée de lui en envoyer, en y joignant un mémoire dans lequel il proposait l'échange de Lombard contre le maire de Varennes, Georges, qui avait arrêté Louis XVI l'année précédente, et que les Prussiens tenaient enfermé dans la citadelle de Verdun. Manstein répondit que le roi de Prusse acceptait l'échange proposé ; mais qu'il ne manquait de rien. « Vos présents sont superflus, écrivait-il à Dumouriez ; nous vous prions de ne plus y recourir. »

Lombard arrivait le 25 septembre, pendant la nuit, au quartier général de Hans, « harassé, fatigué, épuisé et honteux de son imprudence (1). »

Lucchesini, plus clairvoyant que les autres négociateurs, déclara que Dumouriez cachait son jeu.

1. *Mémoires* de Lombard.

« Croyez-moi, disait-il à Brunswick et à Manstein, le 27 septembre, vous n'avez rien à gagner avec vos négociations qui ne sont au fond qu'un piège que l'on vous tend. Les Français pendant ce temps là, se retranchent, se fortifient, et diminuent les chances d'une attaque de notre part. Ils énervent notre armée en la rendant inactive, provoquent nos soldats à la désertion ; ils alarment nos alliés, et finalement font croire que nous désespérons de la guerre, et que nous sommes résolus à ne pas tenir nos engagements. »

Ces cris d'alarme poussés par le chancelier de Frédéric-Guillaume finirent par rompre les négociations ; mais le mal était fait et la situation de plus en plus mauvaise pour l'armée prussienne ; la pluie ne cessait de tomber, la terre de se détremper, les convois de s'embourber dans les chemins, les fourrages de manquer, les chevaux de périr, les hommes d'avoir une dyssenterie persistante, tenace. Et pendant ce temps-là l'impératrice Catherine s'établissait solidement en Pologne, tandis que les Autrichiens s'attardaient en Allemagne. En huit jours, l'armée prussienne s'était affaiblie de 8,000 hommes.

Le duc de Brunswick lança alors son manifeste de retraite qui est l'œuvre de Lucchesini. Un aide de camp du roi de Prusse porta cette pièce à Dumouriez qui la reçut le 28. « Vous demanderez à celui qui vous envoie, dit ce dernier à l'officier allemand porteur de la dépêche, après l'avoir lue, si le duc de Brunswick me prend pour un bourgeois d'Amstersdam. Annoncez-lui que je donne l'ordre devant vous de dénoncer la trève qui cesse à partir de ce moment. »

Dans la nuit du 29 au 30 septembre. le major Hichelfeld apportait l'ordre aux troupes prussiennes de quitter le camp de la Lune, le 30 de grand matin. Les rôles étaient changés. Le lendemain de Valmy, les Prussiens avaient eu réellement l'intention de négocier. Huit jours après, les négociations n'étaient plus pour eux qu'une ruse de guerre ; ils cherchaient à arrêter Dumouriez par les mêmes moyens que celui-ci avait employés.

L'armée prussienne quitta le camp de la Lune le 30 septembre. Les bagages se mirent en mouvement les premiers, sous l'escorte du régiment de Brunswick. Le gros de l'armée suivit à minuit. Pendant toute la journée, le roi de Prusse et le duc de Brunswick virent défiler devant eux les bagages et l'artillerie, labourant un sol détrempé. De distance en distance, des chariots brisés étaient épars, précipités ou couchés dans le ruisseau qui borde la route ; des malades laissés en arrière gisaient sans secours, gémissant sur le bord des chemins. Les soldats passaient muets devant leurs chefs. Un grand nombre de malades furent abandonnés dans les villages des environs ; le château de Grandpré lui-même n'était plus qu'un « séjour de peste et de mort (1) ». Au fur et à mesure que l'on avançait vers la frontière,

____

1. *Campagne de France.* Gœthe.

bon nombre des soldats affaiblis tombaient sur la route pour ne plus se relever.

Le temps avait été relativement doux et beau pendant les trois premiers jours. Mais à partir du 3 octobre, « une pluie furieuse et cruelle » se mit à tomber, et ne cessa qu'à la fin du mois. Les chemins, défoncés de plus en plus, furent obstrués par les canons, les bagages, les ambulances. On fut souvent obligé de couper les arbres pour les jeter en travers sur la route, afin de faciliter le passage de l'artillerie et des voitures dans cette boue grasse, tenace et profonde. C'était, dit Gœthe, « comme « une parodie de Pharaon, dans la Mer Rouge, car « comme lui, cavaliers et fantassins enfonçaient dans « la terre rougeâtre. »

Le 8 octobre, on était arrivé à Verdun, mais au prix de quelles fatigues et de quels sacrifices !

Depuis dix jours, l'armée prussienne pataugeait nuit et jour dans l'eau et dans la boue. On partait de grand matin ; on marchait souvent jusqu'à la nuit close pour faire à peine huit à dix kilomètres. Les soldats jetaient en route, « leur fusil, leur sac, leur giberne, leurs munitions, pour s'alléger (1). » Un silence de mort régnait dans les rangs, chacun allait droit devant soi, sans compatir aux souffrances du voisin ; « on n'était préoccupé que de sa pro- « pre vie : pas un soldat n'aurait tendu la main à « l'ami qui tombait sur le bord de la route (2). »

1. Lanckhard, III.
2. *Erinnerungen*. Minutoli, p. 139-141.

Les endroits où cette armée campait offraient
l'aspect d'un véritable charnier. Partout des immondices dont la vue soulevait le cœur, des mourants
abandonnés et qu'on ne pouvait pas emporter, faute
de place sur les voitures ; partout des morts, qu'on
ne prenait pas la peine d'enterrer. On empilait les
malades sur les voitures, absolument « comme les
« veaux, dans une charrette, et lorsqu'ils expiraient
« en chemin, on les jetait simplement par dessus
« bord ; s'ils respiraient encore, tant pis, ils crevaient
« en pleine boue. Oui, *crever* est le mot, car il rend
« parfaitement le genre de mort du soldat prussien,
« pendant cette fatale retraite (1). »

Toutes ces souffrances physiques et morales firent
que la discipline se relâcha. Tous les hommes vali-
des s'écartaient des rangs pour piller les maisons
isolées, et se livrer à toute sorte d'excès, pillage
que rien ne pouvait « contenir » (2). Ils incendiè-
rent les villages, dévastèrent les châteaux comme
pour se venger de leur misère sur les choses inani-
mées. Car le soldat est ainsi fait, « le désespoir l'ex-
« cite au crime ; plus rien alors de sacré pour lui, il
« voit partout la mort, il jouit cruellement des
« dernières minutes de sa vie, il aime le sang, il
« aime le gémissement et les douleurs d'au-
« trui (3) ». A Verdun, on pilla les confiseries, emportant les dragées et les liqueurs : « Nous en pri-

1. Lanckhard. T. III, p. 197-199.
2. *Lettres*. Lombard, p. 326.
3. *Campagne de France*, Gœthe, p. 161-171.

mes de toutes les espèces, raconte Gœthe ; il y en
eut même pour les absents. Nous fûmes cependant
obligés de faire exception en faveur de cet excellent vin de Bar qu'il faut consommer sur place,
parce qu'il ne supporte pas la voiture (1). »

Ces soldats, disait Gœthe, vivaient « entre l'ordre
et le désordre, tour à tour épargnant et dissipant ;
pillant et payant ; et c'est peut-être ce qui rend la
guerre si pernicieuse pour le caractère de l'homme.
On joue tantôt l'audacieux, le destructeur ; tantôt
le modéré, le bienfaiteur ; on s'accoutume aux phrases pour réveiller, soutenir l'espérance dans les
situations les plus désespérées. Mais finalement, on
en arrive à se faire un caractère d'hypocrisie à
part. »

A partir de Verdun, la retraite des Prussiens se
changea en une véritable déroute. « Ce n'était plus
« une armée, mais bien un torrent humain qui rou-
« lait vers la frontière. Une foule de piétons se
« heurtant les uns contre les autres, au milieu des
« voitures et des *impedimenta* de toutes sortes, se
« pressant, se meurtrissant, marchant d'un pas
« pressé, sous une pluie torrentielle, dans la boue
« jusqu'à la cheville sur la route, ou dans les ter-
« res détrempées et coupées d'ornières profondes.
« Des véhicules de tous les modèles, fourgons de
« bagages ou de malades, chariots d'artillerie, char-
« rettes à ridelles, calèches élégantes pour les offi-
« ciers, se suivant à la file et allant d'un pas d'en-

1. *Campagne de France*, Gœthe, p. 24.

« terrement. Des cavaliers se heurtant, s'embar-
« rassant à droite et à gauche ; des chevaux de
« main, tombant sur les chemins où les roues des
« voitures les écrasaient et broyaient leurs mem-
« bres palpitants.

« Plus loin, à mesure que l'on approchait vers la
« frontière, ce n'étaient plus seulement des cada-
« vres de chevaux que l'on rencontrait ; mais bien
« des hommes morts qui gisaient étendus au bord
« de la route et dans les buissons et que des marau-
« deurs avaient complètement dépouillés. »

Du 14 au 17 octobre, nos ennemis furent plus que
jamais décimés par la faim et la maladie. Pendant
quatre jours, les soldats en furent réduits à se nour-
rir de prunelles et de chevaux morts dont on faisait
rôtir les parties charnues à la pointe des sabres ou
des bayonnettes. Le roi de Prusse lui-même dut se
contenter le 16 octobre d'un plat de choucroute qui
lui fut envoyé des bagages. Les tentes manquaient,
il fallait demeurer en plein air, les pieds allongés
sur de mauvais feux de bivouac, impuissants à
réchauffer les membres engourdis par le froid.

Le 17 octobre, on se remit en marche, mais ce
fut pour traverser un terrain couvert en marécage,
et dans lequel on enfonçait jusqu'à mi-jambe.
Enfin le 21 octobre seulement, l'armée prussienne
traversait la frontière : elle était hors de France.

Le 23 octobre, Kellermann fit tirer trois salves
d'artillerie sur les remparts de Longwy pour sa-
luer le départ du dernier prussien.

L'armée royale, cette armée qui, quelques mois plus tôt, faisait l'objet de l'admiration générale, n'était plus que l'ombre d'elle-même ; elle arrivait à Luxembourg dans un état pitoyable. Des 42,000 hommes qui avaient envahi la France le 19 août, combien étaient morts de misère et de besoin dans les boues de la Champagne, ou dans les hôpitaux.

« La plupart des cavaliers étaient à pied, et le
« petit nombre des chevaux qui restaient, le corps
« efflanqué et les sabots échauffés ou pourris, n'a-
« vançaient qu'en boîtant. Beaucoup de fantassins
« étaient sans armes, leur démarche chancelante,
« leur air sombre, leur visage pâle et défait, leurs
« yeux creux et hagards, leur barbe inculte, leur
« uniforme souillé de fange et tombant en lam-
« beaux ; tout inspirait à la fois l'horreur et la pi-
« tié. Les gibernes n'étaient plus que d'informes
« boîtes de cuir, et la poudre qu'elles renfermaient
« une véritable pâte. Les fusils étaient rouillés,
« leur platine ne jouait plus et les bassinets ne
« s'ouvraient plus. Les sabres couverts de rouille
« adhéraient au fourreau que l'humidité avait
« rendu si flexible qu'il n'était possible d'en rien
« retirer. Les officiers avaient des bottes éculées ;
« beaucoup de leurs hommes étaient sans chaus-
« sures, les pieds meurtris par les cailloux et gon-
« flés par la fatigue ; quelques-uns avaient enve-
« loppé leurs jambes de haillons et de foin (1). »

1. *Témoin oculaire*, t. II, pp. 197-198. Lanchkard, III, pp. 212-213.

Telles furent les dernières convulsions de l'invasion prussienne de 1792 en France, et « son sinistre « épilogue : des soldats en guenilles, des armes « brisées, des essieux, des roues, des affûts à ré- « parer, des ruines de tout genre (1). »

Ici nous citerons textuellement le *témoin oculaire*.

« Du camp de la Lune à Luxembourg, il n'y avait « guère que 23 lieues. L'armée prussienne s'y traîna « en quelque sorte pendant trois semaines.

« Les premiers jours furent relativement assez « beaux, malheureusement les soldats étaient tour- « mentés par la faim. Ils mangeaient en grains le « blé trouvé sur les chemins ; la viande était telle- « ment mauvaise qu'on ne pouvait en faire du bouil- « lon, car elle provenait de bœufs et de vaches « qui, le plus souvent, périssaient en route, faute « de nourriture.

« Beaucoup de soldats morts en route furent « comptés comme déserteurs, tellement les chefs « avaient intérêt à cacher la vérité. Rien n'était « plus fréquent que la chute des chevaux ; on en « comptait journellement, soixante, quatre-vingts et « jusqu'à cent, hors d'état de servir, et ceux même « qui pouvaient se traîner mouraient bientôt de « faim. Depuis les montagnes de Hantz, jusqu'à Co- « blentz, la route était couverte de chevaux morts. « De là le très grand nombre de cavaliers obligés « de marcher à pied. Les chevaux d'artillerie n'eu-

1. *Campagne de France*. Gœthe, p. 177.

« rent pas un meilleur sort ; plus d'une fois, il fallut
« sacrifier les provisions de guerre pour les sou-
« lager.

« Les villages ne furent, du reste, pas épargnés ;
« celui qui pouvait piller, le faisait sans crainte ; le
« pillage était devenu légitime tellement les souf-
« frances étaient atroces (1). »

Ces misères poursuivirent l'armée allemande jusque sous les murs de la ville de Luxembourg. Le
soir « une pluie d'automne tomba si abondante que
« toutes les tentes en furent traversées, officiers et
« soldats se roulèrent dans la fange comme en
« France. »

A partir de Luxembourg, on se dirigea sur Trèves.
« Mais l'armée ne pouvant plus aller en colonne, les
« régiments battirent en retraite, chacun pour leur
« compte, par des chemins différents. Le manque
« de souliers rendit cette marche rétrograde très
« pénible, et bien des soldats en furent estropiés. Le
« roi, en en voyant plusieurs dont les pieds étaient
« saignants et entendant qu'ils se plaignaient d'être
« trop chargés, leur dit : *Mes enfants, jetez vos fusils,*
« *vos gibernes et même vos sabres, il ne vous arrivera*
« *rien, je prends tout sur moi.* »

« Il résultait de là que beaucoup de soldats ne
« rejoignaient leur corps que deux ou trois jours
« après les autres. »

« Ce fut principalement entre Trèves et Coblentz

1. Retraite du duc de Brunswick en 1792, tome III, p. 298
et suivantes.

« que les soldats allemands souffrirent du manque
« de souliers. Il fallut les transporter en chariots
« jusque dans le marquisat de Bade. »

Il nous faudrait un volume pour enregistrer les
faits de pillage et les exactions commises par les
envahisseurs de 1792. Du reste, on lit dans une brochure allemande parue en l'an IV de la république
française : « Des brigandages sont-ils permis à la
« guerre ? Non ! mais nous avons coutume en Alle-
« magne de faire le plus de mal possible à notre
« ennemi.

« Le soldat s'est fait à cet égard des principes à
« lui, qui le mettent fort à l'aise. Il allègue le plus
« souvent l'exemple des chefs qui ne se font pas
« faute de piller chaque fois qu'ils en trouvent. l'oc-
« casion. Il croit, en conséquence, que des fatigues
« extraordinaires lui donnent le droit à un dédom-
« magement extraordinaire ; dès lors, il se permet
« tout ce qu'il peut. Après tout, quoique plus gros-
« sièrement organisé, il ne se croit pas destiné à
« souffrir seul. Les grands capitaines de tous les
« temps, Alexandre, César, Gustave-Adolphe, Wal-
« lenstein, Frédéric le Grand et autres fermaient
« les yeux sur les brigandages commis par leurs
« soldats ; ils permettaient même le pillage comme
« un mal nécessaire, qu'il n'était pas en leur pou-
« voir d'empêcher. Pourquoi donc alors n'en
« aurions-nous pas fait autant. N'est-ce pas la *ratio*
« *belli* à invoquer ? »

Voilà une théorie que les Prussiens n'ont que

trop mise en pratique, non seulement en 1792, mais en 1814 et en 1870.

Le comte de Montagnac, gouverneur du château de Pau sous la Restauration, a publié le récit de ses pérégrinations à l'étranger, dans une série de documents qui ont paru sous le titre de : *Journal d'un Français*. Nous en extrayons le passage suivant relatif à l'occupation prussienne en 1814. Le général Guesenau ; occupait la forteresse de Laon ; le comte de Montagnac était allé à l'état-major prussien, pour lui soumettre différentes réclamations, au sujet des rigueurs de l'occupation étrangère.

« Un grand officier blond et maigre qui parlait
« correctement le français se leva brusquement, et
« entama une violente diatribe contre la France.
« C'était, selon lui, un pays misérable dans lequel
« on ne trouvait que des cailloux, de la craie ou du
« sable. Qu'est-ce que votre Champagne, disait-
« il ? Un sol poudreux, sur lequel rien ne pousse.

« Il est visible que cet officier jugeait la France
« par cette province qu'il avait seule traversée.

« — C'est un fort triste pays. J'en conviens,
« répondit le comte de Montagnac, mais il y a
« des produits dont tout le monde s'arrange, et
« entr'autres le vin de Champagne et ce petit vin
« de Verdun, dont vos devanciers ont su largement
« profiter, en prenant tout ce qui était à leur con-
« venance. Dans tous les cas, je ne sais pas si la
« craie de la Champagne n'est pas préférable au
« sable de la Poméranie.

« — Dans votre maudite France, répliqua l'offi-
« cier allemand, le pays est si misérable qu'on ne
« saurait même pas où trouver à vivre un seul jour
« chez le plus riche. — Vous exagérez, monsieur
« l'officier, la misère de nos campagnes. Vous voyez
« notre pays sous le poids de l'occupation étran-
« gère, vous ne le voyez pas dans ce qu'il est en
« réalité. Voyons! raisonnons. Vos soldats entrent
« dans un village; ils demandent de suite, sur-le-
« champ, de l'eau-de-vie, du tabac et du café. Ils
« sont tous surpris de trouver fort peu de ces cho-
« ses-là, et souvent, pas du tout... Mais il ne fau-
« drait pas cependant juger tout à fait par là de
« l'aisance d'un pays. Cette prétendue misère à
« laquelle vous faites allusion, s'explique par les
« habitudes de nos paysans. En France, et surtout
« en Champagne, le cultivateur ne fume pas; il
« ignore ce que c'est que le café; il use très modé-
« rément de l'eau-de-vie. Il est donc très naturel
« que vous ne trouviez aucune de ces denrées dans
« nos villages, je vois bien que c'est ce manque de
« tabac, d'eau-de-vie et de café qui aggrave, chez
« nous, les maux de la guerre. En effet, un déta-
« chement entre dans une maison ; il demande avec
« autorité, et il entre en fureur au refus d'une den-
« rée qu'on n'a pas, et qu'il croit qu'on lui cache, par
« obstination ou par haine. Le soldat est aveugle ;
« il croit que tous les pays produisent également les
« choses dont il a coutume d'user ; mais l'officier
« doit voir d'un œil plus juste, et ne pas s'indi-

« gner, lorsqu'un village de Champagne manque de
« café. »

Ici se termine en fait l'invasion prussienne de
1792, mais sans prétendre faire un tableau complet
de la campagne qui a décidé du sort, non seulement de la France, mais de la Révolution et par
suite de l'Europe, il nous paraît utile, sinon nécessaire, d'en faire connaître les principaux évènements. Il nous paraît également utile de présenter
rapidement les conséquences immédiates et même
lointaines de l'invasion de 1792 dans les relations
de la Prusse et de la France.

CHAPITRE VII

Invasion de la Belgique. — Jemmapes. — L'ébauche d'un
grand homme. — Tentative de Dumouriez sur la Hollande. — Les Autrichiens reprennent l'offensive sur la
Meuse. — Nerwinde. — Retraite sur la frontière française. — Custine dans les Vosges et sur le Rhin. — Son
portrait. — Nullité des commissaires de la convention. —
Occupation de Mayence. — Kléber et Gouvion-Saint-Cyr.
— Un mot sur Desaix. — Deux ingénieurs à Mayence.

La victoire de Valmy laissait Dumouriez libre
d'accomplir son projet d'invasion de la Belgique.

Le duc Albert, généralissime des armées impériales dans les Pays-Bas, fidèle au principe de la
disposition des troupes en cordon, avait étendu ses
faibles cantonnements de Namur à la mer. Ni Dumouriez, ni le conseil exécutif siégeant à Paris, ne
virent le parti que l'on pouvait tirer de la disper-
sion des forces autrichiennes dans le pays.

Il ne s'agissait pour cela que de poursuivre les
Prussiens à outrance, pendant que Custine (1), se
dirigeant sur la basse Moselle, intercepterait leur

1. Pendant la campagne de l'Argonne, ce général campait
à Spire, avec 17.000 hommes. C'était l'aile gauche de l'armée qui, sous les ordres de Biron, devait défendre l'Alsace.

seule ligne de retraite. Les deux armées réunies à Coblentz, à la suite de ce mouvement concentrique, descendant alors vers le Rhin, par Andernach, Bonn et Cologne, seraient venues occuper Aix-la-Chapelle, prenant ainsi à revers toutes les possessions prussiennes et autrichiennes au delà du fleuve : Turenne et Frédéric eussent opéré de la sorte ; mais il ne fallait pas s'attendre à une semblable résolution de la part des généraux de notre première révolution.

Il restait encore un autre parti à prendre : c'était de suivre la Meuse, pour se porter immédiatement avec toutes les forces disponibles sur Namur et Liège. Rien de tout cela ne fut aperçu ; et nous allons voir se vérifier ce mot de l'écrivain (1) qui a dit de Dumouriez qu'il n'était que « *l'ébauche imparfaite d'un grand homme.* »

L'armée des Ardennes n'eut pas plutôt rempli sa mission dans l'Argonne, qu'elle reçut l'ordre de rétrograder sur Maubeuge et Valenciennes, pour de là se diriger sur Mons, où se trouvait le quartier général autrichien.

Le duc Albert, que la marche des colonnes françaises vers le Nord, avertissait depuis un mois de concentrer ses forces, avait à peine réuni 20,000 hommes à l'ouverture de la campagne. Il occupait la position de Jemmapes, préparée de longue main pour servir de champ de bataille, mais trop éten-

1. Lamartine.

due pour le peu de monde qu'il avait avec lui. Les points accessibles en étaient défendus par quatorze redoutes garnies de cinquante bouches à feu. Un taillis et les villages de Cuesme et de Jemmapes couvraient le centre.

Nos colonnes furent victorieuses, mais au prix de pertes considérables, et les Autrichiens purent battre en retraite, sous la protection de l'aile gauche que nous eussions dû accabler de tous nos moyens d'action.

Dumouriez s'arrêta cinq jours à Mons et fit un pont d'or à l'ennemi qu'il aurait peut-être pu anéantir en brusquant sa marche. Le but important était d'empêcher les Impériaux de se rallier sur la Meuse. Le général français persista à s'avancer de front, étendant ses ailes, vers Namur et Anvers, et marchant avec une telle lenteur qu'il n'arriva à Liège que vingt-deux jours après la bataille, et sans avoir entamé l'armée ennemie malgré sa supériorité.

Néanmoins la victoire de Jemmapes eut en France un grand retentissement. On exagéra la bravoure de nos troupes, le péril auquel elles s'étaient exposées en emportant de vive force des redoutes réputées comme inexpugnables, et dans toute l'Europe, on reconnut enfin la supériorité des troupes françaises sur celles des autres nations, toutes les fois qu'il s'agissait de tenter un coup d'audace.

Un dernier effort eût suffi pour rejeter l'ennemi au delà du Rhin ; Dumouriez ne songea pas à inquiéter ses quartiers d'hiver établis sur la Roë ; il s'attacha à faire le siège des forteresses de Namur et d'Anvers, au lieu de poursuivre l'ennemi, qui se retira à Cologne et à Neuss. L'occupation de ces deux places termina la campagne de 1792.

Une bataille nous avait valu la conquête de la Belgique ; une seule bataille nous la fit perdre, voici comment :

La Hollande, à peine sortie d'une révolution qui avait obligé le stathouder à avoir recours aux baïonnettes prussiennes, pour maintenir son autorité, renfermait une multitude de mécontents. Bercé de l'espoir que ces derniers favoriseraient une entreprise de ce côté, Dumouriez pressa la convention d'y porter la guerre.

Mais au lieu de marcher sur Amsterdam qui était le point indiqué par Louis XIV, le général français se dirigea sur Rotterdam, en traversant les nombreux bras de mer situés à l'embouchure de la Meuse et du Rhin. Le péruvien Miranda qui venait de s'emparer de Maestricht, avait l'ordre de venir lui donner la main à Nimègue et à Utrecht, pour de là attaquer Amsterdam.

Ce projet que la nature du pays rendait déjà d'une exécution fort difficile, était imprudent. Il fallait s'attendre en effet à ce que les Autrichiens, qui recevaient chaque jour de nouveaux renforts, inquiéteraient le siège de Maestricht. Comment admettre en outre qu'ils resteraient immobiles dans leurs cantonnements, lorsque le départ d'une partie des troupes françaises pour la Hollande leur fournissait la double occasion de reconquérir la Belgique et d'intercepter les communications de l'armée d'expédition avec la France ?

Sans s'arrêter à ces considérations, Dumouriez quitta Anvers dans les premiers jours de février 1793, et se dirigea sur la Basse-Meuse, à la tête de vingt-cinq mille hommes. La fortune, au début, le favorisa au delà de toute espérance. Les places de Breda et Gertruidenberg lui ouvrirent leurs portes. Mais quelques jours après les Autrichiens sortis de leurs cantonnements, battirent Miranda qui fut forcé de lever le siège de Maestricht et de rétrograder sur Tirlemont.

Arraché à ses illusions, par un ordre impératif de la convention, Dumouriez se replia jusqu'à Louvain, où il trouva le gros de son armée dans l'état le plus déplorable.

Il importait d'y rétablir l'ordre et la confiance sans lesquels le nombre n'est rien devant l'ennemi.

Le général connaissait le cœur humain. Il réunit ses officiers, harangua ses soldats, exhorta les uns et les autres à se conduire en braves, et arriva au résultat qu'il cherchait, avec une adresse que nous reconnaissons volontiers.

Un moyen puissant pour retremper le moral d'une armée, et surtout de l'armée française, est de passer à l'offensive à la première occasion. Dumouriez, qui connaissait l'efficacité de ce moyen, le mit en pratique, en faisant assaillir Tirlemont, que l'avant-garde ennemie n'occupait que depuis vingt-quatre heures.

Les Autrichiens se trouvaient autour de Nerwinde sur le terrain, déjà célèbre par la victoire du maréchal de Luxembourg. Ils s'étaient établis entre la petite Gette et le ruisseau de Landen, dans une direction perpendiculaire à celle du prince d'Orange en 1693. Le prince de Cobourg avait succédé au duc Albert dans le commandement de l'armée Autrichienne, dont la force s'élevait à quarante-mille combattants.

Le 18 mars 1793, au matin, les Français passèrent la Gette sur huit colonnes, et attaquèrent la position de front. Les premiers avantages furent pour eux. Le village de Nerwinde était la clef de la position; comme en 1693, il fut l'écueil contre lequel vint se heurter notre malheureuse infanterie, et Dumouriez, qui n'avait ni la ténacité, ni le coup d'œil du grand Condé, ne sut point s'inspirer du souvenir de Nordlingen, et donna le signal de la retraite qui fut aussi celui de l'évacuation de toute la Belgique.

On sait comment la défection de Dumouriez, arrivée peu de temps après la journée de Nerwinde, mit fin à sa carrière politique et militaire.

La guerre fut ramenée sur la frontière française, où les alliés rivalisèrent avec nous à qui commettrait le plus de fautes. Le brave Picot de Dampierre succéda à Dumouriez.

A cette date (avril 1793), Custine prenait le commandement de toute l'armée du Rhin.

Philippe-Adam de Custine, nommé le 2 septembre 1792 au commandement de l'armée des Vosges, était colonel de dragons, à l'âge de vingt-et-un ans. Il avait alors trois campagnes à son actif : deux sous les ordres de Maurice de Saxe, pendant la guerre de Sept ans, et une dans le Nouveau-Monde, sous les ordres de Rochambeau. Il était sobre, robuste, généreux de ses deniers, sévère, actif, soigneux du bien-être de ses soldats.

En voyant le peu de précautions que prenaient les alliés pour couvrir leurs derrières, pendant l'invasion de la Champagne, Custine conçut le projet d'enlever par surprise la ville de Mayence qui lui ouvrit ses portes le 21 octobre, au moment même de la retraite des troupes prussiennes. La prise de Mayence fut un sujet d'effroi et de douleur pour les princes allemands, car cette ville était la clef de l'Empire germanique.

L'occupation de Mayence fut suivie de celle de Francfort-sur-le-Mein, pointe excentrique, impolitique, inutile et dangereuse. Mais Custine était un de ces hommes aventureux pour lesquels la renommée est un besoin ; il était persuadé que le délabrement de l'armée du duc de Brunswick était tel, que de longtemps, la possession du Palatinat et de la rive droite du Rhin ne pouvait lui être disputée. L'expérience lui prouva qu'il se trompait, car le moment approchait où l'armée française allait avoir à tenir tête à toute l'armée prussienne.

Cette expédition sur la rive droite du Rhin était

une faute grave. Les besoins pécuniaires paraissent avoir décidé Custine à la tenter. Les caisses de l'armée étaient vides, les troupes ne recevaient pas leur solde, mais seulement de faibles acomptes. Nos courses, dans cette contrée riche et sans défense, pouvaient nous procurer l'argent dont nous avions le plus grand besoin. Quoi qu'il en soit, cette manière de rançonner Francfort et de frapper d'impositions les abbayes et les principautés situées entre le Mein et la Lahne, fut souverainement impolitique, en ce sens que ses exécutions allaient soulever de nouveaux ennemis contre la république française. On doit dire à la décharge de Custine que la Convention les approuvait et même les commandait.

L'armée du duc de Brunswick était revenue à Coblentz. Les mesures allaient être prises pour l'investissement de Mayence.

C'est à ce moment-là précisément qu'apparaissent au milieu de nos armées ces commissaires de la Convention autour desquels on a fait tant de bruit, et qui ne sont en somme que des despotes au petit pied exerçant auprès des généraux une influence néfaste et toujours dangereuse. On a prétendu qu'ils avaient organisé la victoire sur nos frontières, deviné nos plus célèbres capitaines, et qu'ainsi la France devait Jourdan et Macdonald à Levasseur ; Gouvion-Saint-Cyr à Hentz ; Hoche et Marceau à Saint-Just ; Bonaparte à Gasparin et à Salicetti. C'est là une profonde erreur, et l'histoire vraie a fait justice de ces légendes révolutionnaires. La victoire ne s'improvise pas ; elle s'organise avec de bonnes institutions militaires, et elle n'est venue se ranger dans nos drapeaux qu'après la tourmente révolutionnaire, lorsque l'expérience et l'instruction des troupes ont été de pair avec leur courage et leur patriotisme.

La conduite de la plupart des représentants du peuple introduisit la corruption dans nos institutions militaires, la confusion, l'espionnage et la délation dans les armées ; continuellement préoccupées par des soupçons de trahison, ils relâchèrent les liens de la discipline qui règle les relations entre le supérieur et le subordonné, en élevant pouvoir contre pouvoir, écharpe contre écharpe, panache contre panache, et en exerçant leur action à tout propos, et dans des questions auxquelles ils n'entendaient absolument rien. Enfin, c'est à la suite de ces magistrats du peuple qu'apparurent au milieu des camps, l'attirail de la guillotine et son affreuse escorte ; c'est à eux, et à eux seuls, qu'appartiennent ces déplorables mesures qui poussèrent au commandement des armées cette tourbe d'ignorants et d'obscurs ambitieux, dont la subite élévation au faîte des honneurs fut une honte pour la France.

Parmi les officiers de l'armée du Rhin, qui se sont élevés à une haute situation militaire, sous les ordres de Custine, deux méritent une attention spéciale.

L'un est Kléber, dont le rude génie et la taille athlétique rappellent les héros d'Homère, esprit vaste, généreux, lucide, sommeillant quelquefois, se réveillant toujours à l'approche de la tempête, et se mouvant à l'aise dans nos armées : superbe, audacieux, atteignant sans effort au sublime ; grand homme incomplet, ne voulant pas occuper le premier rang, s'ennuyant au second, mais aspirant à rester parmi ses égaux comme un drapeau, et s'élevant au-dessus d'eux.

L'autre est ce guerrier qui reçut de Bonaparte, premier consul, le titre de *premier lieutenant de l'armée*, qui devenu général en chef, ambassadeur, ministre, législateur, demeura insensible à la faveur des cours, fidèle au devoir et à la patrie, en face des enivrantes séductions de la grandeur ; qui donna à la France une charte militaire, et laissa après lui d'admirables écrits pour l'instruction des hommes d'État et des hommes d'épée, auxquels sa vie doit servir de modèle. Nous voulons parler de Gouvion-Saint-Cyr, le créateur de notre état major.

A cette époque, Kléber était adjudant-major au 4ᵉ bataillon des volontaires du Bas-Rhin, et Gouvion-Saint-Cyr, capitaine dans les chasseurs à pied de Paris. Tous deux devinrent les camarades de Desaix, adjoint d'état-major à l'armée du Rhin, leur ami, leur émule, leur frère d'armes, qui vécut comme Paul-Emile, mourut comme Decius et mérita par ses vertus le surnom de *Sultan Juste*, que lui décernèrent les peuples de la Haute-Egypte.

La France, à l'ouverture de la campagne de 1793,
disposait sur le Rhin de . . . .   43.000 h.
dans les forteresses de l'Alsace et des
Vosges, depuis Huningue jusqu'à
Bitche, de. . . . .   35.000 h.
sur la Moselle de. . . . .   30.000 h.
      Ce qui faisait en tout, entre le Rhin
et la Moselle. . . . .   108.000 h.

Certes, c'était bien suffisant pour se défendre contre les 20.000 Autrichiens de Hohenhohe-Kirchberg.

Jamais cependant la position de nos armées ne
fut plus critique qu'à cette époque, à cause des
mesures fâcheuses adoptées par le gouvernement.
Beurnonville, nommé ministre de la guerre, conser-
vait le commandement de l'armée de la Moselle ; le
quartier général d'une armée qui campait sur la
Sarre, était ainsi transféré à Paris. Cette bizarre
combinaison faisait que Custine ne pouvait, sans
l'ordre exprès de Beurnonville, tirer aucun renfort
des garnisons de l'Alsace et de la Lorraine, bien que
l'armée du Rhin fût numériquement trop faible
pour rester isolée et sans appui devant 60.000
Hessois, Prussiens et Autrichiens répandus dans les
vallées de la Lahn et du Mein.

Deux ingénieurs de mérite, les généraux Doyré
et Meunier, commandaient à Mayence. Le premier,
d'un esprit méthodique et froid, d'un caractère
franc et d'une prudence consommée, manquait de
force et d'activité physiques ; déjà avancé en âge,
il ne pouvait même que difficilement monter à che-

val. L'autre, encore jeune, d'une organisation robuste, d'une humeur impétueuse, était avide de tout connaître et de tout entreprendre ; il recherchait avec l'infatigable persévérance de l'académicien et du militaire, la solution de ce grand problème : De quelle manière et jusqu'à quelles limites, les sciences mathématiques peuvent-elles contribuer au perfectionnement du métier et de l'art de la guerre (1).

Avec ses défauts, Custine était cependant généreux à l'occasion. L'anecdote suivante en est la preuve.

Un chirurgien de l'armée prussienne est pris par des soldats français et amené au quartier général de Mayence ; il s'adresse à Custine, en l'appelant : *votre grâce*. Le général le prend par la main, l'appelle son frère, et lui montrant le ciel : « Ce n'est que celui-là, lui dit-il, qui est gracieux ; moi, je suis votre égal, et mon devoir est de faire tout le bien qui dépend de moi. » Custine lui donna de

1. Il y eut pendant toute cette période à l'armée du Rhin trois officiers généraux portant à peu près le même nom, et que les écrivains ont souvent confondu : *Munier* qui devint lieutenant général après le combat de Limbourg (9 novembre 1792) ; *Meynier* qui défendit Kœnigstein et mourut en 1813, général de division et commandant d'armes de Mayence. Enfin, le célèbre ingénieur *Meunier*. Au siège de Mayence, il dirigea les opérations autour de Cassel, et mourut le 13 juin 1793, des suites d'une blessure reçue en passant le Mein. Les Prussiens s'unirent aux Français pour lui rendre les honneurs funèbres ; le jour de son enterrement il y eut une suspension d'hostilité qui dura deux heures.

l'argent, le congédia amicalement et lui fit expédier un passe-port en règle.

Mais Custine se montrait enthousiaste de la liberté ; c'était son idole ; il en parlait à tout le monde, la présentait à tout venant ; la caressait, l'admirait ; il avait pour elle, la tendresse d'un père à l'égard de sa fille. Aux Hessois il disait :

« La France vous offre un sort heureux ; quinze sols par jour, si vous voulez la servir ; quarante-cinq florins de pension, si vous ne servez pas comme soldats ; le droit de citoyen, amour fraternel et la liberté. »

Deux membres fondateurs du club institué à Mayence traduisirent en allemand les ordres, appels et proclamations du général français. L'un Stamm était un Strasbourgeois sans consistance, un mannequin tournant à tous les vents ; l'autre, Bohmer, avait été professeur de l'école latine de Worms, et était le fils du célèbre professeur de droit de Gœttingue.

Comme conclusion, nous dirons que la conduite irréligieuse de nos soldats, partout où ils ont passé, a été la cause dominante du peu de succès du prosélytisme politique des généraux français dans la région du Rhin.

L'arrivée de nos troupes dans les trois électorats catholiques fût d'abord assez bien accueillie. Mais quand on vit « que les Français n'allaient pas « à la messe, qu'ils se moquaient sans scrupules « des moines, des saints ; qu'ils abattaient sur le

« pont de Mayence, la tête de saint Jean Népo-
« mucène, mettaient un bonnet rouge à la mère de
« Dieu ; quelle est donc la foi de ces gens-là, disaient
« les populations, ils ne pensent plus à Dieu » (1).

1. Témoin oculaire, pages 341, 342.

CHAPITRE VIII

Nous n'avons pas eu la prétention, dans les pages
qui précèdent, d'écrire l'histoire militaire de la Révolution ; notre rôle plus modeste est celui d'un
chroniqueur, dont l'attention s'arrête sur certains
faits et qui les raconte à leur date, tels qu'ils se suivent et se présentent dans les chroniques du temps.

Pendant trois quarts de siècle, les livres, les journaux, la tribune même, ont exalté les citoyens
armés, soldats improvisés qui, sans instruction, sans
discipline, sans esprit militaire, ont battu les ennemis et fait la conquête de l'Europe. A la veille même
de nos récents désastres, des avocats, des philoso-
phes, évoquaient à la chambre des députés le souvenir des volontaires de 1793, pour démontrer l'inu-
tilité et même le danger des armées permanentes,
On répétait qu'au moment du péril, le citoyen, devenu

spontanément soldat et même officier, suffisait pour
sauver la patrie.

Nos récits font connaître que l'armée française de
1792 était essentiellement monarchique dans ses
cadres, et si elle a pu enregistrer les succès de
Valmy et de Jemmapes, la France le dut certainement aux anciens cadres de l'armée royale, restés
fidèles au devoir, à la patrie et à l'honneur.

Au surplus le général Poissonnier-Desperrières
nous donne dans ses *Mémoires* publiés en 1824,
un aperçu de l'esprit de l'armée, sous la convention. Avec de très beaux états de service, cet
officier a eu sa fortune militaire compromise sous
tous les régimes. La république le mit en prison ; le
directoire l'eut pour ennemi ; l'empire le tint en
disgrâce, et la restauration ne fit rien pour ré-
compenser une fidélité qui l'avait si mal servi sous
les régimes précédents. Cette situation nous procure
l'avantage d'avoir le récit de sa *Vie politique et militaire* publiée pour prendre le public à témoin des
injustices commises à son endroit par tous les gouvernements sous lesquels il a été contraint de
servir.

Nous lisons dans ses *Mémoires* le passage suivant :
« Le 19 septembre, l'avant-garde du général Keller-
« mann dont je faisais partie, prenait position en
« arrière du moulin de Valmy, mon quartier géné-
« ral était chez Mme de Dampierre, dont le mari avait
« eu le bras cassé à Varennes. Vingt-trois officiers
« soupèrent dans le château, et l'indignation sur le

« 10 août fut manifestée en termes si peu mesurés
« que Mme de Dampierre surprise, ne pouvait se faire
« à l'idée de retrouver tant de royalistes sous des
« bannières insurgées. Qui eût pensé alors qu'une
« armée forte seulement de 22.000 hommes, mais de
« bonnes troupes *presque toutes royalistes*, aurait ar-
« rêté l'armée prussienne.

« Un seul mot suffira pour expliquer ce miracle,
« comme deux mots ont suffi pour l'opérer.

« A trois heures du matin, l'armée prussienne
« défila sur le flanc de l'armée française, pour tâcher
« de s'ouvrir un passage. Des lettres sûres, parve-
« nues à des officiers et à des soldats, courent de rang
« en rang ; elles apprennent que les Autrichiens
« plantent leurs aigles sur les forteresses du nord,
« et que les Prussiens en ont fait autant à Verdun
« et à Longwy. Les officiers se réunissent par grou-
« pes, voient que la cause du roi paraît compromise
« et même totalement oubliée, et que c'est pour
« leurs intérêts seuls que les ennemis envahissent
« notre territoire. L'indignation s'empare des esprits,
« elle devient générale : *on veut nous potoniser* est
« le cri universel. Les officiers s'embrassent, jurant
« de faire leur devoir et d'être Français avant
« tout : la journée a prouvé si ce serment avait été
« rempli. »

L'extrait suivant prouve encore que l'armée répu-
blicaine de 1792 renfermait dans ses rangs beaucoup de royalistes.

Quelques jours après Valmy, Poissonnier-Desper-

rières qui commandait le régiment de Beauce (aujourd'hui le 49e de ligne), reçut « l'ordre de partir
« avec huit cents grenadiers, pour se joindre au
« colonel Landremont qui commandait Schomberg
« (17e dragons), à l'effet d'attaquer une colonne
« ennemie : quelques hussards furent adjoints à
« cette expédition, et comme elle se faisait en
« plaine, le commandement en appartenait à Landremont. Il s'agissait de prendre à Buzancy un
« parti d'émigrés commandés par un prince au-
« guste. Mais ce dernier pouvait être tranquille,
« car Landremont partageait mes opinions, et était
« aussi sûr de ses dragons que moi de mes grena-
« diers.

« Cette affaire dura trois jours et deux nuits ; on
« prit quelques bagages, beaucoup de porte-man-
« teaux qui devinrent la proie des soldats et
« soixante-dix émigrés. Le troisième jour, Landre-
« mont, d'accord avec moi, fit demander l'échange
« des prisonniers. L'ennemi avait à nous *un briga-*
« *dier et deux hussards : il nous les rendit et nous*
« *renvoyâmes tous les émigrés, à leur grande satis-*
« *faction, à la nôtre, et on peut dire, à celle de nos*
« *soldats qui n'en voulaient qu'aux Prussiens.* »

Le sentiment général de l'armée au début de la
Révolution était donc royaliste. Les hommes qui
voulaient le renversement de la monarchie le savaient, et c'est pour cela que tous leurs efforts ont
eu pour but d'abord d'éloigner les troupes de la
personne du roi, puis de les désorganiser par une

indiscipline que la faiblesse calculée du gouvernement laissait impunie.

Les hommes de la Convention devaient leur pouvoir à la désorganisation générale ; ils ne pouvaient le conserver que par elle ; comment alors n'auraient-ils pas redouté une armée disciplinée qui, par cela même, aurait cessé de leur appartenir ? Des citoyens armés au hasard, des officiers auxquels l'élection donnait des grades ; cela leur convenait mieux, car ils pouvaient ainsi entretenir les haines, les convoitises, les ambitions dans l'armée.

Si la France essuya des défaites en 1793, elle le dut certainement à ces bandes de volontaires indisciplinés incorporés dans nos troupes, dans un moment où il fallait penser à la patrie, et non faire de la politique.

L'échec de la bataille de Nerwinde fut un avertissement sérieux, et Aubry, au nom du ministère de la guerre, osa demander alors à la Convention le vote d'urgence d'un code pénal militaire.

Marat s'indigna : « c'est l'artifice ordinaire des chefs perfides, s'écria-t-il. Lorsqu'ils ont éprouvé des revers, ils s'en prennent aux soldats patriotes ; ils sollicitent des lois de sang contre les hommes que leur zèle brûlant a conduits aux frontières. »

Dumouriez, de son côté, écrit à la Convention que la désorganisation de l'armée et de tous les services est la cause certaine de nos revers. « — On vous trompe, dit-il, on a fait éprouver aux Belges tous

les genres de vexation ; on a violé à leur égard,
les droits sacrés de la liberté ; on a profané les or-
nements de leur culte par un brigandage lucratif. »

Enfin Camus, dans un rapport d'une vérité bru-
tale, ne craint pas de blesser les idées de ses amis
politiques quand il écrit : « Les intrigants, pour être
élus officiers, promettent aux soldats l'indiscipline
et l'impunité. Si vous ne supprimez pas l'élection,
vous n'aurez jamais de troupes. »

Mais parler d'ordre et de soumission devant une
réunion de révoltés, c'était assurément prêcher dans
le désert. Aussi Robespierre déclarait-il à la tribune des Jacobins, qu'il n'y avait d'autres remèdes
aux revers de nos armées, que le massacre des aristocrates. « Il faut d'abord, disait-il, que le peuple se lève en masse pour écraser ses ennemis inté-
rieurs et les exterminer. »

La Convention, qui voulait avant tout assouvir sa
haine contre tout ce qui n'était pas sanguinaire
comme elle, était impuissante à rétablir l'ordre dans
l'armée : *Nemo dat quod non habet.*

Loin de reconnaître avec Camus l'absurdité de
l'élection, elle veut chasser, guillotiner les officiers
qui, sortis des écoles de la monarchie, ont une solide
instruction militaire, et s'efforçent de conserver encore dans les régiments quelques traditions de l'esprit militaire.

Elle décrète la levée en masse, c'est-à-dire le
nombre remplaçant l'instruction, la discipline. Cette
levée plus tyrannique, plus écrasante qu'aucune des

mesures prises jusque-là, était en fait inapplicable,
et Danton de s'écrier : « La Convention a la foudre
dans les mains ; lorsque l'enthousiasme ne produira
pas assez de conscrits, les commissaires requère-
ront. »

Chaque classe devait être appelée successivement:
la première comprenait les hommes de seize à vingt-
cinq ans et tous les célibataires et veufs jusqu'à
quarante ans ; la deuxième tous les hommes mariés
de vingt-cinq à trente-cinq ans ; la troisième, les
hommes de trente-cinq à quarante-cinq ans ; enfin,
la quatrième, tous les citoyens sans exception en
état de porter les armes.

Barrère, dans son langage ampoulé, définissait la
part de chacun dans cette levée qu'il appelait un
effort de géant.

« *Les jeunes gens*, disait-il, *combattront en prenant
une pose théâtrale ; ils seront chargés de vaincre ; les
hommes mariés forgeront les armes, transporteront
les bagages et l'artillerie, prépareront les subsistances.
Les femmes travailleront aux habits des soldats. Les
enfants lèveront leurs mains pures vers le ciel. Les
vieillards se feront porter sur les places publiques,*
comme autrefois chez les peuples anciens, *et enflam-
meront le courage des jeunes gens.* »

Mais les grands mots ne font pas des armées.
Pour la gloire de la France, il restait encore quelques vieux soldats de la monarchie et des officiers
instruits et dévoués, auxquels se joignirent les premiers conscrits, fils de paysans, qui arrivèrent sans

enthousiasme, mais aussi sans esprit de révolte.

S'est-on donc bien rendu compte de l'énergie et du dévouement qu'il a fallu à ces officiers de la monarchie, sans cesse dénoncée comme suspects, pour oser tenter une organisation sérieuse, en face d'un gouvernement qui personnifiait en lui la licence et la tyrannie? S'est-on bien rendu compte que l'armée que Bonaparte conduisit à la victoire demanda deux années de soins et de peines aux généraux modestes qui s'étaient dévoués à sa formation.

Ici, nous ouvrirons une parenthèse, pour laisser encore la parole au général Poissonnier-Desperrières, qui va nous raconter en quelques mots ce qu'était l'indiscipline de l'armée démocratique au début de la Révolution.

En 1791, le futur colonel du régiment de Beauce commandait comme major le corps des canonniers volontaires de Paris. L'aventure suivante prouve jusqu'à l'évidence à quel point les pouvoirs étaient confondus, et combien étaient folles et exagérées les prétentions des individus qui se formulaient dans les réunions patriotiques.

« Le prêt des canonniers se faisait tous les cinq
« jours, sur un contrôle nominatif des hommes pré-
« sents, lequel était signé par le commandant. Quel-
« ques soldats désirant doubler leur paye eurent
« l'idée de se présenter dans d'autres sections, pour
« s'y faire inscrire, de sorte qu'ils touchaient leur
« paye aux canonniers, puis allaient ensuite la rece-
« voir, au nom des compagnies soldées des districts.

« Cet abus, en leur imposant de nouveaux devoirs,
« les mettait souvent dans l'obligation de manquer
« aux appels. Poissonnier-Desperrières en est ins-
« truit, et ne voulant pas se compromettre, il en
« rend compte à l'adjudant-général de la garde na-
« tionale, chargé des détails, qui était alors La-
« jard. Ces deux officiers convinrent ensemble que
« le prêt se ferait, jusqu'à nouvel ordre, journelle-
« ment et non tous les cinq jours. Cette disposition,
« contrariant les délinquants, leur causa un mécon-
« tentement qu'ils eurent le plus grand soin à
« rendre général ; la fermentation fut dès lors à son
« comble.

« Les instigateurs firent battre le rappel dans
« les casernes, excitant les canonniers à se rendre à
« l'Hôtel-de-Ville. Mais le bon esprit de ceux-ci
« l'emporta, et ce fut inutilement que Poissonnier,
« se rendit auprès de Lajard à l'Hôtel-de-Ville
« pour les recevoir. Rentré le soir, le major com-
« mandant les canonniers se fait rendre compte
« par les sergents de ce qui s'était passé, et s'in-
« forme si on a pris le nom des mutins. Sur la
« réponse affirmative des sous-officiers, il ordonne
« un appel pour le lendemain, à six heures du ma-
« tin, fait assembler les compagnies auxquelles il
« expose la raison qui a motivé les nouvelles dis-
« positions prises, au sujet de la solde, entre lui et
« l'autorité supérieure. Il fait sentir aux canon-
« niers l'inconvenance de leur conduite de la
« veille, et les félicite d'être revenus aux principes

« de discipline qui constituent les bons soldats ;
« puis il fait conduire à l'abbaye un sergent, un
« caporal et trois canonniers qui avaient provoqué
« des murmures dans les rangs, et comme ce n'est
« pas en vain que l'on parle le langage de l'honneur
« aux bons soldats, et qu'on leur expose franche-
« ment la vérité ; tout rentra bientôt dans l'ordre.

« Mais les hommes punis, qui sûrement avaient
« leurs instructions secrètes pour semer le trouble,
« s'adressèrent au fameux district des Cordeliers,
« lequel envoya près de Poissonnier trois com-
« missaires pour réclamer l'élargissement des pri-
« sonniers. L'officier écouta, bien résolu à ne céder
« à aucune des prétentions de ces derniers. D'a-
« bord, il contesta l'autorité du district, en pareille
« matière, établit en principe qu'il n'avait à rendre
« compte de sa conduite qu'à Lafayette, son chef
« direct ; puis il raconta les faits et les motifs
« d'ordre qui l'avaient fait agir, faisant sentir la
« nécessité de maintenir la discipline dans sa
« troupe, et qu'il ne changerait rien aux disposi-
« tions qu'il avait cru devoir prendre.

« Les commissaires se sentirent fort embarras-
« sés ; ils déclarèrent cependant qu'ils avaient des
« ordres, qu'ils ne rentreraient au club des Corde-
« liers, qu'avec la mise en liberté des soldats punis,
« qu'un refus les compromettrait, et rendrait leur
« situation impossible parmi leurs collègues.

« Touché de leur position, mais indigné des pré-
« tentions du district qui s'érigeait en souverain,

« Poissonnier leur proposa de consulter ses canon-
« niers et que la majorité déciderait. C'était ris-
« quer son autorité; mais il était tellement sûr du
« bon esprit qui animait sa troupe, qu'il n'hésita
« pas un instant à tenter l'aventure. La proposition
« fut acceptée; elle couvrait la responsabilité des
« commissaires. Les ordres sont aussitôt donnés;
« les canonniers se rendent sans armes, à l'Hôtel-de
« ville, conduits par des officiers qui ont pour con-
« signe de ne rien dire, de les ranger dans la cour
« et de prévenir Lajard seulement. Poissonnier et
« les commissaires suivent en voiture.

« Rendus à l'Hôtel-de-Ville, les canonniers for-
« ment le cercle au centre duquel sont placés les
« officiers, Lajard et les commissaires. Les faits sont
« exposés et Poissonnier prend la parole : « Que
« ceux d'entre vous, leur dit-il, qui sont jaloux de
« maintenir la discipline dans nos rangs, et pensent
« que la punition infligée aux coupables est juste
« et méritée, passent à droite; que ceux qui sont
« d'un avis contraire passent à gauche. » Tous les
« canonniers passent à droite, un sergent et un capo-
« ral seulement passent à gauche. Ceux-ci indignés
« de se voir abandonnés apostrophent leurs cama-
« rades, et dans leur colère impuissante, s'ou-
« blient au point d'injurier leur chef.

« Poissonnier sans s'émouvoir appelle les cava-
« liers de maréchaussée, présents à la réunion, leur
« ordonne de saisir les deux coupables et de les con-
« duire à l'abbaye; puis se retournant vers les

« commissaires : « Vous voyez, citoyens, à quoi
« mène une démarche téméraire. Le district des
« Cordeliers s'est mêlé d'une affaire qui ne le re-
« gardait en rien ; il a voulu empiéter sur les droits
« du commandant en chef qui cependant réunit la
« confiance générale. Il vous est aisé de juger quels
« auraient pu être les résultats de votre demande,
« si ces braves gens n'étaient pas animés d'un bon
« esprit militaire. Retournez vers vos commettants ;
« dites-leur ce que vous avez vu, et qu'au lieu de
« cinq soldats punis, il y en a sept ; dites-leur
« que jamais, ils ne rentreront au corps : les uns
« pour s'être adressés au district, les autres pour
« m'avoir manqué de respect, et que, leur punition
« expirée, ils seront chassés du corps que je com-
« mande. »

« Les commissaires se retirèrent fort désappoin-
« tés, convinrent que Poissonnier avait raison,
« mais avouèrent que le district ne céderait pas. »

A cette époque, une lutte avec les assemblées
parlementaires était trop inégale, pour ne pas être
dangereuse. Le commandant des canonniers volontaires de Paris fut déplacé et envoyé successivement commander un des régiments formés avec les
compagnies soldées de la garde nationale (104ᵉ de
ligne) et le régiment de Beauce (49ᵉ).

C'est dans ce dernier poste que nous voyons Poissonnier commander un bataillon de grenadiers de
la réserve, dans l'armée de la Moselle réunie à
Metz, sous les ordres de Lückner. Tout d'abord, il

lui faut en imposer à ses soldats qui, là comme à
Paris, ne sont pas des modèles de discipline.

« Au bivouac de Voippy, le 15 août 1792, après
« une alerte, le colonel était allé se chauffer à l'un
« des feux de ses grenadiers, autant pour chercher
« à les connaître que pour se faire connaître lui-
« même. La conversation roulait sur la campagne
« ouverte. Un caporal se permit de dire : « Mon
« colonel, vous êtes un officier de l'ancien régime;
« si vous pensez comme ces messieurs qui sont de
« l'autre côté; prenez-y garde, mon premier coup
« de fusil serait pour vous. »

« Cette apostrophe fit rire les grenadiers. Pois-
« sonnier, sans se fâcher, répondit aussitôt : « Ca-
« poral, j'accepte votre proposition. Nous sommes à
« l'avant-garde; les grenadiers verront donc le feu
« de très près. Je suis chargé de vous conduire au
« combat ; je vous engage de vous comporter comme
« un caporal de grenadiers, car si vous pâlissez, je
« vous déclare que la garde de mon épée vous ser-
« vira d'emplâtre. »

« Cette réponse faite d'un ton ferme, mais calme,
« rangea, comme bien on pense, les rieurs du
« côté du colonel, et les grenadiers crièrent :
« *bravo !* »

Lorsqu'on parcourt les mémoires que le général Poissonnier-Desperrières nous a laissés, et qu'on
se reporte, avec leurs dates, aux mesures de la Convention, on comprend ce que fut le patriotisme de
ces hommes de vieille souche qui, peu soucieux

du danger qui les menaçait, ne songeaient qu'à
créer des soldats capables de résister à l'étranger.

Il est bon d'ailleurs de remarquer en passant que
quel que soit l'esprit d'insubordination dans une
armée, elle comprend vite en face du danger que
son salut dépend de son obéissance, et elle se lasse
des chefs qui n'ont d'autre but que de chercher à
lui plaire. Sous les murs de Toulon, les soldats
acceptèrent sans se plaindre la sévérité de Bonaparte, dont une sorte d'intuition leur révélait le
génie, tandis qu'ils murmuraient tout haut contre le
général Doppet, que Napoléon appelle dans ses
mémoires : « un savoyard, médecin, coryphée des
Jacobins, ennemi de tout ce qui a du talent, igno-
rant de tout ce qui a rapport à l'art de la guerre. »

CHAPITRE IX

Les invasions en France. — Chevalier de Fonvielle. — Une
maison livrée au pillage en 1814. — La bourse ou la
vie. — *Capout ! Capout !!* — Un fruitier mis à sac. —
Assassinat du curé de Pantin. — Les fourmis travailleu-
ses. — Ivrognes de profession. — Un Bavarois pris en
flagrant délit de vol. — Un assassin tué par un coup de
pistolet invisible. — C'est la guerre. — Vandalisme et
cruauté. — Pierre Dardène. — Les Allemands au bivouac
de Dun-sur-Meure. — Réquisitions forcées. — Prix pour
la meilleure dissertation sur l'utilité du latin. — Anecdote. — Retour de Kellermann à Verdun. — Honneur au
drapeau.

Toutes les invasions se ressemblent par leurs
tristes côtés. Les guerres peuvent changer de but et
de moyens, les maux qu'elles entraînent se ressemblent forcément.

Après nos désastres de 1793, il fallut l'épée d'un
soldat heureux, pour ramener la victoire sous nos
drapeaux, mais les triomphes, quelque brillants
qu'ils soient, ont forcément une limite, et c'est pour
n'avoir pas su s'arrêter à temps que Napoléon Ier
vit la fortune se tourner contre lui, et que la France
vit pour la seconde fois, en 1814, l'invasion de son
territoire par les troupes alliées.

Des témoins oculaires nous ont légué leurs souvenirs ; nous en citerons quelques-uns.

Le chevalier de Fonvielle (1) habitait à Pantin une propriété dans laquelle il exploitait une plâtrière, dont la direction nécessitait un certain train de maison.

Ses *Mémoires historiques*, qui datent de 1824, sont intéressants à consulter.

« Dans la nuit du 27 au 28 mars 1814, dit Fon-
« vielle, je venais de rentrer d'une tournée faite à
« mes fours, pour voir si mon fournier conduisait
« bien sa cuite, et je dormais profondément, lorsque,
« vers deux heures du matin, des coups de bâton,
« frappés avec violence à la fenêtre de la garde-
« robe de ma chambre à coucher, me réveillent en
« sursaut ; je saute à bas de mon lit, j'endosse ma
« robe de chambre, j'allume une bougie et je passe
« dans la garde-robe en criant :

« — Qui va là?

« Ouvrez, ouvrez, crie un voisin nommé Rollin, que
« je reconnus à la voix. »

« J'ouvre ma fenêtre donnant sur la rue, en face
« de la maison de ce dernier : Mon cher voisin, me
« dit-il, vous n'avez pas une minute à perdre ; faites
« lever ces dames, l'ennemi est à Claye, il sera ici
« à huit heures du matin. »

« Ma femme était déjà levée, et en dix minutes
« toute ma famille était réunie avec Thiers, mon
« domestique, et prête à partir. »

Fonvielle cependant attendit les alliés de pied ferme et voici ce qui se passa.

1. Grand-père du publiciste Ulrich de Fonvielle.

« J'allais sortir pour rôder dans les environs de
« Pantin, lorsque vingt ou trente cavaliers se pré-
« sentèrent chez moi. Ils avaient fureté dans tout le
« village, sans trouver un brin de paille ou du foin
« pour leurs chevaux ; ils. m'en demandèrent pour
« un corps d'armée qui venait d'arriver à Pantin ;
« je leur répondis que j'avais à peine pour huit
« jours de ma consommation. Les cavaliers alle-
« mands mirent pied à terre, s'emparèrent de mes
« greniers, et en emportèrent chacun cinq ou six
« bottes avec lesquelles ils disparurent. Un quart
« d'heure après ils revinrent, achevèrent de me dé-
« valiser et disparurent encore, me laissant cette
« fois sans un grain d'avoine, ni une botte de paille
« ou de foin pour mes chevaux. »

Le lendemain, à quatre heures du matin, de grands
coups frappés à la grille de la maison de Fonvielle, le
réveillent de nouveau en sursaut. Arrivé devant la
cour, il aperçoit deux cavaliers en dehors de la
grille. Cette fois, ce sont des Autrichiens auxquels
il demande ce qu'ils voulaient à pareille heure.

« — Wein, dirent-ils. Et en même temps, ils faisaient le simulacre de boire, et un mouvement de
main, qui semblait dire : « vas en chercher. »

Fonvielle les quitta un instant, leur faisant signe
de rester et d'attendre. Il revint vers eux quelques
instants après avec une bouteille d'eau-de-vie et un
verre qui fut présenté rempli à l'un d'eux. Après
quoi, ce dernier le passa à Fonvielle, en lui faisant
signe de boire le premier. Ces bons Allemands se

défiaient de leur hôte. Pour les rassurer, il en but une gorgée, et rendit le reste que l'Allemand avala tout d'un trait. Puis, il passa le verre à son camarade qui en usa de même.

Ceci fait, Fonvielle se disposa à rentrer chez lui, lorsqu'une voix lui cria :

« — Halte !... Pain ?... Pain !

« — Je n'en ai pas.

« — Pain ! »

Et en parlant ainsi, un des cavaliers tire un de ses pistolets et en présente l'extrémité à Fonvielle en ajoutant :

« — Pain, ou *capout !* »

C'était, on en conviendra, la bourse ou la vie.

Mais laissons ici la parole à Fonvielle.

« Je fis signe de la tête à mes cavaliers que je n'a-
« vais pas de pain, mais de la main, je leur indi-
« quai de vouloir bien prendre patience, et je mon-
« tai à mon fruitier, où j'avais environ dix-huit
« mille pommes de la plus belle espèce.

« Je pris autant de pommes que mes mains pou-
« vaient en contenir, et les leur apportai. Ils les
« examinèrent, en goûtèrent chacun une, et les trou-
« vant de leur goût, l'un d'eux me demanda :

« Comment, *pelez*-vous cela ?

« — Que dites-vous ?

« — Comment ?.. Comment ça ?.. Comment *pelez*-
« vous ça ?..

« — Pommes.

« — Eh bien ! *pom ! pom !*...

« Et il me fit signe d'aller en chercher encore. »

Les deux cavaliers autrichiens disparurent ensuite et Fonvielle referma sa grille.

Mais le curé de Pantin fut moins heureux. Tout fut pillé chez lui, et lorsqu'il n'eut plus rien à offrir aux maraudeurs, ni vivres, ni argent, sa porte fut enfoncée, des coups de fusil furent tirés, et le lendemain, le malheureux ecclésiastique était trouvé par le palefrenier de Fonvielle, « étendu « mort au milieu de sa chambre, et noyé dans son sang. »

Peu après cependant, l'armée ennemie cantonnée dans les environs de Pantin apprit l'opulence relative du maître du logis, vint en foule camper autour des nombreux bâtiments qui constituaient sa riche exploitation.

« Des soldats mirent debout les barriques de vin
« contenues dans sa cantine, en défoncèrent la partie
« supérieure et vinrent y puiser avec leurs bidons,
« comme dans un puits. Peu après, les hommes
« entrèrent dans le parc, découvrirent les caves,
« en rapportèrent les plus grosses pièces de porce-
« laine qui s'y trouvaient, et en peu d'instants toute
« la maison fut envahie.

« Fonvielle n'en eut connaissance que par les
« vases de porcelaine avec lesquels les soldats
« venaient puiser le vin dans ses cantines. Il en fit
« la remarque à un des officiers qui lui répondit :

— « Que voulez-vous ?.. C'est la guerre.

— « Je le vois bien, reprit-il ; mais il est cruel

« de voir ces choses-là. Un vase de deux sous ser-
« virait aussi bien à vos soldats que ces pièces de
« porcelaine qui coûtent trois ou quatre louis, et qui
« se briseront dans leurs mains. »

— « Oui, c'est très vrai ; mais que faire à cela?
« C'est la guerre... »

Pendant ce temps-là, la maison était livrée au
pillage. Figurez-vous deux rangs de fourmis, une y
entrant en vide, l'autre en sortant chargée d'un
riche butin. Officiers, sous-officiers et soldats avaient
tout envahi, des caves au grenier. Les uns en des-
cendaient chargés de poires, de pommes, d'a-
mandes ; les autres y montaient pour prendre leur
part de butin ; en moins d'un quart d'heure, on n'eût
pas trouvé une seule noix.

Dans l'escalier qui conduisait à la cave, on ne
trouva que des tas de bouteilles cassées enfoncées
dans une boue de vin. Les maraudeurs prenant les
bouteilles à tâtons et en se bousculant, en cassaient
dix, pour en avoir une, en sorte que cette cave
qui coûtait au moins dix mille francs, n'offrait plus
la ressource d'un seul verre de vin.

Dans la salle de billard, les Allemands avaient
emporté les housses des bancs, ainsi que le tapis
qui, pour être enlevé, fut coupé tout autour à l'aide
d'un instrument tranchant.

Dans le salon, il n'y avait plus que les chaises et
les tables. Toutes les décorations, toutes les porce-
laines avaient été enlevées ou brisées. On avait
cassé à coups de crosse de fusil une superbe glace de

cheminée estimée 1800 francs, et brisé en mille morceaux un secrétaire en bois de rose.

Pendant que Fonvielle examine dans sa maison tous ces débris, il est rencontré dans sa salle à manger par un Bavarois qui le prend au collet et lui baragouine ce cri :

— « *Brandweim ?* (1) *odvi !*

— « Je n'en ai pas.

— « *Odvi*, ou *capout*, répliqua-t-il.

— « Capout, tant que tu voudras, lui répondit « Fonvielle, je n'ai plus rien. Tes camarades ont tout « pris. »

Le brutal saisit alors son pistolet, en arme la batterie, et fait un mouvement pour brûler la cervelle à son interlocuteur, lorsqu'un biscaïen, parti du côté de Bondy, casse un carreau d'une des fenêtres donnant sur le jardin, et étend cet homme raide mort aux pieds de celui qu'il voulait assassiner.

Ce drame ne mit aucune fin au pillage des maraudeurs.

A l'office, plus de liqueurs, plus de cristaux : tout avait disparu ou était brisé.

A la bibliothèque, les corniches des tablettes sur lesquelles reposaient les livres, n'existaient plus, et les volumes répandus à terre étaient lacérés et ne formaient plus qu'un fumier méconnaissable.

Aux écuries, plus de vaches ; il n'y restait que sept chevaux sur une vingtaine.

1. Eau-de-vie.

De retour de son excursion à travers sa propriété, Fonvielle longeant la rue de Montreuil, examine ce qui se passe au loin, avec une jumelle que lui avait donnée l'opticien Gauchoix de la rue du Bac. Il s'appuie contre un arbre, braque sa lorgnette dans la direction de Paris, lorsqu'un immense prussien sort on ne sait d'où, se saisit de son poignet, s'empare de sa lorgnette, la met dans sa poche et disparaît, sans même proférer une parole. En se retournant pour suivre le voleur de l'œil, Fonvielle se voit cerné de l'autre côté par un second prussien qui le tâte, le fouille, le parcourt des pieds à la tête, s'empare de sa montre, la met dans sa poche et se sauve avec.

« Revenant alors pour rentrer chez moi, conti-
« nue Fonvielle dans ses intéressants mémoires, je
« vois, avant d'arriver à ma grille, quatre ou cinq
« soldats déboucher de ma rue sur le chemin de
« Pantin, tenant chacun un cheval par une longe ; ce
« sont les sept chevaux qui me restaient, que l'on
« emmenait au camp ennemi, attachés à la queue
« l'un de l'autre, et comme je m'en plaignais à l'offi-
« cier qui commandait ces maraudeurs :

— « C'est la guerre ! répondirent-ils en chœur.

« Puis comme je conduisais ce même officier
« visiter ma maison livrée au pillage ; mes draps
« de lit, mes couvertures le tentèrent. Il appela
« quelques-uns de ses soldats, et leur enjoignit
« d'aller les porter aux bagages du corps.

— « C'est pour les malades, dit-il d'un air iro-

« nique ; pour les blessés. Que voulez-vous ? c'est
« la guerre.

« Le secrétaire de ma femme était resté sans
« être ouvert :

— « Ça s'ouvre ? me dit-il.

— « Oui, monsieur, répliquai-je.

« Et comme j'avais la clef sur moi, j'ouvre le
« bureau et voilà mon jeune officier qui, furetant
« dans tous les tiroirs, met dans sa poche tous les
« jolis bijoux et bibelots qu'il trouve à sa conve-
« nance, en disant chaque fois :

— « C'est la guerre ! Nous ne la faisons jamais
« autrement.

— « La guerre ! Soit, Monsieur, lui répondis-je ;
« à votre aise ; ne vous gênez pas, puisque vous
« êtes en si bon train.

— « Mon Dieu ! Monsieur, ajouta-t-il, avant la fin
« de la journée, il ne vous restera rien de tout cela ;
« autant alors que j'en prenne ma petite part. »

Les détails qui précèdent donneront une idée de
ce que fut l'invasion de 1814, après celle de 1792.

Voici encore un autre témoin oculaire, Pierre
Dardène, un ancien oratorien, que la Révolution avait
fait journaliste, que l'empire appela à des fonctions
universitaires, et que la campagne de France trouva
professeur au collège de Chaumont.

Bien que la ville où il réside n'ait pas été le théâtre d'un des combats livrés sur cette terre héroïque
de Champagne, il n'en est pas moins passé par de
rudes épreuves et il en a retracé le tableau dans une

série de lettres patriotiques qui parurent à Chaumont en 1832.

En 1792, Dardène était allé visiter une de sés parentes à Dun-sur-Meuse, occupée par les troupes prussiennes pendant près d'un mois, et qui eut le triste privilège d'héberger l'état-major royal et les nombreux serviteurs et officiers de sa suite.

« On ne parle plus français dans notre ville, écrit-
« il, si ce n'est à huis-clos... On n'entend sur les pla-
« ces, dans les rues, sur les routes que croasser
« l'allemand.

« Les soldats qui sont au bivouac dans les envi-
« rons s'amusent à piller et à démolir les mai-
« sons. Un de mes amis a tout son linge volé, ses
« meubles et ses portes enlevées. Ils ne lui ont laissé
« que les habits qu'il avait sur le corps, jetant les
« murs de la maison par terre afin d'en brûler les
« solives et les poutres. Chaque bivouac a ainsi, au
« milieu de son feu, une ou deux poutres en travers,
« dont la flamme claire et vive, s'élève vers le ciel,
« comme celle d'un holocauste.

« Les officiers à loger avec leurs chevaux et leurs
« domestiques sont en nombre considérable. Ils de-
« mandent *brod* (pain), *fleisch* (viande), *wein* (vin),
« *brandwein* (eau-de-vie). C'est principalement ce
« dernier mot qu'ils font résonner à mes oreilles
« sur tous les tons. Croyez-vous qu'ils boivent com-
« me nous un demi-doigt? Il leur en faut un plein
« verre qu'ils avalent tout d'un trait; celle qui
« happe le mieux le gosier est pour eux la meilleure.

18

« Après cela, il leur faut beaucoup de viande,
« beaucoup de vin, peu de pain, et point de *gemürs*
« (légumes), ni de *wasser* (eau). Combien de fois
« m'ont-ils mis le pistolet et le poing sur la gorge,
« pour obtenir de moi ce qu'ils exigent, ou m'ont-
« ils poussé par les épaules, hors de la chambre,
« comme pour me dire : *va le chercher !*

« Ces messieurs s'imaginent que tout chez nous
« leur appartient par droit de vaillance et de
« conquête, et qu'ils n'ont qu'à prendre. On a
« volé — et je me sers de cette expression faute
« d'en trouver une autre équivalente — à un hon-
« nête ouvrier tout son argent. Ce sont les Wur-
« tembergeois logés chez lui, qui, après l'avoir mal-
« traité, l'ont ainsi dévalisé. Comme il pleurait
« devant sa porte, des voisins lui conseillèrent d'al-
« ler se plaindre au prince qui commandait. Il met,
« en conséquence, ses bons souliers, sa blouse
« neuve. Au milieu de la rue, deux militaires l'ont
« arrêté et échangé leurs savates contre ses sou-
« liers neufs. Ce paysan affligé, retourne chez lui.

— « Allez-donc vous plaindre au prince, lui dit
« le maire, en passant devant sa porte.

— « Je m'en garderais bien, — répondit-il, en
« essuyant une larme. Le prince me prendrait
« peut-être ma *blaude* (blouse).

Un citoyen de Strasbourg, Lamey, est mort, en
1869, laissant un prix de trois mille francs à l'auteur de la meilleure dissertation sur l'utilité du latin. Nous recommandons aux futurs candidats cette

anecdote que nous tirons des souvenirs de Loredan Larchey.

« Une quinzaine de hussards hongrois étaient
« dirigés sur Clermont ; pas un ne parlait le fran-
« çais, ne pouvait se faire comprendre des person-
« nes présentes à l'auberge où ils se présentèrent,
« en arrivant dans cette ville. Voyant qu'ils n'a-
« vaient affaire qu'à deux femmes et un enfant, ils
« les menacèrent et se mirent en devoir de briser
« les meubles de la chambre qu'ils avaient enva-
« hie, lorsque l'enfant, âgé de treize ans, se hâta
« d'aller chercher son oncle à l'Hôtel-de-Ville, où
« il se trouvait comme notable employé à la com-
« mission des logements.

« Celui-ci accourut aussitôt chez lui, et recon-
« naissant des Hongrois, dans cette soldatesque
« furieuse, eut l'idée de les apostropher en langue
« latine et leur lança *ex abrupto*, un.

« *Quousque tandem abutemino nobilissimini homi-*
« *nes ?...*

« Ce souvenir cicéronien produisit un effet sou-
« dain : la colère des soldats tomba dès qu'ils enten-
« dirent cette franc-maçonnerie de langage, et ils
« furent pendant leur séjour dans la ville les protec-
« teurs de la maison. »

Enfin, le 18 octobre 1792, un rayon de soleil laisse passer sa trace lumineuse dans ce sombre tableau. Les troupes françaises de Kellermann entrent à Verdun, chassant les Allemands devant elles.

Des cris, des hourrahs, des vivats, en l'honneur

des nouveaux arrivants, partent des croisées, des
toits, dans les rues et sur les places. On se félicite ;
on s'embrasse. Malgré la disette de vivres qui commence à se faire sentir, on leur offre spontanément
du pain, du vin, de l'eau-de-vie, et c'est le plus
pauvre qui se montre le plus empressé.

« — Je ne suis pas venue assez tôt, dit une bonne
femme, en rapportant les provisions apportées dans
son panier. » Et une larme glisse dans ses yeux.

Y a-t-il au monde quelque chose de plus touchant
que ce spectacle d'une population affamée, faisant
un dernier hommage aux défenseurs de son drapeau ?

CHAPITRE X

Un volontaire de dix-sept ans. — Deux *Icares* modernes. —
La révolution pénétre dans les écoles et les collèges. —
L'université en 1791. — Un volontaire malgré lui. —
Massacre du lieutenant-colonel Jucherat. — Emeutes au
bivouac de Châlons. — Volontaires et fédérés. — Anciens
soldats et bas-officiers de l'armée royale. — Retour au
foyer. — L'abbé Lallemant, professeur de sciences au
collège de Reims. — Les examens d'admission à l'école
d'artillerie de Châlons-sur-Marne. — Pusillanimité des
professeurs. — Don quichottisme et générosité. — Le
général baron Hulot.

Une fois la révolution commencée, les éclairs
précurseurs de la tempête ne tardèrent pas à pénétrer partout : dans les cités comme dans les campagnes ; dans les asiles les plus solitaires et les
mieux gardés, et jusque dans l'enceinte des collèges. La bannière de la première fédération, promenée de Paris dans les départements, produisit un
effet désastreux dans les écoles où la jeunesse du
xviiie siècle était élevée et retrouvait l'esprit et les
traditions de la famille. Le général d'artillerie baron
Hulot (1) nous a laissé sur ce sujet des mémoires
dont quelques citations ne seront pas lues sans
intérêt.

1. Né à Charleville (Ardennes, le 22 avril 1773).

Les meneurs, dédaignant l'ombre et le mystère, s'agitent ouvertement, s'efforcent d'exalter les têtes, et de gagner les sommets de cette redoutable Montagne, d'où ils furent précipités plus tard.

Deux de ces modernes Icares, sont originaires du département des Ardennes. Tous les deux, après avoir joué un rôle secondaire dans le drame révolutionnaire de 1789, furent précipités du même sommet : le ministère de la guerre.

L'un, Dubois de Crancé, natif de Charleville, est l'inventeur de la conscription et du service obligatoire ; l'autre, le suisse Pache, ministre de la guerre après Valmy, maire de Paris en 1793, et comme Robespierre surnommé *l'incorruptible*. Ce Pache, compatriote de Marat et ami de Danton et de Robespierre, échappa au sort des terroristes, en disparaissant de la scène politique au moment opportun, et en se refugiant au bourg de Thin-le-Moustier, à quelques kilomètres de Charleville. Il reparut un instant comme affilié à la secte de Babeuf qui rêvait le partage des terres et des fortunes ; cette fois encore, il eut l'adresse de disparaître à temps, et d'échapper à la sentence de mort ou de proscription qui atteignait les Babouvistes. Il vécut très vieux à Thin-le-Moustier, où la tradition le représente, comme ayant mené une existence solitaire, morose, presque farouche, écrivant beaucoup et prêchant aux paysans de son entourage, les doctrines du jacobinisme.

« Quelques jeunes téméraires de nos condisciples,

« — dit le général Hulot, dans ses *Mémoires*, —
« ont partagé le rôle funeste de ces agitateurs de
« profession. A cette époque on épuisait sur la jeu-
« nesse des écoles tous les moyens de séduction,
« malgré les efforts et la résistance énergique, mais
« impuissante, des maîtres ; congés multipliés,
« députations mutuelles des collèges voisins, invi-
« tations réciproques, encouragements des chefs
« de mouvement. Bientôt tout devint prétexte, exci-
« tation, enivrement ; et pour accentuer la crise, on
« renvoya nos professeurs, pour nous donner des
« laïcs (1). »

Ne semble-t-il pas vraiment que ces lignes qui
ont été écrites, il y a cent ans, s'appliquent à l'é-
poque actuelle, où tout est bouleversé, aussi bien
dans l'ordre des idées que dans l'ordre matériel.

En 1791, le jeune Hulot est envoyé au collège de
Reims pour y commencer ses études supérieures ; il
avait alors dix-sept ans.

Tous les professeurs de l'université avaient été
également changés, et les illusions du plus ardent
libéralisme envahissaient les programmes philoso-
phiques, si favorables aux théories des idéologues.
La logique et la métaphysique éblouirent et troublè-
rent bientôt la raison de la jeunesse de nos écoles,
au lieu de l'éclairer et de la développer en l'exerçant.
L'élève s'égarait dans un fatras de syllogismes, dans
un abîme d'abstractions difficiles à bien saisir.

1. *Spectateur militaire* de 1883.

« Privé de guide dans ce dédale d'études abstrai-
« tes et subtiles, — ajoute le baron Hulot, — je ne
« trouvai sur ma route qu'embarras et doute ; non
« ce doute, commencement de la sagesse, lueur de la
« vérité ; mais ce sec et pénible scepticisme qui vous
« laisse flottant, sans phare ni boussole, au milieu
« des ténèbres. Toujours discutant et ergotant, nos
« professeurs s'enfonçaient de plus en plus dans une
« forêt d'épineux sophismes. Un brouillard épais en-
« vahissait mon intelligence, et obscurcissait même
« les consolantes notions de la religion enseignées
« par ma mère. Je m'épuisais dans la vaine pour-
« suite d'une vérité idéale et fugitive ; c'était à en
« perdre la raison, si le temps des vacances n'avait
« pas mis un terme à cette confusion de systèmes
« trompeurs, à cette gymnastique continuelle de l'es-
« prit, en me rendant aux traditions de ma famille.
« Je consacrai l'année 1792 à l'étude de la morale.
« Cette section de la philosophie, qu'on intitulait la
« doctrine de Mœnes, qui devait être la science de
« la conduite de notre vie et de nos actions, et qui
« devait purger notre raison des erreurs de l'imagi-
« nation et des sens, se transforma pour nous en
« une science toute d'actualité. On nous parla de
« *la déclaration des droits de l'homme et du citoyen*,
« telle qu'elle était décrétée par l'Assemblée Natio-
« nal. Notre professeur la délayait et la commentait
« sous les auspices de ces deux mots : *patrie* et *liberté*
« qui s'étalaient prompeusement, en tête de nos
« cahiers. Ces grands mots flattaient notre imagi-

« nation tournée vers l'antique et notre esprit phi-
« losophique ; mais notre inexpérience nous cachait
« les défauts de ces fausses théories qui s'abritaient
« sous la sauvegarde de la *Souveraineté du peuple*.
« A cette époque, beaucoup de mes condisciples et
« moi, nous commencions à soupçonner le vide de
« ces doctrines plus séduisantes que sincères, à tra-
« vers les conversations sensées auxquelles nous
« prenions part, dans une maison rémoise dont les
« hôtes étaient liés avec nos familles depuis de lon-
« gues années. »

Sur ces entrefaites, le canon gronde dans les montagnes de la Lorraine. La patrie menacée fait appel
à toutes les bonnes volontés, le jeune condisciple
quitte l'université de Reims et est envoyé à la frontière avec trois ou quatre cents de ses compatriotes
requis, comme lui, pour la défense de Philippeville,
cette vedette de la république, que l'ennemi menaçait et qui se trouvait prise au dépourvu.

En route, cette petite troupe de jeunes gens est
arrêtée court dans le bois qui sépare Mariembourg
et Philippeville. On se mit en bataille, tant bien que
mal, assez embarrassés, pour la plupart, de charger des armes qu'on leur avait livrés, sans même
leur en avoir enseigné le maniement. « Mais plus
« heureux que les Sedanais, — raconte Hulot, —
« nos voisins qui tout aussi inexpérimentés que
« nous, perdirent sur un autre point, dans la direc-
« tion de Bouillon, une centaine des leurs, nous par-
« vînmes sains et saufs à Philippeville. C'est là que,

« sans en avoir conscience, je fis mes premières ar-
« mes ; que j'assistai pour la première fois à des
« escarmouches, et fis connaissance avec les gar-
« des, les factions, les bivouacs, le pain de muni-
« tion, la paille de couchage et les mystères de la
« charge en douze temps.

« Au bout de plusieurs mois, des bataillons mieux
« organisés vinrent nous relever à Philippeville, et
« nous ne nous fîmes pas prier pour regagner nos
« foyers.

« Au retour nous trouvâmes à Charleville un
« bataillon parisien, qui peu de jours après signala
« sa présence en Lorraine par l'assassinat du com-
« mandant de la manufacture d'armes (1), le lieu-
« tenant-colonel d'artillerie Jucherat (2). Le cri-
« me fut consommé avec tant de précipitation, que
« les habitants n'en eurent connaissance que lors-
« qu'il était trop tard pour le conjurer. Toutefois,
« la consternation et l'indignation furent telles, que
« les auteurs de ce forfait, qui n'étaient autres que
« des fédérés soudoyés par la Convention, choisi-
« rent le premier prétexte venu pour éloigner la
« garnison, et nous expédier tous sur Sedan, les
« volontaires comme les fédérés.

« Bientôt, cependant, ces derniers reçurent leur

1. Cet établissement, distrait de sa première destination,
se voit encore aujourd'hui à Charleville, rue des Flandres.
2. La relation détaillée de ce meurtre se trouve dans
l'*Histoire de Charleville*, par Jean Hubert (Paris, Dumou-
lin, 1854).

« feuille de route pour Rethel. Quant à nous, on
« nous rappela dans nos foyers. »

A la suite de ces évènements, Hulot, navré du
spectacle qu'il a sous les yeux chaque jour, dégoûté
de ces prises d'armes forcées, cherche un emploi et
un refuge dans l'armée régulière. Il rejoint sa division
à Grandpré, au moment où elle est aux prises avec
les Prussiens, dont les bataillons débordent en Champagne ; puis, il est dirigé sur Vouziers, tandis que le
gros de l'armée rétrograde sur Sainte-Ménehould.

A Vouziers, il assiste au combat, où est tué le
prince Charles de Ligne (1) et à la suite duquel il
regagne le camp de Grandpré. Après Valmy, la
division à laquelle il appartient campe successivement à Reims, Châlons et Fresne.

Au bivouac de Châlons, établi près de l'allée des
Mariniers, sur les bords de la Meuse, le jeune volontaire est étendu sous sa tente, rêvant du pays natal,
de sa famille, et méditant sur les tristes débuts de sa
carrière, lorsque des clameurs et des vociférations
parties du sein de la ville se font entendre et le
rappellent au triste sentiment de la réalité. C'était
encore un signal d'émeute, des cris de mort que l'on
poussait.

A cette époque, les camps français n'étaient pas

1. Le texte des souvenirs du général Hulot semble indiquer
qu'il appartenait au corps de Chazot, qui enleva à la bayonnette les retranchements de la Croix-aux-Bois, occupés par le
prince de Ligne, lesquels qui furent repris deux heures après
par les Autrichiens de Clairfayt.

eux-mêmes à l'abri de ces scènes sanglantes.
A Châlons, plus qu'ailleurs, les bataillons mobi-
les, l'écume de Paris et de ses environs, vomis-
saient dans les rangs de nos troupes leurs flots indisciplinés, et ils venaient d'assassiner le colonel du
régiment de Vexin (aujourd'hui le 72e de ligne).

Pour arracher ses soldats au contact de ces bri-
gands, le général Chazot fait lever le camp pendant
la nuit à ses troupes, qui se mettent aussitôt en
marche dans le plus grand silence. Mais quelques
retardaires, ayant mis imprudemment le feu à leur
paille de couchage, les quinze ou vingt mille fédérés
campés à Saint-Michel se croient attaqués, crient
à la trahison, se répandant partout à travers la
campagne dans le plus complet désordre.

Cette panique débarrassa le camp de Châlons de
ces hordes indisciplinées, et permit à Kellermann et
à Dumouriez de tirer parti de ces bandes en les pu-
rifiant au feu de l'ennemi, en les purgeant, en leur
tirant du sang, suivant l'énergique expression de
Duguesclin.

Ce témoignage du général Hulot nous est précieux. Ayant vécu au milieu des volontaires et des
fédérés, il nous donne dans ses *Mémoires* une appréciation saine et modérée de cette période con-
fuse, en nous faisant connaître qu'il ne faut pas
confondre les *volontaires* avec les *fédérés*, et qu'il y
a lieu d'établir une distinction entre les *fédérés-
bandits* de la première heure, et les *fédérés* régéne-
rés par Dumouriez et Kellermann.

Il nous aide également à trancher une question
non moins controversée, celle des états-majors de
la première république, et il nous indique que les
éléments supérieurs des armées frontières étaient
aussi peu homogènes que les effectifs de la troupe.
Du haut en bas de l'échelle hiérarchique, on retrouvait l'éclectisme bizarre, signalé par l'histoire, dans
la galerie des généraux de cette époque. Ainsi, à
côté des Biron, des Dampierre et des Rochambeau,
on voit surgir, en effet, des officiers engagés d'hier,
des hommes tels que Brune, Suchet, Augereau, Col-
bert, Gérard, Joubert, l'étudiant en droit, Lannes,
le teinturier, Lecourbe, Reynier, l'ingénieur des
ponts-et-chaussées, et tant d'autres que l'invasion
arracha à leurs occupations, à leurs foyers, ou qui
partirent pour éviter la guillotine, et finirent par
se créer une carrière sur les champs de bataille.

Entre ces deux catégories, se place celle des anciens soldats et bas-officiers de l'armée royale. Ces
éléments composaient un bon tiers des volontaires
de 1791 ; ils apportèrent dans les armées de la révolution leur esprit militaire, les sentiments d'honneur
et de discipline qui triomphèrent de l'insubordination
et de l'immoralité des fédérés. Ney, sous-officier du
régiment de hussards Colonel-Général (4ᵉ hussards
actuel) et fils d'un vétéran de Rossbach ; Soult, simple caporal, après cinq années de service, en 1789 ;
Masséna et René Moreau qui, à cette date, étaient
congédiés de l'armée et rentrés dans leurs foyers ;
Jourdan, camarade de Moreau au régiment d'Auxer-

rois (12ᵉ actuel), pendant la guerre d'Amérique ;
Hoche, sous-officier aux gardes françaises, d'où sor-
taient également Hulin et Lefebvre, le futur brigadier
de Menou en Egypte, et le futur duc de Dantzig.

Mais revenons aux *Mémoires* du baron Hulot.
Après Valmy, les privations de toute espèce, les
maladies et surtout la dyssenterie minent l'armée
française, aussi bien que celle de l'ennemi ; le jeune
soldat rentre à Charleville, dans sa ville natale,
affaibli, exténué de fatigues.

A peine rétabli, il rentre dans son humble et labo-
rieuse cellule, et se remet à l'étude des sciences, en
compagnie d'un ami et compatriote, le citoyen Mau-
comble, devenu depuis comme lui général de brigade
d'artillerie. Hiver comme été, les deux copains se
lèvent à trois heures du matin, pour prendre l'ar-
doise ou le crayon, qu'ils ne quittent qu'après dix
heures du soir. Mais hélas ! ils comptaient sans les
orages du temps ; le calme dont ils jouissaient ne
pouvait durer longtemps. Les sinistres édits les
avertirent bientôt qu'il fallait partir au plus vite, s'ils
voulaient échapper à une nouvelle réquisition.

Bon gré, mal gré, Hulot abandonna ses attrayan-
tes études, prit congé de ses savants et dignes professeurs, au nombre desquels se trouvait l'abbé
Lallemant, qui occupait depuis 1764 la chaire de
professeur de mathématiques transcendantes au collège de Reims (1) ; puis il regagna à la hâte les bois

1. Cette chaire, fondée par l'évêque de Pouilly, ne se donnait qu'au concours. L'abbé Lallemant occupa ce poste

et les coteaux qu'il avait quittés, il y a quelques mois
à peine.

« A peine arrivé sur nos frontières, écrit le
« jeune étudiant, je retrouvai mon mousquet et
« ma giberne. Me voilà donc, pour la deuxième fois,
« volontaire malgré moi et dirigé, par des officiers
« d'occasion, avec trois cents de mes compatriotes
« aussi mal exercés que moi, mais d'aussi bonne
« volonté, sur la ligne défensive entre Carignan et
« Montmédy. Nous y prîmes nos cantonnements ; j'y
« rongeais mon frein, depuis six semaines, regret-
« tant un temps précieux inutilement perdu, car
« dans cette situation, nous n'étions bons à rien,
« lorsque la Providence vint à mon secours, faisant
« naître une occasion après laquelle je soupirais
« depuis longtemps.

« J'étais en faction sur le pont du village de Limay ;
« suivant ma consigne, j'arrêtai un jeune voyageur
« portant l'uniforme militaire, et lui demandai son
« passe-port. Nous avions à peine échangé une
« phrase, que nous nous reconnaissons ; c'était un
« de mes anciens condisciples de Reims, volontaire
« comme moi, mais qui se trouvait détaché sur un
« autre point de la frontière. Il allait profiter d'un

vingt-deux ans ; fut examinateur pour l'admission dans le
génie, l'artillerie et les ponts-et-chaussées ; fit partie de la
société d'agriculture, sciences et arts de Châlons-sur-Marne,
devint doyen d'âge et de professorat dans le corps ensei-
gnant, et mourut à Paris le 11 octobre 1829, à l'âge de quatre-
vingt-dix ans (*Bibliographie ardennaise* de l'abbé Bouillot,
et *Biographie générale des Champenois*, par Letillois).

« ordre qui venait de paraître, et non encore par-
« venu à ma connaissance, de subir son examen de
« mathématiques, pour entrer à une école d'artil-
« lerie, s'il était jugé admissible. Je n'eus pas de
« peine à déterminer mon camarade à attendre la
« descente de la garde et le priai de m'accompagner,
« muni de l'ordre qui avait motivé sa mise en route,
« chez mon commandant qui m'autorisa à profiter du
« même passe-port, pour aller subir l'examen pres-
« crit. Je partis donc, plein de joie et d'espérance,
« pour le quartier de l'état-major général, où un
« jury spécial avait été réuni ; j'y fus déclaré admis-
« sible, et l'on me délivra, avec mon certificat d'ap-
« titude, la permission de me présenter à l'école
« d'artillerie de Châlons-sur-Marne (1). »

Ce fut à Charleville que le baron Hulot apprenait,
le 19 mars 1794, son admission à l'école en qualité
d'élève sous-lieutenant, le 22e sur 70 candidats.

Nous avons tenu à nous étendre sur les débuts
dans la carrière des armes du futur général d'artillerie, car ces débuts ont été ceux de la plupart des
jeunes gens de la période révolutionnaire, arrachés
brusquement à leurs travaux littéraires ou scientifi-

---

1. Dans les notes laissées par le général Hulot, on voit
que cet examen roulait principalement sur le dessin et les
matières contenues dans le cours de Bossut. Consulter sur
l'école d'artillerie de Châlons-sur-Marne, la brochure intitulée : *Pages d'histoire sur le département de la Marne et
pays limitrophes* (1778-1814), par Arthur Benoît, imprimée
à Vitry-le-François en 1877.

ques, pour être jetés dans le tourbillon de nos armées sur la frontière.

Nos lecteurs trouveront certainement des enseignements très utiles à consulter dans ces quelques pages, écrites par un témoin oculaire, et nous ne pouvons moins faire que de relater encore, en manière de conclusion, ce qu'était l'école d'artillerie de Châlons-sur-Marne à cette époque.

On était au plus fort de la tourmente révolutionnaire ; le baromètre des clubs marquait toujours tempête, et si l'on y ménageait le personnel de l'école, les meneurs populaires avaient réussi à faire destituer plusieurs élèves appartenant à l'aristocratie.

Le commandant de l'école prit peur pour lui-même et fit preuve dans cette circonstance d'un civisme exagéré, voulant échapper à la proscription à laquelle le condamnait le vice originel de sa naissance. Il alla jusqu'à se faire l'organe et le porte-voix des élèves, en sacrifiant à sa personnalité l'appétit de ces derniers, beaucoup plus vigoureux que leur républicanisme. Dans un discours pompeux, type des platitudes de l'époque, il déclara à la *société populaire* de Châlons-sur-Marne que les élèves d'artillerie, pleins de sollicitude pour les sans-culottes nécessiteux, leur offraient la moitié de leur ration de pain.

« Cette étrange générosité, raconte Hulot, répu-
« gnait à notre esprit autant qu'à notre estomac ;
« d'autant que la ration entière nous suffisait à peine,
« dans ces jours de disette, où l'on ne trouvait pas
« de pain à acheter.

« Malgré la violence de la crise et les clameurs
« des clubs, ou plutôt à cause de ces clameurs, il y
« avait, entre la population et nous, une très grande
« différence dans les attitudes réciproques de l'une et
« de l'autre. Cette situation occasionna de fréquents
« duels, et cela souvent pour des bagatelles, pour
« des enfantillages pour lesquels il eût été si facile
« de se mettre d'accord.

« Suivant un ridicule et dangereux usage, renou-
« velé sans doute des beaux jours du don-quichot-
« tisme, un tribunal, dont les membres, choisis dans
« nos rangs, était présidé, sous le nom de *chef*
« *de calotte*, par le plus ancien de la promotion, —
« et ce n'était pas toujours le plus sage, — jugeait
« toutes les affaires susceptibles de porter atteinte
« à l'honneur du corps ; système fantaisiste et déplo-
« rable, car il est fort imprudent à cet âge de se
« faire juger par ses pairs. »

Nous ne poursuivrons pas plus loin l'étude des
Souvenirs militaires, du baron Hulot, bien qu'ils soient
cependant à lire d'un bout à l'autre. Sorti de l'école
d'artillerie de Châlons-sur-Marne en septembre 1794,
capitaine en 1803, chef d'escadron le 29 avril 1809,
lieutenant-colonel le 14 février 1813, il commandait
à Lille, en 1815, comme colonel du 6e d'artillerie.
La coalition rêvait de faire de cette forteresse la place
d'armes des Pays-Bas contre la France ; un retard
de vingt-quatre heures pouvait tout compromettre.
Hulot n'hésita pas ; il fit hisser le pavillon blanc au-
dessus des remparts ; cette inspiration, dictée par le

plus pur patriotisme, sauva la situation et étouffa en germes les convoitises de l'ennemi.

Nommé maréchal de camp le 7 avril 1824, cet officier général quittait le service, le 16 juin suivant, après trente-trois années de service consécutif et dix-huit campagnes.

Voué à la carrière des sciences, Hulot n'était pas entré dans l'armée par goût, mais par devoir, gardant dans toute sa carrière son indépendance et sa liberté d'appréciation ; ne subissant l'influence d'aucun parti, d'aucune coterie. Fidèle aux traditions de sa famille et à l'honneur militaire, il s'est surtout consacré aux travaux de perfectionnement de son arme, observant les hommes et les choses, notant tout avec son indulgente philosophie, partageant ses affections entre sa famille, son régiment et ses loisirs ; entre les occupations du métier et ses études favorites. Caractère taillé à l'antique et bien digne de fixer l'attention des jeunes hommes qui se destinent à la carrière des armes.

CHAPITRE XI

L'ÉMIGRATION.

Pour compléter ces récits, il nous reste à parler
des émigrés dont les chefs essayèrent en 1792 d'organiser le gouvernement des provinces conquises
pendant que les Austro-Prussiens pénétraient en
Lorraine et en Champagne.

Certains historiens veulent voir dans l'émigration
un fait odieux. Il faut pourtant voir clair et juste.
Au milieu du chaos qui s'offre à nos yeux, l'émigration fut certainement une faute, un grand malheur
pour la France ; elle ne saurait être considérée
comme un crime.

Le passé de la France est dénoncé au mépris public. Le rang dans la société, l'ancienneté de la fortune, la dignité du caractère sont autant de qualités qui vous désignent à la vengeance du parti révolutionnaire. L'émeute règne en permanence dans toutes les communes de France ; personne n'est assuré du lendemain ; à quelques exceptions près, le charlatanisme impudent est le seul moyen de parvenir ; tous les citoyens suspects de royalisme sont honnis, conspués et incarcérés. La fuite à l'étranger est le seul moyen de sauver sa tête.

— « Tout doit être nouveau en France, s'écrie
« Barrère à l'assemblée constituante, nous ne vou-
« lons dater que d'aujourd'hui. »

Le 14 juillet 1789 était un avertissement. Deux jours après, le prince de Condé et les deux frères de Louis XVI donnaient le signal de l'émigration ; l'un le comte de Provence devait plus tard régner en France, sous le nom de Louis XVIII (1815-1824), l'autre le comte d'Artois fut plus tard Charles X (1824-1830) ; celui-ci emmenait ses deux fils, les ducs d'Angoulème et de Berry. La veille, les différents princes de la famille royale avaient reçu communication d'une liste de proscription sur laquelle leurs noms étaient inscrits ; une bonne récompense était promise à qui porterait leurs têtes dans les caveaux du Palais Royal.

Le comte d'Artois se retira à Coblentz, sur le Rhin ; le prince de Condé, à Worms, résidence habituelle de l'électeur de Trèves, formant ainsi deux

groupes qui devaient servir de centre de ralliement
aux émigrés.

L'élan était donné. Toutefois l'émigration ne commença guère qu'après l'attentat du 5 octobre 1789 ;
mais elle s'accentua dès les premiers jours de la législative. Elle se fit alors par troupes et se composa
d'hommes de tous les états. La fuite du roi et son
arrestation à Varennes, et plus tard la révolution du
10 août 1792 furent autant de dates néfastes qui ac-
centuèrent l'émigration de la noblesse à l'étranger.

Parmi les émigrants, le plus grand nombre sont
des gens d'épée. On ne saurait le leur reprocher,
l'honneur les y poussait.

Il était certainement impossible à la noblesse
française, aux gentilshommes de cour, de passer au
milieu de la Révolution, sans protester contre les
vexations, dont ils étaient sans cesse l'objet. Diffamés
publiquement et journellement; gratifiés du titre de
traîtres à la patrie dans les journaux; désignés no-
minativement aux soupçons et aux fureurs populaires ; hués dans les rues, comme au théâtre ; me-
nacés, insultés, arrêtés, rançonnés, chassés de leur
domicile, meurtris par les soldats, les officiers appartenant à la noblesse avaient en perspective une
mort certaine, ignoble, sans vengeance possible.
Comment s'étonner après cela qu'ils aient cru
devoir se soustraire par la fuite aux menaces dont
ils étaient l'objet ?

Quiconque considérera le caractère de l'émigration
trouvera, sinon sa justification, au moins son excuse,

dans l'anarchie. La liberté individuelle était menacée dans l'ordre civil comme dans l'ordre militaire.
Partout les factieux prêchaient que « les crimes de
la multitude étaient des jugements de Dieu. » Comment la noblesse, dans son ensemble, eût-elle pu
supporter, sans se plaindre, un régime qui laissait
commettre toutes les atrocités.

La défiance était à l'ordre du jour, et comme le
dit Pastoret (1), quoi qu'il arrivât, on accusait et on
égarait l'opinion publique ; « si nos armées étaient
victorieuses, on disait : tremblez, méfiez-vous de
vos chefs ; si elles étaient battues, tremblez, disait-
on encore, méfiez-vous de vos chefs, ils vous tra-
hissent, ils sont vendus aux ennemis de la patrie. »

Des soldats mettaient leurs officiers aux arrêts
et montaient la garde à leur porte pour les empêcher de sortir ; ils conduisaient leurs chevaux au
marché pour les vendre.

« Nos chefs furent décimés par la hache du bour-
« reau, dit le général Foy dans ses *Mémoires;*
« quand les uns tombaient, les autres se serraient
« pour remplir la trouée, ainsi qu'il arrive dans les
« bataillons où des files sont emportées par le bou-
« let ennemi. On affrontait sans crainte les hasards
« d'une responsabilité effroyable ; la vie et la répu-
« tation, tout était sacrifié au bien public. »

Il est d'ailleurs un fait incontestable et qui dé-
coule de l'expérience acquise dans toutes nos révo-

1. Ancien chancelier de France sous Louis XVI.

lutions ; c'est qu'il faut pour tenir tête à une insurrection des ordres précis, une impulsion vigoureuse,
le maintien de la discipline dans les troupes, le respect de l'autorité.

Louis XVI par sa faiblesse en 1789 ; Charles X
par son manque de prévoyance en 1830 ; Louis-Philippe, par ses tergiversations en 1848, en retirant
le commandement au maréchal Bugeaud, ont amené
le triomphe de révoltes qui sont devenues des révolutions.

Si pendant nos crises politiques, des défections
se sont produites, la faute en était le plus souvent
aux faiblesse du pouvoir dirigeant.

« Les Francs, dit Montalembert, apportèrent dans
la Gaule l'énergie virile qui manquait aux serfs de
l'Empire. Ils s'améliorèrent par le contact de la population gallo-romaine, plus policée dans ses mœurs
que la nation germanique. L'Église s'empara des
envahisseurs à son tour, prêcha l'union des vainqueurs et des vaincus, fusionna les races. Le chris-
tianisme pouvait seul, en effet, faire l'éducation de
cette forte race franque, en bridant ses passions
brutales et en cultivant ses aptitudes morales. »

Que nos rhéteurs en chambre ne l'oublient donc
pas. La conquête de la Gaule s'est faite chrétienne-
ment, c'est à l'union de l'Eglise et de nos rois que
la France est redevable de l'unité et de la prospé-
rité qui font sa splendeur actuelle. La monarchie a
été depuis son berceau, jusqu'à sa tombe ; depuis le
pavois sur lequel les Francs-Saliens élevèrent Clo-

vis (*le guerrier fameux* (1), jusqu'à l'échafaud de Louis XVI, une monarchie essentiellement militaire. Il est bon de le rappeler, de nos jours où les plus belles actions « sont celles qui rapportent les plus gros dividendes, » suivant le dire d'un spirituel journaliste.

Notre gloire guerrière est cependant la plus pure de toutes nos gloires ; le sang versé sur les champs de bataille est le seul qu'on ne regrette pas. La patrie en est fière à juste titre ; mais il est juste aussi que les vieilles familles françaises n'oublient pas ceux de leurs membres qui sont morts en combattant *pro rege et patriâ*.

Il ressort des enseignements de l'histoire que nos armées sous la Révolution ont été admirables de dévouement et de patriotisme. S'il y a eu des défections, des désordres, il y a eu aussi de mâles exemples de courage. Proclamons donc hautement le patriotisme de notre armée, le dévouement de ses officiers, le courage de ses soldats ; rappelons-nous que cette armée, si elle a essuyé quelques défaites au début de l'invasion de 1792, n'en est pas moins restée fidèle au devoir et à l'honneur et que les hommes qui la composaient étaient les dignes fils des soldats de Rocroi et de Fontenoy.

Châteaubriand, qui avait obtenu en 1787 une sous-lieutenance dans le régiment de Navare, dit dans ses

1. Clovis, en lange tudesque . *Chlodo-wig* (*guerrier fameux*) comme Mérovée : *Mero-wig* (éminent guerrier).

Mémoires : « l'honneur s'était refugié sous les drapeaux ». L'armée de ligne, à part quelques exceptions cependant, et encore les exemples ne se trouvent guère que dans les corps soudoyés par la Révolution, resta étrangère aux crimes qui se commettaient à l'intérieur. Nos discordes civiles et la guerre extérieure firent au contraire entrer dans l'armée une foule d'hommes distingués par leur courage et leurs sentiments qui n'en eussent jamais fait partie dans des temps réguliers; elles mirent bien des talents en lumière; bon gré, mal gré, chacun dut se faire soldat, et beaucoup ne s'étaient enrôlés que pour se soustraire aux poursuites et aux exécutions révolutionnaires.

Pendant la Révolution, beaucoup d'officiers n'émigrèrent qu'à la dernière extrémité ; d'autres nombreux restèrent à leur poste, et ceux qui se décidèrent à chercher leur salut à l'étranger ne le firent que poussés à bout par les vexations, les tortures morales qu'on leur infligeait. Ceux qui restaient pour remplir leur devoir, exposèrent leur vie et firent preuve dans ces circonstances d'une patience extraordinaire et d'une grande énergie morale. Ils sacrifièrent leur autorité, se soumirent à la dictature de maîtres intolérants et quelquefois grotesques, qu'on leur imposait le couteau sur la gorge.

Nous le demandons à tout homme de bonne foi : y a-t-il rien de plus pénible, de plus dur pour un officier que d'obéir aux réquisitions d'une municipalité bourgeoise improvisée, qui ne connaît absolument rien dans les affaires de l'armée ; de subordonner sa compétence, son expérience, son courage, aux maladresses de gens novices, effarés, que l'esprit de parti anime plus que l'amour du bien public.

Les pouvoirs civils avaient une regrettable tendance à s'immiscer dans les affaires de l'armée. Cette intervention était souvent contraire aux instructions des généraux. Il fallait que les officiers obéissent, même si cette intervention devait aboutir au pillage, à l'incendie, à l'assassinat, même si on leur imposait l'obligation d'assister à un crime les bras croisés et l'épée au fourreau.

Les officiers nobles étaient diffamés journellement publiquement ; ils étaient qualifiés de *traîtres* à la nation.

Après des mois d'abnégation et de dévouement, la position n'était plus tenable pour eux. La discipline n'existait plus, car les sous-officiers et les soldats prenaient une part active à l'élection de leurs chefs, et pour qui connaît les défauts inhérents au système électif, il y avait là des dangers réels pour la discipline militaire.

Les volontaires étaient en grande partie, ceux de 1792 surtout, des « mauvais sujets ramassés au coin des rues, et qu'on faisait marcher par le sort ou par l'argent » (1). Joignons à cela, des fanatiques, des exaltés, comme il s'en trouve dans les révolutions, et nous aurons une idée de ces

1. *La Révolution*, par Taine.

chenapans qui « à partir de mars 1792, ne se signalèrent, depuis leur engagement jusqu'à la frontière, que par des pillages, des vols, des dévastations et des assassinats. Malgré cela, bon nombre d'officiers d'artillerie et du génie ne voulurent pas quitter les rangs de l'armée, même après le 10 août 1792, même après le 21 janvier 1793. » Leur patriotisme ne les fit pas échapper aux massacres de la Révolution, et bon nombre, comme les généraux Biron, Custine, Houchard, Dillon, etc., y laissèrent leur tête. Ceux qui restèrent eurent sans cesse en perspective la guillotine qui viendra les prendre au sortir du champ de bataille, aussi bien que dans les bureaux du ministère de la guerre.

On comprend donc que les officiers royalistes se soient réfugiés à l'étranger, eux et leur famille. Il leur fallait à tout prix sortir d'une situation qui devenait chaque jour de plus en plus intolérable. Il y avait, en somme, à cette époque, deux gouvernements en face l'un de l'autre, celui du roi et celui de la Révolution. Car on admettra bien que la royauté avait ses adversaires et ses partisans ; ceux-ci étaient certainement plus nombreux que les premiers, et jusqu'à la fin de 1792, l'armée conserva sa foi monarchique, étant donné que beaucoup d'officiers s'étaient ralliés à la constitution de 1791, acceptée par Louis XVI.

— « Comme militaire, je ne connais que le *Roy* » écrivait à sa mère le lieutenant d'artillerie Dammartin, devenu plus tard général.

— « La majorité des élèves de l'école d'artillerie de Châlons est royaliste constitutionnelle, et j'appartiens à cette nuance d'opinion », écrit le maréchal Marmont dans ses *Mémoires*.

— « Je sers la France libre et le *Roy* », écrit le maréchal de camp Després-Crassier au général autrichien Hohenlohe, qui le somme de lui ouvrir à Fontoy les portes de la France.

— « Je ne puis rendre la place qui m'est confiée, sans manquer à la fidélité que je dois au *Roy*, à la nation et à la loi », répondent les commandants des forteresses de Longwy et de Verdun, aux sommations qui leur sont faites.

Nous pourrions multiplier ces exemples à l'infini.

Ce n'était donc pas pour combattre le pays que les émigrés se réunissaient, se groupaient à l'étranger, mais bien pour combattre la révolte, ce qui n'est pas tout à fait la même chose.

Louis XVI, en essayant en 1791 de se mettre à la tête des émigrés pour marcher contre la révolte armée, ne faisait pas autre chose que ce qu'ont fait M. Thiers et l'assemblée nationale en 1871, en combattant la commune de Paris. L'insuccès de cette entreprise n'a pas eu d'autre cause que les retards apportés dans son exécution. En 1789, un acte de vigueur eût pu sauver la monarchie ; en 1791, le roi ne le pouvait plus.

C'est à ce plan que se rattache la tentative d'évasion de Louis XVI, le 20 juin 1791. On connaît les péripéties de ce voyage et sa fin, l'arrestation du monarque à Varennes, grâce au maître de poste Drouet, mais ce que l'on connaît moins, ce sont les bases sur lesquelles reposait ce projet.

Deux personnages surtout ont joué un rôle historique qu'il est bon de faire connaître : le roi de Suède, Gustave III, et le colonel du régiment Royal Suédois (aujourd'hui 89e de ligne), le comte de Fersen.

Le plan d'évasion de Louis XVI était basé sur l'arrivée à Spa du monarque suédois qui croyait pouvoir rétablir l'ordre en France, sans effusion de sang, comme il l'avait fait quelques années plus tôt dans ses propres États, en marchant contre la Révolution française à la tête du régiment Royal-Suédois, et en ralliant autour de lui tous les mécontents de . France. Gustave III, se faisait certainement illusion sur la réussite de ce projet, auquel se dévoua corps et âme le comte de Fersen, dont nous allons dire quelques mots.

Issu d'une des plus anciennes familles de Stockholm, Fersen, né en 1750, était depuis 1775 colonel du régiment Royal-Suédois avec lequel il fait la guerre d'Amérique de 1780 à 1783.

Son éducation était celle d'un grand seigneur. A la cour de Versailles, on l'appelait *le beau Suédois;* comme on appelait un autre étranger, d'origine irlandaise, *le beau Dillon*.

Dans les premières années de la Révolution, le Royal-Suédois fut un des régiments qui restèrent

jusqu'au bout fidèles au trône et à la famille royale,
et lorsque les premiers émigrés, à l'exemple des
frères du roi, s'éloignèrent de Paris, le Royal-Suédois donna l'exemple de la fidélité en restant à son
poste. Ce fut Fersen qui servit d'intermédiaire entre
Louis XVI et les cours de l'Europe ; il recevait les
lettres des Tuileries, tantôt cousues dans la dou-
blure d'un vêtement ou d'un chapeau ; tantôt cachées
dans un paquet de thé ou de chocolat, ou dans
une boîte de biscottes. Personne certainement ne
déploya, pour le salut du roi de France, plus de
dévouement chevaleresque et ne montra plus de
ressources que ce noble étranger.

Louis XVI, comme on le sait, perdit beaucoup de
temps en hésitations, en incertitudes, et ce ne fut que
dans le milieu du mois de juin 1791 qu'il se laissa
décider par M. de Bouillé, toujours fidèle, à faire à
ce voyage de Varennes qui devait finir si malheureusement.

Ce n'est pas au comte de Fersen qu'il faut attri-
buer le funeste résultat de ce voyage, car jusqu'au dernier moment il chercha à rendre service
à Louis XVI.

Lors du voyage de Varennes, il fallait que la
famille royale partît la nuit dans une voiture de
louage qui ne fût pas celle de la cour ; il fallait, en
outre, embaucher un cocher très simplement vêtu et
très discret. Le comte de Fersen, s'offrit. Il trouva,
la voiture, les vêtements, les chevaux, et se grima
en conséquence.

Le *colonel cocher* conduisit jusqu'à Bondy ses augustes voyageurs, qu'il remit ensuite entre les mains de trois gardes du corps qui se dévouèrent pour la continuation du voyage. Lui-même rentra dans Paris, attendant avec une véritable anxiété le résultat du voyage.

C'était alors un homme de 36 ans, grand, beau, froid et réservé.

On connaît la suite. Le roi fût arrêté à Varennes et ramené à Paris.

Après la mort de Louis XVI, Fersen rentra en Suède. Il trouva Stockolm en proie aux mêmes agitations que celles du pays qu'il venait de quitter. Gustave III avait été assassiné le 16 mars 1792 à la sortie d'un bal masqué, et depuis, la Suède, mal contenue, était en révolte ouverte contre l'autorité royale. Gustave IV, son successeur, nomma Fersen chancelier de l'université, grand maître de la maison du roi et chevalier de ses ordres.

Le comte de Fersen travailla avec fermeté au rétablissement de l'ordre troublé par des factieux venus de France. Quelques années après, il paya de sa vie son dévouement à Gustave IV et à Louis XVI; il fut assassiné le 20 juin 1810, au 19ᵉ anniversaire du jour où il avait essayé de faire évader le roi de France.

Les historiens pensent avec raison que la Révolution française n'est pas étrangère à la mort de Gustave III et de Fersen. C'est elle qui aurait armé le bras des assassins.

Sans l'anarchie, la France eût conservé certainement les trois quarts des émigrés ; mais exposés depuis deux ans à des dangers ignominieux, à des outrages de tous genres, à des persécutions innombrables, au fer des assassins, aux plus infâmes délations, aux visites domiciliaires, aux emprisonnements arbitraires des comités des recherches, les gentilshommes se virent réduits à échapper par l'émigration aux poursuites dont toute la noblesse de France était l'objet.

Et que l'on ne croie pas que ces exilés, ces transfuges manquaient de patriotisme à l'étranger. Ils faisaient des vœux pour les succès des armées républicaines, car en dehors de la politique il y avait toujours la patrie française.

Après notre première défaite à Mons, le 28 avril 1792, le comte d'Artois disait à un général prussien sur le ton de l'indignation.

« — Comment, ce sont des Français qui sont battus, des Français qui battent en retraite devant une poignée de uhlans autrichiens.

— Oui ; ce sont des Français et ils ont besoin d'une leçon, répondit avec arrogance le duc de Brunswick.

— Prenez garde, général, répliqua le prince ; ils vous ont souvent battus et ils sauront vous disputer le terrain ».

Une autre fois François II disait à un émigré en lui montrant les troupes qui défilaient devant lui :

— « Tenez ! Voilà de quoi battre vos *sans-culottes.*

— C'est ce qu'il faudra voir ; répondit l'émigré avec calme ».

Ce ne sont pas là, j'imagine, des propos tenus par des traîtres à la patrie française.

Les diplomates et les généraux alliés réglèrent dans les conférences des 30 et 21 juillet 1792, l'emploi des troupes que leur offraient les princes français. On convint de la formation de trois corps d'armée. Le corps d'émigrés réuni à Mayence, sous la conduite immédiate du comte d'Artois, devait suivre l'armée prussienne ; il s'appelait l'*armée du centre,* comme l'armée française campée sous les murs de Metz. Le maréchal de Broglie, le vainqueur de Bergen, commandait l'infanterie ; le duc de Castries, ancien ministre de la guerre, commandait la cavalerie.

Sa composition était la suivante :

Infanterie	Régiment de Berwick (aujourd'hui le 88e de ligne)		
	Royal-Allemand	»	le 99e »
	Royal-Suédois	»	le 89e »
Cavalerie	Hussards de Saxe aujourd'hui le 6e hussards ; commandés par le baron de Gotteshein, le comte de Fresnel et le baron de Wardner.		

Maison du Roi :

- Mousquetaires du Roi (commandés par le marquis du Hallay).
- Chevaux-légers (commandés par le comte de Montboissier).
- Grenadiers à cheval (commandés par le vicomte de Virieu).
- Gendarmes (commandés par le marquis d'Autichamp).
- Chevaliers de la Couronne (sous le comte de Bussy).
- Compagnie de St-Louis (marquis de Vergennes).
- Maison militaire de Monsieur (comtes d'Avaray et de Damas).
- Maison militaire du comte d'Artois (le bailli de Crussol et le comte d'Escars).

Troupes coalisées de la noblesse des provinces :

- Languedoc ;
- Bretagne où servait Chateaubriand.
- Auvergne (450 gentilhommes commandés par le marquis de Laqueuille.

Brigades d'officiers servant comme simples volontaires :

Officiers de Navarre-infanterie (4ᵉ de ligne actuel): marquis de Mortemart.

»　de Monsieur-dragons (9ᵉ dragons actuel)

»　de Chartres-dragons (14ᵉ ») / de Périgord-dragons (16ᵉ ») marquis de Verteillac.

»　de Franche-Comté-chas. (4ᵉ actuel / de Picardie-chasseurs 7ᵉ » marq. de Coigny

Officiers de marine venant des ports de Brest, Rochefort et Toulon (1) :

Deux compagnies d'infanterie sous les ordres d'Hector et Albert de Rioms.

Un escadron de cavalerie commandée par de Laporte-Vezin. L'ancien colonel du régiment de Dragons-Lorraine, le Marquis de Tressan en est l'instructeur.

Une force d'environ 5.000 émigrés devait se joindre aux Autrichiens qu'Esterhazy commandait

1. Leur étendard est le pavillon déchiré de la *Belle Poule*, « sainte relique du drapeau blanc ». (Châteaubriand, *Mémoires d'outre-tombe*, t. II, p. 23).

dans le Brisgau, c'est le corps du prince de Condé.

Enfin, 4.000 émigrés, sous les ordres du duc de Bourbon, étaient attachés au corps autrichien des Pays-Bas.

Mais cette armée où figuraient les plus beaux noms de France manquait de tout ; elle n'avait avec elle que douze pièces de campagne du calibre de 4, et il n'était pas rare de voir les officiers d'artillerie faire le service de simples canonniers. De vieux gentilshommes à mine sévère, à barbe grisonnante, se traînaient péniblement dans la boue, sac au dos, fusil en bandoulière, soutenus par un bâton. Le vicomte de Boishue marchait pieds nus, portant ses souliers à la pointe de la bayonnette, de peur de les user, n'en ayant pas une paire de rechange.

La fatigue, la mauvaise nourriture, les maladies et les inquiétudes morales firent peu à peu germer dans le cœur de quelques émigrés une mélancolie taciturne qui tournait au découragement.

Le comte de Toulouse-Lautrec (1), appartenant à une vieille famille du Languedoc, ancien colonel

---

1. Maréchal de camp, et député de la noblesse du bailliage de Castres aux Etats-généraux de 1789, le comte de Toulouse-Lautrec se réfugia en Russie, où l'impératrice Catherine lui offrit le grade de lieutenant-général. D'une valeur audacieuse à l'armée, il apporta, à la cour de Saint-Pétersbourg, une physionomie sympathique qui le fit rechercher par la société russe où il n'était connu que sous le nom du *séduisant chevalier*. Appesanti par l'âge, souffrant d'infirmités et de blessures graves reçues pendant la guerre de Sept ans, il vint mourir peu après à Berlin.

du régiment de Condé-dragons (2ᵉ dragon actuel),
voulant apporter quelque gaieté dans son entourage, fait sonner le bout de selle, puis se plaçant
au centre de ses compagnons d'infortune, se fait la
barbe à cheval, mange un morceau de pain noir,
avale un grand verre d'eau-de-vie, et leur dit, en
mêlant à sa valeur chevaleresque une pointe d'humeur gasconne :

— « Vive le roi, Messieurs !!... Voilà le véritable geste des gens de guerre. Nulle crainte ; peu
de besoins ; toujours de la gaieté. »

Des distinctions vieillies subsistaient entre des
hommes attachés à la même cause, et perpétuaient
les inégalités politiques. de la nation. Ainsi, sept
compagnies d'infanterie de la noblesse bretonne
portaient un uniforme bleu de roi, avec retroussis
blanc, parsemé d'hermines ; la huitième, formée de
jeunes gens du tiers-état, était vêtue d'un habit
gris fer.

L'ancien ministre des finances Calonne était
le président du conseil des princes. Ecrivain supérieur, grand financier, habile administrateur, brillant dans la conversation, enhardi par ses succès,
il avait conservé dans l'adversité une bonhomie
qui plaisait et attachait. Mais ses goûts et ses habitudes le rendaient dangereux dans l'emploi des
finances. Il était bon de lui remettre la direction,
mais non la clef du trésor, tant il était prodigue
des fonds qu'on lui confiait.

L'ordre du renvoi du premier ministre des princes

arriva au camp de la Malgrange, château appartenant au marquis de Fouquet, qui avait épousé une
nièce de Calonne. Il devait être remplacé par le baron de Breteuil. L'histoire rapporte que le roi de
Prusse mit une certaine forme dans la publication
de cette disgrâce, qui ne fût mise à l'ordre de l'armée qu'en vue de Verdun. Et comme les princes
s'en plaignaient : « Si le roi votre frère s'offensait
de ce retard, ajouta Frédéric-Guillaume II, je lui
répondrais par ce mot qu'une reine de vos aïeules
dit à Louis XIV, lorsqu'il balançait sur l'ordre d'arrestation de Fouquet, au milieu des fêtes de Vaux :
« Quoi, mon fils, dans sa maison ? »

La petite armée des émigrés avait quitté Coblentz
à l'arrivée des troupes prussiennes. Elle se rendit à
Bingen, puis à Trèves, et elle défila le 11 août devant le roi Frédéric-Guillaume II. De là, on se
porta sur Grevenmaker dans le Luxembourg. Il est
intéressant de connaître l'impression que ces troupes
disparates, commandées par des officiers, la plupart
chevaliers de Saint-Louis, produisirent sur les coalisés.

« Les chefs, raconte Gœthe, n'ont ni domestiques,
« ni palefreniers ; ils prennent soin eux-mêmes de
« leurs personnes et de leurs chevaux qu'ils mènent
« à l'abreuvoir, et tiennent à la forge. Mais ce qui
« fait le plus singulier contraste avec cette humble
« conduite, ce sont les carrosses et les voitures de
« tout genre qui encombrent la prairie. Les émigrés
« font campagne avec leurs femmes, leurs enfants

« et leurs parents, comme pour mettre en évidence
« la contradiction profonde de leur situation pré-
« sente. »

De Grevenmaker, les émigrés se rendirent à Stadt-
bredimus, où ils restèrent dix jours. Le 29 août, ils
entraient en France par Rodemack et Roussy, en
chantant ce refrain d'un de nos opéras :

O Richard, ô mon roi !

Le 30 août, le quartier général des princes était à
Hettange-la-Grande, et pendant que les Autrichiens
de Hohenlohe-Kirchberg investissaient Thionville,
Calonne, qui était encore le gouverneur général civil
du pays reconquis, prenait ses dispositions pour per-
cevoir les impôts et saisir l'argent qui restait dans
les caisses des districts. Le receveur principal des
douanes de Sierck, Ostome, contrôlait les registres
des recettes dans les districts de Longwy et de
Thionville.

Quelques jours après, l'armée des princes émigrés
quittait le camp de Hettange-la-Grande ; elle arrivait
le 7 septembre à Verdun, qui devint ainsi le lieu de
rendez-vous de l'émigration. Breteuil qui remplaçait
Calonne, y arriva presque en même temps que les
princes.

Une sorte de répugnance éloignait Frédéric-Guillaume II du nouveau ministre, dont le mérite réel
ne s'apercevait pas immédiatement sous ses formes
acerbes.

Breteuil ne trouva pas dans les Prussiens l'appui

qu'il devait espérer. Aussi rien de ce qu'il avait pré-
dit n'arriva. On avait cru que la prise de Longwy et
Verdun entraînerait la soumission du pays entier et
la défection des troupes nationales. Il n'en fut rien.

Un émigré écrivait à Lavergne pour le supplier
d'ouvrir au duc de Brunswick les portes de Longwy,
en lui assurant qu'un pareil zèle ne resterait pas
sans récompense. Lavergne n'eut rien de plus pressé
que de lire la lettre qu'on lui écrivait aux corps ad-
ministratifs de la ville.

Le baron de Fumel avait fait connaître à Custine
que, s'il voulait rendre Landau, le roi le maintien-
drait dans son grade de lieutenant-général et réta-
blirait ses affaires personnelles; Custine fit impri-
mer la lettre et la répandit à profusion dans son
camp.

Au moment de la proscription de la noblesse de
France, il se passa, rue Saint-Honoré, hôtel de Sa-
valette, une scène que des auteurs comiques auraient pu revendiquer, et intituler : *Un bourgeois
de Paris qui veut absolument être noble et être banni
de Paris.*

Un habitant du Marais, fils d'un échevin, était
venu consulter Robespierre, pour lui demander s'il
devait quitter la capitale et aller se placer en sur-
veillance à Passy. Le despote au petit pied lui répondit que sa noblesse n'était pas cette noblesse
féodale qui avait tout perdu à la Révolution et sur laquelle tombaient les soupçons de législateur, que sa
noblesse toute moderne n'était pas le moins du

monde menacée, et il l'invita à rester à Paris,
lui et sa famille. « Le fils de l'échevin se fâcha,
« parla haut, prétendit (non sans raison), qu'il était
« tout aussi noble que le plus noble de France, que
« l'échevinage donnait une noblesse reconnue et
« transmissible. — Je suis noble, disait-il à Robes-
« pierre, je dois donc sortir de Paris, et je sortirai,
« d'après la loi (1). »

En résumé, les émigrés, par suite de la mauvaise
volonté des Prussiens, ne jouèrent pas un grand
rôle dans la campagne de l'Argonne. Les alliés
ne voulurent pas les utiliser parce qu'ils se propo-
saient, non de rétablir l'ordre en France, mais
de s'agrandir. On le comprit, et ils trouvèrent devant eux toute la nation en armes.

1. *Campagne de Pichegru, d'après le livre d'ordre de l'armée de Sambre-et-Meuse*. — Paris, 1799, chez Derenne, au
Palais-Égalité.

TABLE DES MATIÈRES

CHAPITRE III

CHAPITRE IV

L'ARGONNE.

CHAPITRE V

VALMY.

CHAPITRE VI

LA RETRAITE.

CHAPITRE VII

CHAPITRE VIII

CHAPITRE IX

CHAPITRE X

CHAPITRE XI

L'ÉMIGRATION.

Imprimerie de l'Ouest, A. NÉZAN, Mayenne

www.ingramcontent.com/pod-product-compliance
Lightning Source LLC
LaVergne TN
LVHW051054060726
842525LV00003B/650